KRISTIAN KÜHL

Die Beendigung des vorsätzlichen Begehungsdelikts

Strafrechtliche Abhandlungen · Neue Folge

Herausgegeben von Dr. Eberhard Schmidhäuser
ord. Professor der Rechte an der Universität Hamburg
in Zusammenarbeit mit den Strafrechtslehrern der deutschen Universitäten

Band 16

Die Beendigung des vorsätzlichen Begehungsdelikts

Von

Dr. Kristian Kühl

DUNCKER & HUMBLOT / BERLIN

Zur Aufnahme in die Reihe empfohlen
von Professor Dr. Wilhelm Gallas, Heidelberg

Gedruckt 1974 bei Buchdruckerei Bruno Luck, Berlin 65
Printed in Germany
ISBN 3 428 03106 7

Meinen Eltern

Vorwort

Die vorliegende Untersuchung wurde im November 1972 von der rechtswissenschaftlichen Fakultät der Universität Heidelberg als Dissertation angenommen.

Die Anregung zu ihr erhielt ich von Prof. Dr. Wilhelm Gallas, der sie auch in ihrer Entstehung durch mannigfache Anregungen ständig förderte. Ihm möchte ich an dieser Stelle meinen herzlichen Dank aussprechen.

Bretten, im April 1973 *Kristian Kühl*

Inhaltsverzeichnis

Einleitung

Erstes Kapitel

Kritik der bisherigen Beendigungslehren

Zweites Kapitel

Die Orientierung des Beendigungsbegriffs am Tatbestand

Viertes Kapitel

Die Begriffe der Verhaltens- und Erfolgsbeendigung in ihrer Anwendung

Abkürzungsverzeichnis

a. A.	anderer Ansicht
a.a.O.	am angegebenen Ort
AbgO	Abgabenordnung
Abs. . . S. . .	Absatz . . . Satz . . .
AE	Alternativ-Entwurf eines Strafgesetzbuches, Allgemeiner Teil (2. Aufl., Tübingen 1969)
Anm.	Anmerkung
Art.	Artikel
AT	Allgemeiner Teil
Aufl.	Auflage
BayOblG	Bayrisches Oberstes Landesgericht
BayOblGSt.	Entscheidungen des Bayrischen Obersten Landesgerichts in Strafsachen
BayZ	Zeitschrift für Rechtspflege in Bayern
Bd.	Band
Begr.	Begründung
BGB	Bürgerliches Gesetzbuch
BGE	Entscheidungen des schweizerischen Bundesgerichts
BGH	Bundesgerichtshof
BGHSt.	Entscheidungen des Bundesgerichtshofs in Strafsachen
BT	Besonderer Teil
BtagsDrucks.	Drucksache des Bundestags
BVfGE	Entscheidungen des Bundesverfassungsgerichts
d. h.	das heißt
Diss.	Dissertation
DJZ	Deutsche Juristenzeitung
DR	Deutsches Recht
DRiZ	Deutsche Richterzeitung
DStR	Deutsches Strafrecht, Neue Folge
DStrZ	Deutsche Strafrechts-Zeitung
E 62	Entwurf eines Strafgesetzbuches (StGB) E 1962 mit Begründung — Bundestagsvorlage — Bonn 1962
etc.	et cetera
ff.	folgende
Fg.	Festgabe
Fn.	Fußnote
Fs.	Festschrift
GA	1880 - 1933: Archiv für Strafrecht und Strafprozeßrecht, begr. von Th. Goltdammer; 1953 ff.: Goltdammer's Archiv für Strafrecht
GS	Der Gerichtssaal
Hb.	Handbuch
He	Handlungseinheit

HESt.	Höchstrichterliche Entscheidungen. Sammlung von Entscheidungen der Oberlandesgerichte in Strafsachen
hL	herrschende Lehre
HRR	Höchstrichterliche Rechtsprechung
i. d. R.	in der Regel
i. S.	im Sinne
JR	Juristische Rundschau
JuS	Juristische Schulung
JW	Juristische Wochenschrift
JZ	Juristenzeitung
Lb.	Lehrbuch
LitUrhG	Gesetz betreffend das Urheberrecht an Werken der Literatur und Tonkunst
LK	Leipziger Kommentar
LM	Entscheidungen des BGH im Nachschlagewerk des Bundesgerichtshofs, herausgegeben von Lindenmayer, Möhring u. a., 1951 ff.
LvV	Lehre vom Verbrechen
LZ	Leipziger Zeitschrift
Mat.	Materialien zur Strafrechtsreform
MDR	Monatsschrift für deutsches Recht
NdS	Natur der Sache
n. F.	neue Fassung
Nied.	Niederschriften über die Sitzungen der Großen Strafrechtskommission
Nr.	Nummer
OGHSt.	Entscheidungen des Obersten Gerichtshofs für die britische Zone in Strafsachen
OLG	Oberlandesgericht
Rdn.	Randnote
RG	Reichsgericht
RGSt.	Entscheidungen des Reichsgerichts in Strafsachen
RGZ	Entscheidungen des Reichsgerichts in Zivilsachen
RMG	Entscheidungen des Reichsmilitärgerichts
Rspr.	Rechtsprechung
S.	Seite
SchwZtR	Schweizerische Zeitschrift für Strafrecht
SJZ	Süddeutsche Juristenzeitung
s. l.	sine lege
StGB	Strafgesetzbuch
1. StR	Entscheidungen des 1. Strafsenats des BGH
StVG	Straßenverkehrsgesetz
vgl.	vergleiche
Vorb.	Vorbemerkung
VRS	Verkehrsrechtssammlung
VuN	Vor- und Nachtat
VZG	Vereinszollgesetz
WStG	Wehrstrafgesetzbuch
ZAkDR	Zeitschrift der Akademie für Deutsches Recht
z. B.	zum Beispiel
ZStW	Zeitschrift für die gesamte Strafrechtswissenschaft

Einleitung

I. Die Unterscheidung von Vollendung und Beendigung

Der Begriff der ‚Beendigung' verweist auf das Ende des Verbrechens, jedoch gilt dies auch für den Begriff der ‚Vollendung', da beide Begriffe im alltäglichen Sprachgebrauch in nahezu derselben Bedeutung gebraucht werden. In der strafrechtlichen Lehre und Rechtsprechung aber werden sie seit langem unterschieden. Dabei gibt die Vollendung in den Fällen, in denen ein Auseinanderfallen der Zeitpunkte der Vollendung und Beendigung angenommen wird, einen früheren Zeitpunkt als die Beendigung an. Diese terminologische Unterscheidung wird auch in der folgenden Arbeit verwendet.

Einen ersten Hinweis auf die Differenz der beiden Begriffe erhalten wir, wenn wir die der Vollendung und Beendigung in der strafrechtlichen Literatur häufig beigefügten Attribute betrachten. Während die Vollendung als ‚rechtliche' oder ‚juristische' gekennzeichnet wird, spricht man von der Beendigung als einer ‚faktischen' oder ‚tatsächlichen'[1]. Dieser Sprachgebrauch ist jedoch irreführend, denn er legt die Annahme nahe, daß nur die Vollendung ein juristisch relevanter Begriff sei, während die Beendigung nur von tatsächlicher, nicht aber rechtlicher Bedeutung zu sein scheint.

In dieser Annahme wird einerseits übersehen, daß auch die ‚juristische Vollendung' einen Zeitpunkt im tatsächlichen Geschehen angeben muß und sich insofern nicht von der Beendigung unterscheiden kann. Zum anderen hätte, wenn diese Annahme richtig wäre, eine Untersuchung der Beendigung des Verbrechens keinen Sinn, da sie keinen rechtlich relevanten Begriff zum Gegenstand hätte. Die folgende dogmatische Untersuchung will jedoch gerade nachweisen, daß es sich bei der Beendigung um einen teleologischen Begriff handelt, der bestimmte Zwecke in der strafrechtlichen Systematik erfüllen kann[2].

---

[1] Vgl. den Titel der Dissertation von *König:* Die Unterscheidung von juristischer Vollendung und faktischer Beendigung und ihre Bedeutung für Teilnahme und Begünstigung. *Maurach,* AT, 627, unterscheidet faktische Beendigung von tatbestandsmäßiger Vollendung, auf S. 568/9 gebraucht er das Attribut tatsächlich für die Beendigung. *Köhler,* 455, führte sogar lateinische Bezeichnungen ein, die sich aber nicht durchsetzten: Vollendung als ‚delictum perfectum' und Beendigung als ‚delictum finitum'.

[2] Vgl. *Larenz,* Methodenlehre, 324.

1. Der Begriff der formellen Vollendung und seine strafrechtliche Konsequenz

Auch der Begriff der Vollendung könnte Gegenstand einer solchen Untersuchung sein, zumal ihr Zeitpunkt in Einzelfällen oft schwer zu bestimmen ist, wie die Diskussion um den Vollendungszeitpunkt beim Diebstahl in Warenhäusern und Selbstbedienungsläden exemplarisch zeigt[3]. Aber dieser Begriff und sein Zweck liegen in der Strafrechtsdogmatik seit langem fest und brauchen deshalb nicht allgemein noch bestimmt zu werden: das Verbrechen ist vollendet, wenn sämtliche objektiven und subjektiven Tatbestandsmerkmale erfüllt sind[4]. Das hat zur Konsequenz, daß derjenige, der — bei Vorliegen der sonstigen Strafbarkeitsvoraussetzungen — die gesetzlichen Tatbestandsmerkmale erfüllt hat, mit der Vollendungsstrafe für das betreffende Delikt belegt werden kann[5].

Diese feste Erkenntnis wird auch dadurch ausgedrückt, daß die Vollendung als formelle[6] charakterisiert wird; formell, weil es allein auf die Fassung des jeweiligen Tatbestandes ankommt, wann ein Verbrechen vollendet ist. Und zwar ist hier die erstmalige Erfüllung des Tatbestandes gemeint, denn schon von diesem Zeitpunkt an, kann der Täter mit der Vollendungsstrafe belegt werden.

2. Der Begriff der materiellen Beendigung und seine möglichen Konsequenzen

Dagegen wird die Beendigung oft als materielle Vollendung bezeichnet[7]. Damit ist schon angedeutet, daß sich die Beendigung nicht formal wie die Vollendung an die Erfüllung sämtlicher Tatbestandsmerkmale klammert, sondern daß sie sich nach materiellen, inhaltlichen Kriterien richtet, z. B. so, daß an den Abschluß der Rechtsgutsverletzung angeknüpft wird. Das strafrechtliche Unrecht wird dabei materiell betrachtet, und deshalb wird die Frage gestellt, wann dieses materielle Unrecht seinen Abschluß erreicht hat[8].

Dieser Begriff der materiellen Vollendung, den wir im folgenden Beendigung nennen, ist nur dann von dogmatischer Bedeutung, wenn mit der dabei vorausgesetzten Erweiterung des Deliktsbereichs besondere systematische Konsequenzen verbunden sind.

Als mögliche Konsequenzen eines solchen, erst noch zu findenden Beendigungszeitpunktes kommen in Betracht:

---

[3] Vgl. BGHSt. 16, 271.

[4] *Maurach*, AT, 627, *Baumann*, 527, *Welzel*, 188, *Schönke - Schröder*, 1 vor § 43, so aber auch schon *Kohler*, GA, 53, 155.

[5] *Winkler*, 6: Anknüpfungspunkt für die gesetzliche Vollstrafe.

[6] *Jescheck*, 342.

[7] *Stratenwerth*, JZ 61, 95 ff., *Maurach*, AT, 569, 589, auch materielle Beendigung, *Welzel*, 111, *Jagusch*, LK, § 43 II 1e aa.

[8] Vgl. dazu die Dissertation *Winklers*, insbes. S. 12.

— Beihilfe und Mittäterschaft wären noch bis zur Beendigung möglich
— davon wäre möglicherweise der früheste Zeitpunkt der sogenannten Anschlußdelikte berührt
— Qualifikationsmerkmale wie z. B. das Waffenführen in § 244 wären noch bis zur Beendigung zu berücksichtigen
— die Möglichkeit der Annahme von Idealkonkurrenz wegen teilweiser Identität der Ausführungshandlungen würde erweitert, da eine teilweise Deckung bis zur Beendigung des zuerst begonnenen Delikts angenommen werden könnte
— die Berechtigung zur Notwehr würde verlängert, wenn der Angriff in einem strafbaren Verhalten besteht
— die Verjährung und die Amnestie wären auf den Beendigungszeitpunkt verwiesen.

Bevor jedoch an eine nähere Prüfung dieser möglichen Konsequenzen herangegangen werden kann, ist zunächst die Frage zu beantworten, ob es überhaupt eine Beendigung des Verbrechens nach dessen Vollendung geben kann. Offensichtlich ist nur, daß ein Bedürfnis besteht, die strafrechtliche Betrachtung des deliktischen Geschehens nicht schon bei der Vollendung abzubrechen, sondern sie auch noch danach weiterzuführen. Das zeigt schon das Alter der Diskussion um die Beendigung[9]. Daß dieses Bedürfnis aber auch ein sachlich berechtigtes ist, zeigen am deutlichsten einige problematische Fälle, die schon das Reichsgericht in ähnlicher Fallgestaltung zu entscheiden hatte, und die uns im folgenden immer wieder beschäftigen werden.

3. Typische Fälle mit Beendigungsproblematik

— A sperrt den B ein und läßt ihn einige Tage sitzen. Die Freiheitsberaubung gem. § 239 ist schon mit dem Einsperren tatbestandsmäßig erfüllt und also vollendet. Ist damit aber alles strafrechtlich Bedeutsame geschehen, oder setzt sich die Straftat bis zur Beendigung, die in der Freilassung des B liegt, fort?
— D stiehlt Schmuck in einer Villa, steckt die Beute in seine Hosentasche und verläßt das Villengrundstück durch den Garten. Die Vollendung des Diebstahls liegt schon in der Begründung neuen Gewahrsams, die hier von der h. M.[10] im Einstecken des Schmucks gesehen wird. Ist damit das Verlassen des Grundstücks, die Sicherung der Beute strafrechtlich bedeutungslos, oder gibt es auch hier noch einen späteren Beendigungszeitpunkt?

---

[9] Vgl. *Hälschner* 1860 in: GA 8, 441 ff., *H. König*, Dissertation von 1938, *Gelbert*, DStR 1943, 1 ff.

[10] BGHSt. 16, 271 ff.

— R hat sich durch Täuschung eine Rente erschlichen und unternimmt im weiteren nichts zur Aufdeckung seines Betruges, holt vielmehr nur monatlich die Rente ab. Der Betrug ist spätestens mit der Auszahlung des ersten Rentenbetrages an den täuschenden R vollendet. Wann aber im Laufe der Jahre beendet?

— B zündet ein Gebäude in dessen zweiten Stock an; das Feuer zerstört das gesamte Gebäude. Nach dem Tatbestand des § 308 reicht für die Vollendung der Brandstiftung das Inbrandsetzen eines Gebäudes aus. Liegt damit aber die weitere Zerstörung des Gebäudes außerhalb der strafrechtlichen Betrachtung, oder handelt es sich um das Stadium zwischen Vollendung und Beendigung?

II. Der Grund der Beendigungsproblematik

Diese, in der strafrechtlichen Literatur und Rechtsprechung oft unterschiedlich gelösten, typischen Fälle mit Beendigungsproblematik deuten schon die Schwierigkeiten an, denen man sich gegenübergestellt sieht, wenn man die Vollendung von der Beendigung bei einem konkreten Deliktsablauf unterscheiden und genau festlegen will. Sie zeigen aber auch, daß die Beendigung hauptsächlich deshalb zum Problem wird, weil sich die natürliche Auffassung bestimmter Verbrechenstypen gegen die uneinheitliche und oft willkürlich erscheinende Lösung des Vollendungszeitpunkts durch die einzelnen Tatbestände des Besonderen Teils wehrt.

Das Strafgesetzbuch ist bei vielen Verbrechensbeschreibungen nicht der natürlichen Lebensanschauung gefolgt, die ja ihrerseits ein bestimmtes Bild von den einzelnen, zumindest von den wichtigsten Verbrechenstypen hat. So wurde z. B. beim Betrug und bei der Erspressung die erfolgreiche Bereicherung des Täters nicht mehr in den Tatbestand aufgenommen; die Brandstiftung nennt nur das Inbrandsetzen als tatbestandsmäßige Handlung und sagt nichts über das Abbrennen des in Brand gesetzten Objekts. In diesen und zahlreichen anderen Fällen hat das Strafgesetzbuch einen früheren als den von der natürlichen Anschauung erwarteten Zeitpunkt gewählt, um schon dann die Vollendung mit der oben angegebenen Konsequenz der Vollendungsstrafe eintreten zu lassen[11].

So sehr diese Vorverlegung der Strafbarkeit als kriminalpolitisch zweckmäßig zu begrüßen sein mag, so wenig will man sich damit abfinden, daß bei diesen Delikten alles weitere Geschehen nach der Vollendung unter den Tisch fallen soll. Die natürliche Anschauung sieht auch danach noch Strafwürdiges.

---

[11] *Welzel*, 188, spricht für die §§ 253, 263 von Vordatierungen.

Gegen diese Sicht erhebt sich jedoch sogleich das Bedenken, daß bei einer Korrektur dieses ‚verfrühten‘ Vollendungszeitpunktes in Wahrheit neue Tatbestände durch Ergänzung des Gesetzes konstruiert werden. Durch diese Korrektur wird zwar möglicherweise Strafwürdiges erfaßt, aber auch bloß Strafwürdiges, das durch die Interpretation bestehender Tatbestände nicht mehr gedeckt wird.

Jedoch wird eine solche Ausdehnung durch das Argument gestützt, daß sich der Gesetzgeber aus kriminalpolitischen Gründen gezwungen sah, diesen früheren Zeitpunkt anzugeben, um schon dann mit der vollen Strafdrohung antworten zu können[12], ohne damit ausschließen zu wollen, daß sich auch danach noch deliktisches Geschehen ereignet. Und zwar deliktisches Geschehen, das dem bereits verwirklichten Tatbestand unterfällt, der es eben nur nicht mehr besonders aufführt. Auch läßt sich von dieser Auffassung her die berechtigte Frage stellen, warum die eigentliche Rechtsgutsverletzung bei der strafrechtlichen Beurteilung nicht mehr berücksichtigt werden sollte, wo sie doch das Wesen jeden Verbrechens entscheidend mitbestimmt[13].

Gegen diese Auffassung spricht aber die Einsicht, daß es im Strafrecht nicht nur um den Schaden des Verletzten und dessen Ausgleich geht, sondern vornehmlich um den Täter, um den Handelnden, an den sich das strafrechtliche Verbot richtet. Er darf sich auf dieses Verbot und dessen gesetzliche Fassung berufen und mehr, als darin vorgesehen, darf ihm nicht angelastet werden, d. h. genauer: man darf nicht mehr als die Verwirklichung des im jeweiligen Tatbestand beschriebenen Verhaltens, gegebenenfalls zusammen mit dem angegebenen Erfolg, für die strafrechtliche Beurteilung berücksichtigen. Diese Ansicht könnte man mit dem Hinweis auf den fragmentarischen Charakter des Strafrechts stützen, zumal sich das Strafgesetzbuch gerade im Bereich der sogenannten Anschlußdelikte mit einer lückenhaften Regelung zu begnügen scheint, wie die §§ 252, 257 ff. in ihrer selbständigen Hervorhebung zeigen[14].

Sie wird auch nicht durch die Annahme einer Parallele zwischen der Phase des Versuchs und der Beendigung widerlegt. Die Annahme einer Parallele zur Versuchsbestrafung verführt zwar dazu, mit Mezger[15] etwa folgendermaßen zu argumentieren: der Normalfall des Verbrechens ist dasjenige Verbrechen, bei dem alle Tatbestandsmerk-

---

[12] So vor allem *Hegler*, ZStW 36, 32 ff.

[13] In dieser Richtung *Mayer*, AT, 141: Das Recht habe von jeher bloße Teilverwirklichungen der Rechtsgutsverletzung unter Strafe gestellt, keineswegs seien alle Tatbestände nach dem Schema aufgebaut: „Wer den Erfolg X, der eine bestimmte Rechtsgutsverletzung in sich schließt, verursacht.“

[14] Vgl. *Maiwald*, He, 88.

[15] *Mezger*, JW 38, 494.

male voll erfüllt sind und nicht mehr. Es gibt aber daneben auch Deliktsverwirklichungen, bei denen sich der Täter sozusagen im Vor- oder Nachfeld des Tatbestandes bewegt[16]. Hat der Täter den Entschluß zu einem Verbrechen gefaßt und auch mit der Ausführung begonnen, so sprechen wir von einem Versuch. Verletzt der Täter nach Vollendung des Verbrechens noch weiter das in dem betreffenden Tatbestand geschützte Rechtsgut, so sprechen wir von einem noch nicht beendeten Delikt.

Man erkennt sofort den entscheidenden Unterschied:

Bei Handlungen im Vorfeld des Verbrechens sprechen nicht nur wir von einem Versuch, sondern der § 43 des StGB normiert die Strafbarkeit dieses Verhaltens. Dagegen gibt es keine entsprechende Bestimmung für die Betätigungen im Nachfeld des Verbrechens, vielmehr enthält das StGB nur einige typisierte Anschlußverbrechen, wie die §§ 252, 257, 259 zeigen.

Daraus ergibt sich aber nur ein Indiz für die Straflosigkeit der übrigen Nachhandlungen, d. h. es ist noch nichts Endgültiges gegen die allgemeine Strafbarkeit bestimmter Nachhandlungen gesagt, denn die Ergebnisse dogmatischer Untersuchungen könnten ja zeigen, daß eine dem § 43 entsprechende Bestimmung für Nachhandlungen ein überflüssiges Produkt des Gesetzgebers wäre, da deren Strafbarkeit sich aus allgemeinen Verbrechenslehren ergebe.

Solche Untersuchungen führten in der strafrechtlichen Literatur im wesentlichen zu zwei „Beendigungstheorien“. Bevor diese kritisch gewürdigt werden, sollen zunächst die Versuche der Rechtsprechung, die Beendigungsproblematik zu lösen, dargestellt und einer kritischen Prüfung unterzogen werden.

---

16 *Beling*, LvV, 245 ff.: Zum Umfang des Tatbestandes. Er kennt auch eine Sphäre jenseits des Tatbestandes, die aber deshalb nicht juristisch bedeutungslos sei.

Erstes Kapitel

Kritik der bisherigen Beendigungslehren

I. Die natürliche Anschauung als Beendigungskriterium

1. Die Verwendung dieses Kriteriums durch die Rechtsprechung zur Korrektur strafrechtlicher Tatbestände

Als ein Instrument zur Erkenntnis des Beendigungszeitpunkts wird, insbesondere von der Rechtsprechung des BGH[1], die natürliche Anschauung angegeben. Das hat folgenden Hintergrund: Ein Vorgang in der empirischen Wirklichkeit rollt in der Regel ohne Behinderung durch das Recht, als einer Erscheinung des objektiven Geistes, ab. Dieser Naturvorgang wird zum Gegenstand der Betrachtung durch das Recht. Dabei werden nicht alle Momente des wirklichen Geschehens berücksichtigt, sondern es wird eine Auswahl getroffen. So werden im Strafrecht die Merkmale des empirischen Geschehens herausgegriffen, auf die die Tatbestandsmerkmale eines Verbrechens passen könnten. Dadurch verengt sich das Blickfeld des Gesetzesanwenders, und es wird ein Gebilde geschaffen, das zur Subsumption unter das in Frage stehende Delikt geeignet ist. Das für das Strafrecht Wesentliche wird vom Unwesentlichen abgetrennt, und, was für unser Problem entscheidend ist, der einheitliche Naturvorgang wird durch den Gesetzesanwender „gedanklich aufgespalten“[2].

Für das Problem der Beendigung stellt sich dieser Vorgang so dar, daß die strafrechtliche Betrachtung der empirischen Wirklichkeit an dem Punkt abgebrochen wird, an dem das in Frage stehende Gesetz bzw. alle seine Tatbestandsmerkmale erfüllt sind. Dem Gesetz ist genüge getan, da alle seine wesentlichen Merkmale eine Entsprechung im betrachteten Ausschnitt der empirischen Wirklichkeit fanden, und es könnten keine Probleme entstehen, wenn die Straftatbestände des StGB immer der natürlichen Anschauung von den einzelnen Verbrechenstypen folgten. Aber — wie wir schon in der Einleitung zeigten — ist dem nicht immer so, vielmehr kommen auch Delikte vor, bei denen der Gesetzgeber nicht das vollständige Verbrechensbild in

---

1 Vgl. statt vieler neuestens BGH, GA 69, 348.

2 So OLG Hamm, JZ 61, 95; vgl. aber auch schon RG Rspr. 5, 561, RG, HRR 1935, 632.

die Tatbestandsbeschreibung aufgenommen hat, sondern sich mit der Kennzeichnung einer Vorstufe des vollständigen Verbrechens zufrieden gegeben hat. Warum sollte nicht die natürliche Anschauung geeignet sein, dies zu korrigieren?

Das Geschehen in der empirischen Wirklichkeit geht ohne Rücksicht auf die rechtliche Zäsur weiter. Das Gesetz scheint hier nicht mehr brauchbar zu sein; es hat seine Schuldigkeit getan. Will man aber dennoch rechtlich, strafrechtlich zu dem weiteren Geschehen etwas sagen, so liegt der Gedanke nahe, sich der natürlichen Betrachtung anzuvertrauen, wo einen das Gesetz doch im Stiche zu lassen scheint. Das gilt gerade dann, wenn es „auf den umfassenderen, nach der natürlichen Auffassung des Lebens bemessenen Bereich bis zur tatsächlichen Beendigung der Tat“[3] ankommt.

Schon das Attribut ‚tatsächlich‘ verrät, worauf hier abgezielt wird: es ist beabsichtigt, einen Endzeitpunkt im tatsächlichen Geschehensablauf ohne Berücksichtigung des gedanklichen Schnittes durch das Recht zu finden. Dazu soll die natürliche Betrachtungsweise ein taugliches Instrument sein. Man folgt damit auch einer Anweisung Bindings[4]: Will man die „faktische Abgeschlossenheit der verbrecherischen Handlung“ bestimmen, so soll man sich der „realistischen Betrachtungsweise“ bedienen.

Was für ein Instrument ist diese natürliche Anschauung genauer? Wird von natürlicher Anschauung gesprochen, so soll damit ein Gegensatz zur rechtlichen, juristischen Betrachtung angezeigt werden. Es ist eine unverbildete, vorjuristische Beurteilung[5] angestrebt, die der Sachlage gerechter werden soll, als es eine formal juristische Betrachtung vermag. Die Entscheidung soll damit aber nicht etwa im Gegensatz zum Recht gefällt werden, sondern es wird gerade erreicht, daß die Lösung dem Rechtsgefühl entspricht. Schon Honig[6] erkannte richtig: „Das liegt im Wesen der natürlichen Anschauung selbst begründet, die nicht zuletzt kraft ihrer Übereinstimmung mit dem Rechtsgefühl als ‚natürlich‘ erscheint.“

---

[3] BGH, NJW 64, 1810; ebenso BGH, GA 69, 348.

[4] *Binding*, Hb., I, 582, der sich an dieser Stelle zwar primär mit der Idealkonkurrenz beschäftigt, aber dabei auch die Fälle der von ihm sogenannten formalen Vollendung untersucht; vgl. Fn. 36 auf S. 583.

[5] Vgl. zu dem ähnlichen Problem der natürlichen Anschauung bei der natürlichen Handlungseinheit *Maiwald*, He, 93 ff., S. 66: „unvoreingenommene, nichtjuristische Betrachtungsweise“.

[6] *Honig*, Studien, 57, so auch *Maiwald*, He, 99.

2. Die Ungenauigkeit dieses Kriteriums

Die natürliche Anschauung ist aber kein sicherer Maßstab, da sie einer objektiven Zergliederung nicht zugänglich ist[7]. Es ist nicht ersichtlich, welche Kriterien im einzelnen verwendet werden müssen, um zu einem Urteil gemäß der natürlichen Anschauung zu gelangen. Nur grob und ungenau wird deshalb festzustellen sein, wann eine Anschauung eine natürliche ist. Ohne auf die Problematik des Rechtsgefühls näher einzugehen, liegt es auf der Hand, daß Entscheidungen nach der natürlichen Anschauung einen Verzicht auf Rechtssicherheit bedeuten[8], denn es wird das durch die Tatbestände festgelegte Ende eines Delikts entgegen der Tatbestandsfassung korrigiert. Dies ist vor allem deshalb bedenklich, weil auch eine vorjuristische natürliche Betrachtungsweise notwendig eine wertende ist, denn sie muß das deliktische Geschehen unter bestimmten Gesichtspunkten betrachten. Auch wenn diese natürlichen Gesichtspunkte von der juristischen Bewertung abgehoben werden, sind es doch Wertgesichtspunkte mit dem Nachteil, daß die Wertungen nicht offengelegt werden[9]. Damit wird die Lösung des Beendigungsproblems nicht mehr mit spezifisch rechtlichen Kriterien versucht, sondern es wird auf in der sozialen Welt bereits vorhandene Wertvorstellungen zurückgegriffen[10]. Ihnen soll es gelingen, das Ende des deliktischen Geschehens auch nach der Verwirklichung des Tatbestandes von sonstigem Geschehen abzugrenzen.

Gewiß liegen vielen Tatbeständen des Strafgesetzbuches Verbrechensbilder zugrunde, wie sie jedem Nichtjuristen gegenwärtig sind, dennoch kann man von diesen Bildern keine feste Abgrenzung strafwürdigen von nicht mehr strafwürdigem Unrecht erwarten, denn sie vermitteln nur eine ungefähre Vorstellung von einigen Verbrechen[11]. Auch können an die Stelle dieser Verbrechensbilder nicht irgendwelche soziale Sinnbezüge als Abgrenzungskriterium treten, denn auch bei diesen müßte angegeben werden, welcher Blickwinkel die entscheidenden der vielen möglichen sozialen Sinngehalte erfaßt. Mit dem Hinweis auf soziale Sinnbezüge ist auch hier nichts gewonnen[12], weshalb es bei dem Blick-

---

7 *Honig*, Studien, 57, *Geerds*, 434 spricht von einem dunklen Schlagwort.

8 *Honig*, Studien, 57: damit entfalle zugleich die Möglichkeit gerechter Entscheidungen, wie überall da, wo gleichliegende Fälle ungleich entschieden würden.

9 Der Begriff wird teilweise auch zu „natürlicher Betrachtungsweise rechtlich normativer Art“ erweitert, vgl. *Jagusch*, LK I vor 73, *Geerds*, 284, aber dadurch auch nicht klarer.

10 *Maiwald*, He, 66.

11 Vgl. *Stratenwerth*, NdS, 28: aus der Natur der Sache, die sich unter dem Blickwinkel des Menschen als Person ergebe, folge im Strafrecht nicht, welche Verhaltensweisen in einzelnen strafwürdig sind.

12 *Jescheck*, 471: der Begriff der natürlichen Anschauung verdecke bei den Konkurrenzen die wirklichen Gründe für die Annahme von Handlungsein-

winkel, den uns das Strafrecht selbst zur Verfügung stellt, dem Tatbestand, bleiben muß[13].

Wie wenig feste Größen man mittels der natürlichen Anschauung für das Strafrecht gewinnt, zeigt sich, wenn man untersucht, was dieses Instrument bei der Suche nach dem Beendigungszeitpunkt leistet. In der zuletzt angeführten BGH-Entscheidung[14] waren zwei Diebe an einem Tresor in einer Villa gescheitert, hatten aber Schmuck und Kleidungsstücke aus der Villa entwendet. Vollendet war ihr Diebstahl, „als sie mit der vollgepackten Tasche das Haus durch die Waschküchentür verlassen hatten, beendet jedoch frühestens dann, nachdem sie sich aus der unmittelbaren Umgebung des Hauses entfernt hatten". Auf den ersten Blick fällt auf, daß hier die natürliche Betrachtungsweise keinen Zeitpunkt angibt, denn was sollte wohl das Wort ‚frühestens' bedeuten, wenn nicht einen gewissen Spielraum schaffen. Es impliziert doch, daß es auch ein ‚spätestens' gibt; also ist statt eines Zeitpunktes ein Zeitraum gewonnen.

---

heit. — Ähnlich liegt es bei dem Begriff der Natur der Sache, der freilich so vieldeutig ist, daß er hier nur unzulänglich wiedergegeben werden kann, vgl. *Engisch,* Auf der Suche nach der Gerechtigkeit, 232 ff. Es geht dabei um das Problem, ob sich die Frage nach dem richtigen Recht an der Natur der Sache, an Sachgesetzlichkeiten orientieren kann, wobei dem oft die Vorstellung zugrunde liegt, daß soziale Verhältnisse ihre Ordnung bereits in sich tragen. Doch diese Ordnungen sind nur aus Wertungen und Normen, die sich durchgesetzt haben, entstanden (*Engisch,* 237/8), und die dann in diese Verhältnisse als deren Natur hineingelegt werden. (Nach *Engisch,* 243, werden rechtliche Wertungen in die Lebensverhältnisse projiziert, um sie ihnen dann wieder als Natur der Sache zu entnehmen. Vgl. *Stratenwerth,* NdS, 27: die Natur einer Seinsgegebenheit zeige sich nur unter einem bestimmten Wertgesichtspunkt, der aber sehr verschieden sein kann.) Der Verweis auf Wertungen als historische Fakten, auf geregelte Lebensverhältnisse begründet auch hier nicht die Richtigkeit der Regelung (*Engisch,* 245). — Eine nahe Verwandtschaft zum Begriff der natürlichen Anschauung hat die Natur der Sache, wenn man sie wie *Arthur Kaufmann,* 35 ff., für die Rechtsfindung so verwendet, daß sie den Rechtsanwender auffordert, hinter den gesetzlichen Tatbeständen die ihnen zugrundeliegenden Typen aufzusuchen. Diese Typen sind im Strafrecht die Unrechtstypen, Unrechtstatbestände (vgl. Kaufmann, 41), aber gerade auch an sie hält sich die sich auf die natürliche Anschauung berufende herrschende Lehre nicht, wie unten in Kapital zum Unrechtstatbestand und an vielen Beispielen gezeigt werden wird.

13 *Welzel,* 225: „welcher Handlungssinn und wieviele soziale Sinneinheiten in diesem realen Zweckzusammenhang verwirklicht sind, bestimmt sich nach der objektiv-sozialen Beurteilung dieses Zweckzusammenhanges, die für das Strafrecht in den gesetzlichen Tatbeständen niedergelegt ist." Sie setzten auch die entscheidenden Zäsuren innerhalb eines Zweckgefüges. Vgl. *Maurach,* AT, 621: der natürlichen Betrachtungsweise stehe die regulierende Funktion der in den einzelnen Tatbeständen enthaltenen Handlungen entgegen, die Tatbestände zergliederten das einheitliche Geschehen in einzelne Unwertsachverhalte.

14 BGH, NJW 64, 1810.

Die Ungenauigkeit des verwendeten Kriteriums wird aber auch an dem Hinweis auf die ‚unmittelbare Umgebung' sichtbar. Was gehört noch dazu, was schon nicht mehr? In einer früheren Entscheidung des BGH[15] sind sogar Meterangaben enthalten: das Verstecken der Beute in 400 bis 500 m Entfernung reicht danach nicht, um einen Diebstahl schon als beendet anzusehen; — wobei allerdings zu beachten ist, daß es sich in diesem Fall um schwer transportierbaren Schrott handelte, der dann von einem Lkw abgeholt werden sollte. Wie viele Meter hätten gereicht[16]?

Wenn angesichts dieser wenig präzisen Ergebnisse dennoch an dem Kriterium der natürlichen Anschauung festgehalten wird, so liegt das daran, daß einerseits ein genaueres Kriterium anscheinend nicht zu finden ist, andererseits die Notwendigkeit gesehen wird, daß mit der strafrechtlichen Betrachtung des tatsächlichen Geschehens irgendwann einmal Schluß sein muß. Fehlt es an genaueren Kriterien, so ist die natürliche Anschauung als „weitestes Abgrenzungskriterium"[17] deshalb für die Praxis so geeignet, weil man sich damit nicht endgültig festlegt, sondern vielmehr für neue Gedanken zur Lösung des Problems offenbleibt[18].

Die natürliche Anschauung ist zudem ein brauchbares Orientierungsmittel, da sie die Vorstellung von einem Zeitpunkt, an dem Schluß mit dem Verbrechen sein muß, gibt; eine Vorstellung, die jeder irgendwie undeutlich hat. Das Kriterium der natürlichen Anschauung verdient ein freilich beschränktes Vertrauen, weil es lebensnah ist und nur zum Ausdruck bringt, was einem als „Leitbild"[19] für den Beendigungszeitpunkt vorschwebt.

II. Die endgültige Rechtsgutsverletzung als Beendigungszeitpunkt

Vergegenwärtigen wir uns noch einmal die Situation, vor der jeder Lösungsversuch bei der Beendigung steht: alle Tatbestandsmerkmale sind erfüllt, der tatsächliche Geschehensablauf geht weiter, und die natürliche Betrachtungsweise ergibt eine ungefähre Vorstellung von dem Beendigungszeitpunkt. Damit scheint der objektive Tatbestand

---

[15] BGHSt. 4, 132.

[16] Der BGH gibt in dieser Entscheidung den „Bestimmungsort" als neues Kriterium für den Beendigungszeitpunkt an.

[17] *Winkler*, 26.

[18] Vgl. z. B. die Differenz der Fälle BGHSt. 20, 194 und BGHSt. 21, 377, wo jeweils in einem Hause gestohlen wurde, und der Diebstahl einmal beendet war, weil der Täter im Hause wohnte, das andere Mal nicht, da er fremd im Haus war.

[19] *Winkler*, 26.

als Abgrenzungskriterium auszuscheiden, denn seine Merkmale sind ja bereits erfüllt. Aber die ungefähre Vorstellung vom endgültigen Verbrechensabschluß, die die natürliche Anschauung vermittelt, verlangt nach Präzisierung, um die Unsicherheit abzubauen.

1. Die Entwicklung dieser Lehre durch die strafrechtliche Literatur

Ein solcher Versuch wird, hauptsächlich von der Literatur, unter dem Stichwort der ‚endgültigen Rechtsgutsverletzung' unternommen. Die Beendigung eines Delikts liegt danach vor, „wenn das geschützte Rechtsgut wirklich verletzt, und diese Verletzung zum Abschluß gekommen ist"[20], „oder wenn bei besonders frühzeitiger Vollendung das dieser nachfolgende Verhalten des Täters zur weiteren Beeinträchtigung des verletzten Rechtsguts beiträgt"[21].

Im Gegensatz zu dieser Auffassung scheint Jescheck[22] zu stehen, wenn er nicht die endgültige Rechtsgutsverletzung als entscheidend ansieht, sondern die Beendigung dann eintreten läßt, wenn der Täter „das geschützte Handlungsobjekt in der geplanten Weise beeinträchtigt hat". Die Dogmengeschichte des Begriffs ‚Rechtsgut' weist zwar noch manche Unklarheiten auf, aber die begriffliche Trennung von Rechtsgut und Handlungsobjekt — Begriffe, die zur Zeit Bindings noch durchgängig verwechselt wurden[23] — wurde schon durch von Liszt eingeführt[24], und sie hat sich in der Strafrechtsdogmatik bis heute durchgesetzt[25]. Dabei wird das Rechtsgut als „rechtlich geschütztes Lebensgut" bezeichnet, und Rechtsgüter sind „ideale Werte der Sozialord-

---

20 *Mayer*, AT, 141, vgl. *Winkler*, 20: „Die weitergehende Rechtsgutsverletzung (d. h. die über die Vollendung hinausgehende) kann den Beendigungsraum (d. h. die Zeit zwischen Vollendung und Beendigung) markieren, der Abschluß der Rechtsgutsverletzung die Beendigung selbst fixieren."

21 *Schönke - Schröder*, 2 vor § 43, *Schmidhäuser*, 471: weiterreichendes rechtsgutsverletzendes Ziel; in dieser Richtung, wenn auch undeutlicher *Jagusch*, § 43 II 1 e: „materiell vollendet = beendet ist sie mit dem Eintritt ihrer letzten Wirkungen", so aber auch schon *Gelbert*, DStR 1943, 1: „bei der darüber hinaus die letzten zur Tat gehörigen Auswirkungen ihr Ende gefunden haben." Keine Lösung durch den Beendigungsbegriff bringt *Lackner*, 2 vor § 43: „wenn das Geschehen, soweit es aus tatsächlichen oder rechtlichen Gründen eine Einheit bildet, zum Abschluß gekommen ist." Die Lösung soll sich also an einer Einheit orientieren, die durch hier nicht angegebene tatsächliche und rechtliche Gründe zustande kommen soll. Gedacht ist dabei an die natürliche Handlungseinheit, die Dauerstraftat, die Fortsetzungstat. Das Problem der Beendigung, den Abschluß des Verbrechens anzugeben, ist damit auf andere Probleme verschoben.

22 *Jescheck*, 342.

23 Vgl. *Sina*, 44.

24 *Sina*, 47, 57.

25 *Jescheck*, 175, der den § 26 seines Lehrbuchs mit ‚Rechtsgut und Handlungsobjekt' überschreibt; *Welzel*, 5, *Maurach*, AT, 182, *Mayer*, AT, 52.

nung“[26]. Solche idealen Werte sind aber durch äußere Handlungen eines Verbrechers nicht unmittelbar zu erreichen. Will man dennoch sinnvoll von einer Rechtsgutsverletzung seitens des Täters sprechen, so muß man ein erreichbares Objekt in der Außenwelt angeben, dessen Verletzung zugleich die Verletzung des dahinter stehenden Rechtsguts darstellt. Dieses Objekt kann man dann Handlungs- oder Angriffsobjekt nennen[27]. Geht es nun um die Festlegung eines Zeitpunktes, z. B. des der Beendigung, im äußeren Geschehen, so kann als Kriterium nur die reale Verletzung des Handlungsobjekts in Frage kommen.

Die oben angeführten Stimmen, die die endgültige Rechtsgutsverletzung als entscheidendes Kriterium nannten, sind auch so zu verstehen. Auch sie orientieren sich am Erfolgsunwert[28], und der „liegt einmal in der realen Beeinträchtigung des Handlungsobjekts, zum anderen auch in der Verletzung des Rechtsguts, das als idealer Wert zwar dem unmittelbaren Zugriff des Täters entzogen ist, aber mittelbar durch die Verletzung des Handlungsobjekts getroffen wird“[29].

Nach dieser Klärung des scheinbaren Gegensatzes zwischen Jescheck und der herrschenden Meinung kann nun auch unschädlich der Begriff der endgültigen Rechtsgutsverletzung zur weiteren Kennzeichnung dieses Lösungsversuchs zur Beendigungsproblematik beibehalten werden.

Dieser Versuch ist deshalb besonders ernst zu nehmen, weil er vom Wesen des Strafrechts und insbesondere vom Sinn strafrechtlicher Tatbestände ausgeht. Der Argumentationsgang kann etwa so nachvollzogen werden: Das Strafrecht will in erster Linie Rechtsgüter schützen, die für den einzelnen oder die Gemeinschaft von wesentlichem Interesse sind. Das Verbrechen, insbesondere das Unrecht ist demgemäß seinem Wesen nach als Verletzung eines solchen Rechtsguts zu begreifen. Ist somit das materielle Unrecht in der Rechtsgutsverletzung zu sehen, so kann man folgern, daß das Ende der Rechtsgutsverletzung die materielle Vollendung = die Beendigung und ihren Zeitpunkt maßgeblich bestimmt[30]. Und weiter: bis zu diesem Zeitpunkt geschieht

---

[26] *Jescheck*, 176/177; in diesem Sinne auch *Welzel*, 4.

[27] Vgl. *Welzel*, 5, *Maurach*, AT, 181, nach denen z. B. bei §§ 211 ff. mit dem Leben zugleich Angriffsobjekt und Rechtsgut angegeben sind; anders sei es schon beim Diebstahl, wo Angriffsobjekt die Sache, Rechtsgut dagegen das Eigentum sei.

[28] Deutlich bei *Winkler*, 20: „Wenn der (rechtsgutsbezogene) Erfolgsunwert sich erst nach Vollendung voll realisiert, das materielle Unrecht den Zeitpunkt der Vollendung überdauert, dann liegt es nahe, diese Tatsache als Kriterium der Beendigung zu verwenden.“

[29] *Jescheck*, 177; er setzt das Verhältnis von Handlungsobjekt und Rechtsgut mit dem von Idee und Erscheinung gleich.

[30] Vgl. *Winkler*, 27.

strafrechtliches Unrecht, auch wenn der objektive Tatbestand das Geschehen nicht mehr erfaßt. Schröder[31] ist hierin ganz klar: „Die Handlungen des Täters, die der Herbeiführung der Beendigung dienen, sind noch Begehung des Delikts, auch wenn sie kein Tatbestandsmerkmal mehr erfüllen."

Der objektive Tatbestand, der in allen seinen Merkmalen erfüllt ist, scheidet dabei nicht ganz als Kriterium für die Festlegung des Beendigungszeitpunktes aus, denn er verkörpert ja auch das hinter dem jeweiligen Tatbestand stehende Rechtsgut. Es wird deshalb auch nicht nach der Verletzung irgend eines Rechtsguts gefragt, sondern nur nach der weiteren Verletzung des hinter dem betreffenden Tatbestand stehenden Rechtsguts. Da aber das Rechtsgut nicht unmittelbar vom Verbrecher getroffen werden kann, muß der letzte Erfolg, der noch auf ein Verhalten des Täters zurückgeht, zumindest ein tatbestandsbezogener sein[32].

Mit dieser Ableitung ist auch die Beziehung zu einem Kernbegriff der Strafrechtsdogmatik, zum Unrechtstatbestand, hergestellt[33].

Das Kriterium der endgültigen Rechtsgutsverletzung als ein objektives bedarf natürlich, da es um die Feststellung einer Stufe des Verbrechens geht, einer subjektiven Ergänzung. Die weitergehende Rechtsgutsverletzung kann nur dann strafrechtliche Relevanz besitzen, wenn sie von einem „weiterführenden Verletzungswillen"[34] getragen ist, der dem Vorsatzerfordernis Rechnung tragen soll[35]. Am treffendsten formuliert Stratenwerth[36] den Begriff der Beendigung nach dieser Theorie: „Sie umfaßt den in Schutzrichtung des jeweiligen Tatbestandes liegenden Erfolg insoweit, als dessen Verwirklichung dem Täterplan entspricht."

---

[31] *Schönke - Schröder*, 2 vor § 43, nach *Isenbeck*, NJW 65, 2327, bestimmt auch der BGH den Begriff der Beendigung nicht danach, wie lange das tatbestandsmäßige Verhalten des Täters andauere, denn z. B. sei die Beutesicherung nicht mehr Wegnahme i. S. § 242.

[32] Vgl. *Stratenwerth*, JZ 61, 95, der von einem Gesamterfolg spricht, „der das jeweils geschützte Rechtsgut betrifft".

[33] Daß diese Beziehung nicht ausreichend hergestellt ist, soll unten in dem Abschnitt „Unrechtstatbestand" nachgewiesen werden.

[34] Terminologie nach *Winkler*, 27: Abschluß der Rechtsgutsverletzung, „so wie sie der Täter in seinem Willen aufgenommen hat". *Stratenwerth*, JZ 61, 97 spricht vom „konkreten Täterplan", vgl. *Jagusch*, LK, § 43 II 1 e: es gehe um die endgültige Verwirklichung eines einheitlichen Vorsatzes.

[35] Über die Stellung des Vorsatzes zum Unrecht vgl. die Ausführungen zum „Unrechtstatbestand".

[36] *Stratenwerth*, JZ 61, 97.

2. Die Ergebnisse dieser Lehre

Werfen wir noch einen kurzen Blick auf die Ergebnisse, zu denen die Anwendung dieser Theorie führt. Dabei ist von vornherein klar, daß der Beendigungszeitpunkt häufig sehr weit hinter dem Vollendungszeitpunkt liegen wird, denn wie wir oben mit H. Mayer feststellten, sind keineswegs alle Tatbestände so aufgebaut, daß sie die volle Rechtsgutsverletzung beschreiben[37]. Vielmehr beschreiben die Tatbestände oft nur Teilverwirklichungen der Rechtsgutsverletzungen.

Wie weit die Ausdehnung der strafrechtlichen Tatbestände durch die Theorie der endgültigen Rechtsgutsverletzung geht, zeigen die folgenden Beispielsfälle:

— für den Diebstahl verlangt z. B. Mayer[38], daß auf die faktische Eigentumsumkehr, auf die der Diebstahl seinem Sinn und Zweck nach ziele, zu warten sei, und diese sei eben mit der Wegnahme noch nicht eingetreten.

— Wenn X auf Drohung des E hin das verlangte Geld postlagernd hinterlegt, so sei der endgültige Schaden gemäß § 253 noch nicht eingetreten, vielmehr sei darauf zu warten, bis E das Geld abholen läßt[39].

— R hat sich durch Täuschung eine Rente erschlichen und holt sie jahrelang nur ab. Da die Vermögensschädigung als konkrete Rechtsgutsverletzung andauere, befinde sich der Betrug im Stadium zwischen Vollendung und Beendigung[40].

— Bei der Brandstiftung ist das Verbrechen bis zum Abbrennen des in Brand gesetzten Objekts noch nicht beendet[41].

Im Ergebnis stimmen die meisten Lösungen mit denen der Rechtsprechung, die nach dem Kriterium der natürlichen Anschauung verfährt, überein. Das erklärt sich nicht zuletzt daraus, daß eben der „Eintritt des wirklichen Deliktsübels“[42] auch nach der natürlichen

---

[37] *Mayer*, AT, 141, vgl. *Liszt - Schmidt*, § 46 I 1: das geltende Recht erachte für die Vollendung nicht immer den Eintritt des eigentlichen Deliktsübels = die Verletzung des angegriffenen Rechtsguts für maßgebend.

[38] *Mayer*, AT, 141, ähnlich *Mezger - Blei*, AT, § 89 I, der Beihilfe zum Diebstahl in folgendem Fall annimmt: „Jemand hilft dem auf der Straße unter der Last seiner Beute zusammenbrechenden Dieb, diese ins sichere Versteck zu schaffen.“ Vgl. *Jescheck*, 342, 460: „die Unterstützung des Fliehenden durch einen Dritten kann Beihilfe zum Diebstahl sein.“

[39] So ähnlich lag der Fall bei RG, HRR 40 Nr. 469; vgl. dazu *Hruschka*, GA 68, 199.

[40] Vgl. *Winkler*, 105 ff. mit Literatur auch zum Anstellungsbetrug; *Mezger*, JW 38, 493 ff., *Schröder*, JR 68, 345 f.

[41] *Olshausen*, § 49, 3; *Stratenwerth*, JZ 61, 96, *Jescheck*, 460; *Welzel*, 112.

[42] *Liszt - Schmidt*, § 46 I 1.

Anschauung in der endgültigen Verletzung des Rechtsguts gesehen wird. Die Theorie der endgültigen Rechtsgutsverletzung hat jedoch gegenüber dem Kriterium der natürlichen Anschauung den Vorteil, daß durch sie ein nachprüfbares Kriterium angegeben wird.

Damit liegt ein bestechender Lösungsversuch vor, denn aus dem Wesen des Strafrechts und dem Sinn strafrechtlicher Tatbestände folgt ein Kriterium, das den Zeitpunkt angibt, an dem für die strafrechtliche Betrachtung des Verbrechensablaufs Schluß ist: die endgültige, vom Täter geplante Rechtsgutsverletzung. Gegen diese Theorie können entscheidende Einwände nur dann erhoben werden, wenn gezeigt werden kann, daß sie von einer nicht vollständigen, vielmehr einseitigen Bestimmung strafrechtlichen Unrechts und einer verkürzten Auffassung vom Sinn strafrechtlicher Tatbestände ausgeht. Bevor jedoch der Versuch gemacht wird, eine vollständige Erfassung strafrechtlichen Unrechts zu entwickeln, um von ihr aus die Theorie der endgültigen Rechtsgutsverletzung zu kritisieren, soll noch eine weitere Theorie zur Lösung der Beendigungsproblematik betrachtet werden, da auch dieser gegenüber Einwände derselben Art erhoben werden können.

III. Die Absichtsverwirklichung als Beendigungszeitpunkt

Ein weiterer Versuch, ein Kriterium für die Beendigung zu finden, kann durch den Begriff ‚Absichtsverwirklichung' gekennzeichnet werden. Es ist offensichtlich, daß von dieser Theorie nur die Delikte erfaßt werden wollen, bei denen das Vorliegen einer Absicht vom Tatbestand zwar gefordert wird, deren Verwirklichung aber zur Erfüllung des Tatbestandes gerade nicht notwendig ist[43]. Bei allen diesen Delikten kann man von Vordatierungen des Vollendungszeitpunktes insofern sprechen, als bei ihnen nicht auf die Verwirklichung der zur Tatbestandserfüllung erforderlichen Absicht gewartet wird, um die Vollendung mit ihren Konsequenzen eintreten zu lassen.

Am deutlichsten vertritt Welzel die Theorie der Absichtsverwirklichung: „Bei allen derartigen Vordatierungen der vollen Strafe hebt sich die formelle Vollendung von der materiellen ab, die erst mit Erreichung der verbrecherischen Absicht eintritt[44]." Während Welzel anscheinend nur auf dieses Kriterium für die Beendigung abstellen will, tritt im Kommentar von Schönke - Schröder[45] der Gesichtspunkt

---

[43] Die Absichtsdelikte werden in der Regel getrennt in a) verkümmert zweiaktige §§ 146, 267, b) kupierte Erfolgsdelikte §§ 253, 263; vgl. etwa *Welzel*, 112.

[44] *Welzel*, 188.

[45] *Schönke - Schröder*, 2 vor § 43.

der Absichtsverwirklichung durch ein „oder" gleichberechtigt neben den der endgültigen Rechtsgutsverletzung[46].

1. Die Unterscheidung der Absichtsdelikte nach deren Zielrichtung

Ein Blick auf die in Frage kommenden Deliktstatbestände zeigt aber, daß eine Differenzierung nach der Richtung der jeweiligen Absicht möglich und notwendig ist. Bei manchen Delikten bezieht sich die Absicht auf die Verletzung des im Tatbestand geschützten Rechtsguts. Zu dieser Gruppe gehören beispielsweise §§ 242, 267 StGB.

Die Zueignungsabsicht und ihre Bedeutung für die Kennzeichnung des Diebstahls ist umstritten. Geht man mit Welzel davon aus, daß, wenn der Dieb die Sache weggenommen, sie also in seinem Herrschaftsbereich hat[47], er dann zugleich auch schon die Zueignungsabsicht verwirklicht habe[48], so weist diese Absicht auf keinen weiteren, hinter der Vollendung der Wegnahme liegenden Punkt. Der Dieb ist dann in einer eigentümerähnlichen Position, was bedeutet, daß das Eigentum und damit das in § 242 geschützte Rechtsgut so endgültig verletzt ist, wie ein Dieb Eigentum verletzen kann. Der Angriff auf das Rechtsgut Eigentum ist abgeschlossen, wenn die Zueignungsabsicht verwirklicht ist. Aber auch wenn man sich dieser Meinung nicht anschließt[49], sondern die Verwirklichung der Zueignungsabsicht zeitlich der Wegnahme folgen läßt[50], ergibt sich aus der Theorie der Absichtsverwirklichung nichts Neues gegenüber der Theorie der endgültigen Rechtsgutsverletzung. Auch dann geht nämlich die Zueignungsabsicht auf Erreichung

---

46 Das Kriterium der Absichtsverwirklichung ist auch bei *Jescheck*, 342, zu finden: Beendigung, wenn der Täter über die Erfüllung der objektiven Merkmale hinaus, die nach dem Tatbestand vorausgesetzte Absicht verwirkliche; ähnlich *Lackner*, 2 vor § 43: „und wenn namentlich auch die Umstände verwirklicht sind, die der Täter nach den einzelnen Tatbeständen beabsichtigt haben muß."

47 Zur Vollendung der Wegnahme *Welzel*, 349: „wenn an die Stelle des alten Gewahrsamsinhabers der neue getreten ist."

48 *Welzel*, 350: „Die Wegnahme muß die äußere Betätigung des Zueignungswillens, und der Zueignungswille die sinnbeseelende Tendenz der Wegnahme sein." Folglich ist die Zueignungsabsicht keine überschießende Innentendenz, „so, daß die Zueignung ein der Wegnahme nachfolgender, besonderer Akt wäre, sondern sie ist der in der Wegnahme zum Ausdruck gebrachte Zueignungswille des Täters, der die Wegnahme begleiten muß und sie als Diebesgriff kennzeichnet". Vgl. dazu neuestens *Maiwald*, Zueignungsbegriff, auf den unten eingegangen wird.

49 Die Stellungnahme des Verfassers erfolgt in dem Abschnitt über die Beendigung des Diebstahls.

50 Vgl. *Winkler*, 92, der deshalb die Wegnahme als Vollendung, die Verwirklichung der Zueignungsabsicht als Beendigung anspricht: „Die Vollendung des Diebstahls erfordert nun keineswegs diese Eigentümer-ähnliche Position, sondern lediglich die Wegnahme ..."

der eigentümerähnlichen Position, und „der Angriff auf das geschützte Rechtsgut Eigentum“ ist abgeschlossen, „wenn es ihm (dem Dieb) gelungen ist, sich tatsächlich anstelle des Berechtigten zu setzen“[51].

Ähnlich verhält es sich bei der Urkundenfälschung, wo das Rechtsgut der Sicherheit und Zuverlässigkeit des Rechtsverkehrs, Beweisverkehrs dann endgültig verletzt ist, wenn ein am Rechtsverkehr Beteiligter getäuscht ist. Genau diese Innentendenz verlangt aber § 267 „zur Täuschung im Rechtsverkehr“.

Bei anderen Absichtsdelikten hingegen hat die im Tatbestand vorausgesetzte Absicht keinen Bezug zu dem im Tatbestand geschützten Rechtsgut. „Vielmehr gibt es Delikte, bei denen sich Innenmerkmale auf keinerlei Verletzung des Rechtsguts beziehen, oder auf die Verletzung eines Rechtsguts, das der betreffende Tatbestand nicht schützt[52].“

Zu dieser Gruppe gehören z. B. die §§ 253, 263 StGB. Beim Betrug ist das Rechtsgut Vermögen geschützt; verletzt kann aber nur das Vermögen des Opfers werden, und diese Verletzung ist mit der endgültigen Schädigung abgeschlossen[53]. Die im § 263 enthaltene Absicht ist aber Bereicherungsabsicht; jedoch die Bereicherung des Betrügers oder eines Dritten ändert an der endgültigen Schädigung des Betrogenen nichts mehr[54], sie ist somit irrelevant für die Rechtsgutsverletzung[55].

---

[51] *Winkler*, 92.

[52] *Winkler*, 97, er geht dabei auf *Oehler*, 131, zurück. *Oehler*, 131: „Es gibt Delikte, bei denen sich die Innenmerkmale auf keinerlei Verletzung eines Rechtsguts beziehen, und die Ausführungshandlung als solche für sich nicht strafbar ist.“

[53] *Oehler*, 131: „Bei dem Betruge des § 263 ist davon auszugehen, daß das Rechtsgut des Vermögens über den Weg der Irreführung und Vermögensverfügung bereits durch die Beschädigung endgültig verletzt ist.“ Nach *Oehler*, 133, ist das Unrecht des § 263 aber nicht mit dem Vermögensschaden erschöpft, vielmehr müsse sich beim Betrug der Schaden in einen stoffgleichen Vermögensvorteil verwandeln lassen; so gelesen, verkörpere der äußere Tatbestand typisch das Innenmerkmal.

[54] Es besteht allerdings die Möglichkeit, daß erst durch die Einbeziehung des abgelisteten Vermögensstückes in das Vermögen des Täters der Schaden des Opfers auftritt, oder ein bereits bestehender Schaden gefestigt wird. Dann wäre die Absichtsverwirklichung wegen ihres vermögensschädigenden Charakters noch Tatbestandsverwirklichung des Betruges.

[55] Prägnant *Oehler*, 131: „Der Absichtsinhalt fügt dem Rechtsgut kein weiteres Übel zu.“ Dabei bezieht er sich auf *Zimmerl*, 40. Vgl. *Gelbert*, DStR, 43, 4, nach dem der Betrug mit den letzten vermögensschädigenden Handlungen des Verfügenden beendet ist; so auch *Mezger*, JW 38, 493.

2. Die Auswirkung dieser Unterscheidung bei der Beendigungsproblematik

Die Theorie der Absichtsverwirklichung bringt für die erste Gruppe also gegenüber der Theorie der endgültigen Rechtsgutsverletzung keinen neuen Gesichtspunkt, sie ist vielmehr nur eine Spielart dieser. Die Anwendung des Kriteriums Absichtsverwirklichung ist hier unergiebig und für sich nicht ausreichend. Bei der anderen Gruppe hingegen ist nicht einzusehen, inwiefern hier die Absichtsverwirklichung den Beendigungszeitpunkt hervorbringen soll[56]. Wenn sich die Absicht nicht auf das im betreffenden Tatbestand geschützte Rechtsgut bezieht, so erscheint es rein zufällig, die Verwirklichung dieser Absicht als den Zeitpunkt anzugeben, an dem das Delikt endgültig beendet sein soll[57]. Aber auch für diese Gruppe, für §§ 253, 263 StGB, wollen die Vertreter dieser Theorie die Absichtsverwirklichung als Beendigungskriterium verwirklichen.

— Bei § 253 soll es auch noch auf die Bereicherung ankommen, womit nach Welzel[58] ein „Komplize des Erpressers, der das erpresste Geld vom Opfer abholt, Gehilfe der noch nicht beendeten Erpressung ist".

— Ebenso für den Betrug; auch er ist „erst beendet, wenn der Täter den erstrebten Vorteil erlangt"[59].

Inwiefern aber damit die materielle Vollendung angesprochen sein soll, bleibt unaufgedeckt, und wohl auch unaufdeckbar, denn das materielle Unrecht weist doch immer eine Beziehung zum tatbestandlich geschützten Rechtsgut auf[60]. Das Strafgesetzbuch enthält keinen

---

56 *Furtner*, JR 66, 170, vermutet als Grund, „daß in gewissen Fällen eine weitere Tatbestandserfüllung nicht möglich erscheint, obwohl der Vorgang noch nicht abgeschlossen ist". Ähnlich schon in MDR 65, 431: „weil eine weitere Tatbestandserfüllung nicht möglich ist, aber für die natürliche Betrachtungsweise und nach der äußeren Erscheinungsform die Tat noch nicht abgeschlossen ist." Stimmt aber diese Vermutung, so setzt sich die Theorie der Absichtsverwirklichung den selben Einwänden aus, wie sie gegen das Kriterium der natürlichen Anschauung erhoben wurden. Sie gibt zwar einen Zeitpunkt an, aber ohne rechtliche Begründung.

57 *Winkler*, 27: „Eine Absichtserreichung, die nicht mehr den Bereich des angegriffenen Schutzobjektes berührt, ist für die materielle Unrechtsbetrachtung des betreffenden Deliktvorgangs irrelevant und damit auch für die Beendigung." Vgl. *Schmidhäusers*, 181, Teileinwand gegen *Welzel:* „diese Absicht kann aber über den vollen Unwertsachverhalt hinausgehen."

58 § 16 I, 1, *Maurach*, AT, 569, *Jagusch*, 253, 7.

59 *Schönke - Schröder*, 2 vor § 43, *Welzel*, 188, *Lackner*, § 263, 10.

60 Deshalb lehnt auch *Winkler*, 27, Fn. 81, diese Absichtserreichung „mangels eines materiellen Unrechtsgehalts" ab.

Hinweis dafür, daß die Verwirklichung einer Absicht, die nicht gegen das geschützten Rechtsgut gerichtet ist, irgend eine strafrechtliche Bedeutung hat[61]. Auch dogmatisch läßt sich das nicht begründen.

---

[61] Vgl. *Stratenwerth*, JZ 61, 96, für §§ 253, 263, 242, 267: „doch zeichnet der Tatbestand auch hier mit der jeweils vorausgesetzten Absicht die materielle Vollendung vor." Betrachtet man aber seine endgültige Beendigungsdefinition, so stellt er doch ganz eindeutig mit der „Schutzrichtung des jeweiligen Tatbestandes" auf die endgültige Rechtsgutsverletzung ab. Stratenwerth übersieht demnach, daß nicht bei allen Absichtsdelikten die Absicht in Richtung auf das geschützte Rechtsgut zeigt.

Zweites Kapitel

Die Orientierung des Beendigungsbegriffs am Tatbestand

I. Die rechtsstaatliche Problematik der Beendigung

1. Die Garantiefunktion des Tatbestandes

Jeder Lösungsversuch der Beendigungsproblematik ist zunächst darauf verwiesen, sich mit Art. 103 Abs. II GG bzw. § 2 StGB und der darin angesprochenen Garantiefunktion des Tatbestandes[1] auseinanderzusetzen. Denn es geht doch bei der Beendigung um die Begründung der Möglichkeit eines Abschlußzeitpunktes, der jenseits der tatbestandlichen Vollendung liegt.

Art. 103 Abs. II GG bzw. § 2 StGB enthält das Prinzip: „nullum crimen sine lege, nulla poena sine lege." Uns interessiert hier nur der erste Teil dieses Grundsatzes: kein Verbrechen ohne Gesetz. Diese Forderung verschafft dem Grundsatz der Gewaltenteilung auch für das Strafrecht Geltung und schränkt die Richtermacht ein[2]. Damit wird zunächst vom Gesetzgeber[3] verlangt, darauf zu achten, daß soweit wie möglich genau umschriebene Verhaltensweisen zu Tatbeständen des Strafgesetzbuches erhoben werden. Nur wenn die Straftatbestände hinreichend bestimmt bzw. bestimmbar sind, kann auch eine berechenbare Anwendung des Strafgesetzes stattfinden[4], worauf jeder Bürger

---

[1] *Maurach*, AT, 88, *Schönke - Schröder*, § 2, 9, *Jescheck*, 95, *Baumann*, 109.

[2] *Maunz - Dürig*, Art. 103, Rdn. 101, *Welp*, 141.

[3] Es ist herrschende Lehre, daß der „Bestimmtheitsgrundsatz" sich an den Gesetzgeber richtet. *H. Mayer*, Mat., Bd. I, 272 und AT, 35, *Grünwald*, ZStW 76, 6, *Jescheck*, 97: „Der Grund für das Bestimmtheitsgebot liegt darin, daß der Gesetzesvorbehalt nur dann seine volle Wirksamkeit entfalten kann, wenn der Rechtswille der Volksvertretung im Text so deutlichen Ausdruck gefunden hat, daß eine subjektiv-eigenmächtige Entscheidung des Richters praktisch ausgeschlossen erscheint."

[4] Vgl. *Maunz - Dürig*, Art. 103, Rdn. 104, danach begründet die hL das Grundrecht der Gesetzesbestimmtheit der Strafe wertsystematisch mit dem Prinzip der Rechtsstaatlichkeit: „Denn aus dem Rechtsstaatsprinzip folgt auch, daß alle staatliche Gewalt ... voraussehbar, vorausberechenbar und meßbar sein muß." *Dürig* führt den Bestimmtheitsgrundsatz letztlich auf Art. 1 I, Art. 2 I GG zurück, das meint auf die Eigenverantwortlichkeit und Würde des Menschen; — insbesondere wegen des Schuldvorwurfs in der Strafe. Vgl. *Welp*, 141, der besonderes Gewicht auf die „notwendige Erkennbarkeit und Kontrollierbarkeit" staatlicher Machtemanationen legt.

ein Recht hat[5]. Sonst könnte er sich im Zweifelsfalle schlecht auf das Strafgesetz als die „Magna charta des Verbrechers“[6] berufen. Es wäre weitgehend dem Richter überlassen, Strafwürdiges zu Strafbarem zu erheben, und die Befürchtung H. Mayers[7], daß jede Unbestimmtheit der Strafgesetze zu einer ständigen Erweiterung des Strafrechts dränge, kann nur geteilt werden.

Freilich sind der genauen Umschreibung tatbestandlichen Verhaltens Grenzen gesetzt. Das erwünschte Ziel, mit relativ sicheren deskriptiven Tatbestandsmerkmalen auszukommen, ist nicht zu erreichen[8]. Auf normative Tatbestandsmerkmale kann nicht verzichtet werden, da man sonst zu einer „weitschweifig alles umfassenden deskriptiven Kasuistik“[9] käme; ja: „ohne derartige Begriffe könnte der Gesetzgeber der Vielgestaltigkeit des Lebens nicht Rechnung tragen[10].“ Straftatbestände bedürfen also notwendig der Auslegung[11] durch den Rechtsanwendenden, um herauszufinden, wie weit sie reichen und was schon jenseits ihres Bereiches liegt.

---

5 *Noll*, ZStW, 77, 7: Der Tatbestand in seiner Garantiefunktion diene „zur Selbstorientierung der Bürger auf dem von ihnen geschaffenen und getragenen Recht“.

6 *Liszt*, Aufsätze, Bd. 2, 80; dem schließt sich *Maunz - Dürig*, Art. 103, Rdn. 111 ausdrücklich an, *Maurach*, AT 89, spricht von der „Individualgarantiefunktion der Strafdrohungen (Tatbestände)“, *Welzel*, 49.

7 *H. Mayer*, Mat., Bd. I, 273, in dieser Richtung auch *Welzel*, 23.

8 *Maunz - Dürig*, Art. 103, Rdn. 107.

9 *Sax*, Grundsätze, 1006.

10 BVfGE 4, 358, dabei ging es um das Tatbestandsmerkmal „im politischen Leben des Volkes stehend“ in § 187 a StGB, das als hinreichend bestimmt angesehen wurde. Aber auch normative Tatbestandsmerkmale sind kein Allheilmittel, vgl. *H. Mayer*, SJZ 47, 17: das vielgestaltige Leben lasse sich nicht in so einfachen Formeln einfangen; das rohe und grobe Mittel, mit weitgefaßten normativen Tatbestandsmerkmalen zu arbeiten, überwinde diese Not nicht; ohne Kasuistik führten sie zur Willkür.

11 *Schönke - Schröder*, § 2, 30, *Jescheck*, 127. Schon früh wurde von *E. Wolf*, Typen, 433, entdeckt, daß eine scharfe Trennung zwischen normativen und deskriptiven Tatbestandsmerkmalen nicht möglich sei, da auch die letzteren durch ihre Verwendung im Gesetz eine andere Bedeutung erhielten; in RG — Festgabe, 56 bezeichnet er alle Tatbestandsmerkmale als solche von normativer Art. So auch *Maurach*, AT, 207: Alle, auch die deskriptiven Tatbestandsmerkmale, seien in Wahrheit festlegungs- und auslegungsbedürftig. *Jescheck*, 183, will dennoch an dieser Unterscheidung festhalten und definiert die deskriptiven Tatbestandsmerkmale so: „Sie sind einer Tatsachenfeststellung zugänglich und können aus diesem Grunde auch dann als beschreibend aufgefaßt werden, wenn sie ihren genauen Inhalt erst durch die Bezugnahme auf eine Norm gewinnen und damit ein gewisses Maß an Unbestimmtheit aufweisen. Er folgt damit *Engisch* in *Mezger*-Fs., 142 ff. Vgl. *Arthur Kaufmann*, 24.

2. Die Notwendigkeit der teleologischen Tatbestandsauslegung und das Analogieverbot

Die Auslegung soll den „maßgeblichen Sinn" der Tatbestände klarstellen[12], und das geschieht nach herkömmlicher Einteilung durch die Anwendung der grammatischen, historischen, systematischen und teleologischen Methode.

Während die Auslegungen also notwendig und zulässig für die Sinnerfassung des Strafgesetzes ist, enthält Art. 103 II GG bzw. § 2 StGB nach h. L. ein sogenanntes Analogieverbot, das sich im Gegensatz zum Bestimmtheitsgrundsatz an den Richter wendet[13]. Doch damit sind nur scheinbar klare Fronten abgesteckt. In Wirklichkeit sind die Grenzen zwischen Analogie und Auslegung schwer zu bestimmen, und das gilt gerade für das Verhältnis von teleologischer Auslegung und Analogie[14]. Das Analogieverbot soll verhindern, daß die Rechtsprechung durch Anwendung des analogen Schlußverfahrens neue Tatbestände schafft oder alte über ihre gesetzlichen Festlegungen hinaus ausdehnt. Allein der Gesetzgeber soll entscheiden, welche strafwürdigen Handlungen als Verbrechen anzusehen sind[15]. Grünwald[16] sieht im Analogieverbot eine Einschränkung der teleologischen Auslegung im Strafrecht: „Nur innerhalb des Bereichs, der durch den Gesetzeswortlaut abgesteckt ist, ist die Auslegung des Gesetzes an dessen ratio auszurichten." Auch für die h. L. ist das „Kriterium des möglichen Wortsinns" entscheidend für die Bestimmung der äußersten Grenze gerade der teleologischen Auslegung[17], und damit ist jedes Hinausgehen über den möglichen Wortsinn Analogie.

---

[12] *Lackner*, 1 c zu § 2.

[13] *Schönke - Schröder*, § 2, 8, *Jescheck*, 95, *Grünwald*, ZStW 76, 2, *Mezger - Blei*, AT, 29, *Baumann*, 142, 144, nach dem das Analogieverbot begrifflich zwar nicht zu „nullum crimen s. l." gehört, aber es sei richtig, daß die genannten Grundsätze ohne ein Hinzukommen des Analogieverbotes wirkungslos wären. Gegen die Annahme eines Analogieverbots *Sax*, Analogieverbot, 153.

[14] *Maurach*, AT, 87: die Grenzlinien zwischen Zweckauslegung und der Ausdehnung des Strafrechts seien flüssig, *Mayer*, AT, 37.

[15] *Grünwald*, ZStW 76, 2 und 13; *Jescheck*, 95; beide geben auch noch eine kriminalpolitische Begründung: angesichts des Einzelfalles entstände sonst die Gefahr, daß die augenblickliche sittliche Entrüstung die Entscheidung maßgeblich beeinflussen würde.

[16] *Grünwald*, ZStW 76, 2, weist dort auch eine Tendenz der neueren Rechtsprechung nach, Strafwürdiges bestimmt nicht wegen des Analogieverbots unbestraft zu lassen. So auch *Welzel*, 21.

[17] *Jescheck*, 113, bezeichnet es als aus rechtsstaatlichen Gründen unentbehrlich, „denn damit bietet sich das einzige objektiv nachprüfbare Merkmal dar, das mit einer gewissen Sicherheit erkennen läßt, wo die Verantwortung des Richters für selbst erschaffenes Recht beginnt". Nach *Welp*, 142, bedeutet Analogie unberechenbare Entfernung vom Wortlaut der lex. Vgl. BGHSt. 10, 160, *Welzel*, 21, *Mezger - Blei*, AT, 29, *Schönke - Schröder*,

Soll nach dieser Ansicht das Analogieverbot die Zweckauslegung beschränken, so vertritt andererseits Sax[18] die Meinung, daß es ein Analogieverbot, auch im Sinne „der strafbegründenden oder strafschärfenden Rechtssatzerstreckung" nicht besteht. Das kommt nach Sax daher, daß das Analogieverfahren sich notwendig im Bereich teleologischer Gesetzesauslegung halte[19]. Auch wenn das von der h. L.[20] nicht zugestanden wird, so muß man doch zugeben, daß es sich bei der Analogie um ein „gewöhnliches Schlußverfahren der juristischen Logik"[21] handelt. Nach Art. 103 II GG ist eben nur aus den angeführten rechtsstaatlichen Gründen die Analogie als Mittel zur Rechtsneuschöpfung im Strafrecht durch den Richter verboten. Dennoch ist — wie schon oben gesagt — damit keine klare und praktikable Unterscheidung eingeführt[22], und der Versuch, eine solche zu finden, kann hier nicht unternommen werden. Es geht vielmehr an dieser Stelle nur darum, eine Beschränkung der teleologischen Methode zu suchen[23], die in ihrer üblichen Verwendung die Strafanwendung sehr weit zu Lasten des Täters ausdehnt[24].

---

§ 2, 31. a. A. *Jagusch*, LK, § 2 I 3 a, S. 58. *Arthur Kaufmann*, 3/4, nach dem man sich bereits mitten in der Analogie befindet, wenn man den möglichen Wortsinn als Grenze der Auslegung angäbe, weil dieser weder ein Univokes noch ein Äquivokes und also nur ein Analoges sein könne. Für *Baumann*, 140, ist nicht der mögliche, sondern der natürliche Wortsinn Auslegungsgrenze.

[18] *Sax*, Analogieverbot, 152; nach *Arthur Kaufmann*, 5, bis jetzt nirgendwo widerlegt.

[19] *Sax*, Analogieverbot, 152, dagegen *Jescheck*, 96, der zwar zugibt, daß die Bezeichnung Analogieverbot nicht den Kern der Sache treffe, aber feststellt, daß Analogie nicht immer Auslegung sei. Nach *Arthur Kaufmann*, 29, enthält jede Subsumption einen „innertatbestandlichen Analogieschluß". Vgl. *H. Mayer*, SJZ 47, 17 auch bei der Auslegung handle es sich um eine analoge Zuordnung.

[20] *Schönke - Schröder*, § 2, 6 und 45, *Maurach*, AT, 87.

[21] So insbesondere *Jescheck*, 95, *Schönke - Schröder*, § 2, 8, *Welzel*, 22.

[22] *Welp*, 146: berechenbare Auslegung und unberechenbare Analogie sei nicht begrifflich exakt, sondern nur graduell und quantitativ zu unterscheiden. *Arthur Kaufmann*, 3, geht sogar so weit zu behaupten, daß alle Versuche der Literatur zur Unterscheidung von erlaubter Interpretation und verbotener Analogie als Eingeständnis der völligen Undurchführbarkeit einer praktikablen Abgrenzung verstanden werden könnten. Die Ununterscheidbarkeit sei prinzipieller Natur. Vgl. S. 31: Unterschied „nur durch den Grad der extensio, aber nicht durch die logische Struktur des Verfahrens".

[23] *Arthur Kaufmann*, 5, geht es konsequenterweise darum, „innerhalb der Analogie mittels brauchbarer Kriterien eine einigermaßen zuverlässige Grenze zu ziehen".

[24] *Jescheck*, 96: die Rechtsprechung habe die Grenze der Sinnauslegung in manchen Fällen so weit hinausgeschoben, daß gegenüber der Analogie nur noch ein geringer sachlicher Unterschied bestehe; so auch *Noll*, ZStW 76, 709.

Die teleologische Methode, der nach allgemeiner Ansicht „die Krone der Auslegungsverfahren“[25] gebührt, versucht, die leitenden Zweckgesichtspunkte der einzelnen Strafbestimmungen und darüber hinaus den Sinn des Strafrechts im allgemeinen[26] zur Grundlage der Auslegung zu machen. Der wichtigste Anhaltspunkt dafür ist das vom jeweiligen Straftatbestand geschützte Rechtsgut, auf das hin die einzelnen Tatbestandsmerkmale bezogen werden[27]. Das steht im Einklang mit der Funktion des Strafrechts als Rechtsgüterschutzrecht[28].

3. Die Auswirkungen der erfolgsorientierten teleologischen Auslegung auf den Beendigungszeitpunkt

Dann aber — so könnte man zu folgern versucht sein — handelt es sich immer um eine Strafanwendung mittels der nicht zu beanstandenden teleologischen Auslegung, wenn bei einem Verhalten festgestellt wird, daß es zumindest noch gegen das im betreffenden Tatbestand geschützte Rechtsgut verstößt. Eine so weitgehende Folgerung wird nahegelegt, wenn man wie Sax zu dem Ergebnis kommt, daß aus verfassungsrechtlichen Gründen das Wesen strafrechtlichen Unrechts objektiv bestimmt werden müsse und demgemäß sich in Rechtsgutsverletzungen erschöpfe[29].

Für die „Tatbestandsbestimmtheit“ im Sinne von Art. 103 II GG reicht es dann aus, daß „der Wertverletzungstypus inhaltlich eindeutig umrissen“ ist[30]. „Nicht die äußere Tatbestandsumschreibung ist der Sitz der strafrechtlichen Freiheitsgarantie, sondern die durch die straftatbestandliche Verhaltensumschreibung vertypte unmittelbare oder mittelbare Verletzung in der Gemeinschaft als je verbindlich anerkannter Werte[31].“

---

25 So *Jescheck*, 110, vgl. *Schwinge*, 21 ff., *Jagusch*, LK, § 2 I 3 a, S. 58.

26 *Maurach*, AT, 87.

27 *Schwinge - Zimmerl*, 61, *Schönke - Schröder*, § 2, 38 „wichtigste Voraussetzung“, *Jagusch*, LK, S. 59, *Maurach*, AT, 183, *Baumann*, 124, 128, 136, *Mezger - Blei*, AT, 115, *Kohlrausch - Lange*, § 2 III A 4.

28 *Jescheck*, 111, *Sax*, Grundsätze, 909, 910.

29 *Sax*, Grundsätze, 919; auf dem Weg zu diesem Ergebnis stellt *Sax*, 918, jedoch fest, daß strafrechtliches Unrecht nicht mit der Verursachung einer Rechtsgutverletzung gleichzusetzen sei: „Es ist vielmehr Rechtsgutverletzung durch straftatbestandliches Handeln.“ Freilich wird dem Verhaltensunwert keine eigene Bedeutung für die Bestimmung des Unrechtsgehalts eines bestimmten Verbrechens beigemessen, vgl. 917/18.

30 *Sax*, Grundsätze, 1009, stellt dort klar, daß damit noch nichts über die Bestimmtheit des Verhaltenstypus ausgemacht sei; doch sei die inhaltliche Bestimmtheit des Wertverletzungstypus in aller Regel von der Präzisierung des strafrechtlichen Verhaltenstypus abhängig. Aber es bleibt dabei: der Verhaltenstypus hat keine selbständige Bedeutung.

31 *Sax*, Grundsätze, 1008/9, dem schließt sich *Winkler*, 33, ausdrücklich an: nach dem Wertverletzungstypus sei die gesetzlich umschriebene Verhaltensweise in teleologischer Betrachtungsweise auszulegen.

Damit rückt eine starke Erfolgsorientierung in den Mittelpunkt der strafrechtlichen Beurteilung, denn nur am konkreten Erfolg einer Handlung läßt sich die Rechtsgutsverletzung anschaulich ablesen. Der Erfolgsunwert wird als entscheidend für die Unrechtsbegründung angesehen[32].

Hier ist auch die Verbindungsstelle zur Beendigungsproblematik. Wir hatten gesehen, daß die herrschende Lehre im Schrifttum die Beendigung auf den Zeitpunkt der endgültigen Rechtsgutsverletzung verschiebt. Eine solche Beendigungslösung ist natürlich dann unter dem Gesichtspunkt des Art. 103 II GG bzw. § 2 StGB, insbesondere der Garantiefunktion des Tatbestandes, nicht zu beanstanden, wenn nach den an diesen Bestimmungen entwickelten Prinzipien eine Verletzung des im jeweiligen Tatbestand geschützten Rechtsguts immer als durch die teleologische Auslegung gedeckt angesehen wird. Demgemäß folgert auch Winkler[33]: „Soweit demnach eine am Rechtsgutsgedanken orientierte teleologische Auslegung die Grenzen des formalen Gesetzeswortlauts sprengen kann, gilt dies auch für die tatbestandsbezogene Beendigung." Ist das Strafrecht primär Rechtsgüterschutz, dann ist auch keine verbotene Analogie nötig, solange es darum geht, Handlungen zu erfassen, die das vom betreffenden Tatbestand geschützte Rechtsgut noch weiter beeinträchtigen. Denn solange wird eben noch strafrechtliches Unrecht begangen, das seinem Wesen nach als Rechtsgutsverletzung gesehen wird.

Diese — anscheinend auch für Winkler — sehr weitgehende Behauptung versucht er deshalb auch durch eine Hilfsüberlegung zu stützen und ihr gleichzeitig etwas von ihrer Schärfe zu nehmen: Vor jeder Beendigung liege ja schon eine Vollendung, d. h. eine Tatbestandserfüllung, so daß es angebracht erscheine, „nicht an jedem Moment der Deliktsentwicklung bis zur Beendigung dieselben Voraussetzungen zu knüpfen wie an die Vollendung selbst", da ja die „strenge Tatbestandskontrolle" beim Vollendungszeitpunkt stattgefunden habe[34].

Diese Argumentation trifft aber nicht das grundsätzliche Problem, denn entweder reicht die Rechtsgutsverletzung zur Begründung strafrechtlichen Unrechts aus oder nicht. Es ist nicht einzusehen, warum bis zur Vollendung ein Mehr zur Unrechtsbegründung erforderlich sein soll, danach aber nicht. Die Willkürlichkeit dieses Arguments wird besonders deutlich, wenn man sich die Konsequenzen für einen Ge-

---

32 *Sax*, Grundsätze, 917: „Was die Lehre vom personalen Unrecht als Handlungsunwert bezeichnet, ist nichts anderes als der durch die Handlungstypisierung mittelbar vertypte Erfolgsunwert."

33 *Winkler*, 36.

34 *Winkler*, 36.

hilfen, der seinen Tatbeitrag erst im Stadium zwischen Vollendung und Beendigung leistet, vor Augen führt: er beteiligt sich nur an einer weiteren Rechtsgutsverletzung, die zwar an sich nicht ganz zur Unrechtsbegründung reicht, wird aber bestraft, als ob er sich an einer voll rechtswidrigen Haupttat beteiligt habe. Es muß also bei der weitergehenden These bleiben, daß volles strafrechtliches Unrecht solange geschieht, bis die Rechtsgutsverletzung zum Abschluß gekommen ist.

4. Kritik dieser Auswirkungen

Dagegen erheben sich denn auch Stimmen im Schrifttum[35], die gerade unter dem Stichwort des Garantietatbestandes, unter Anführung von Art. 103 II GG, Zweifel an dieser Hinausschiebung des Beendigungszeitpunkts anmelden. Diese Zweifel werden dann aber nur an Einzelfällen der Beendigung veranschaulicht[36], und das ist auch verständlich, denn nur bezüglich bestimmter Handlungen läßt sich ein Urteil darüber abgeben, ob sie nach teleologischer Auslegung eines Straftatbestandes noch unter denselben fallen, oder ob sie nur mehr durch verbotene Analogie zu erfassen sind. Auf die Einzelfälle der Beendigung soll hier jedoch nicht eingegangen werden, vielmehr wird die Untersuchung vorerst noch im Grundsätzlichen gehalten.

a) Die weitere Tatbestandsverwirklichung

Die Forderung nach formeller Tatbestandsmäßigkeit macht die gesetzlichen Tatbestandsmerkmale zum Ausgangspunkt aller strafrechtlicher Beurteilung und drängt somit dahin, auf die Erfüllung dieser gesetzlichen Merkmale zu achten[37]. Die Berufung auf Art. 103 II GG im Zusammenhang mit der Beendigungsproblematik ist deshalb als Appell zu verstehen, nicht die gesetzlichen Tatbestandsmerkmale zugunsten einer materiellen Unrechtsbetrachtung bei alleiniger Rechtsgutsorientierung zu vernachlässigen[38]. Das Reichsgericht stellte in seiner Rechtsprechung zu Fällen des möglichen Auseinanderfallens von Vollendung und Beendigung meist auf die weitere Tatbestandsverwirklichung ab[39];

---

[35] *Isenbeck*, NJW 65, 2328, *Furtner*, JR 66, 169, *Hruschka*, JZ 69, 608.

[36] Vgl. *Hruschka*, GA 68, 205, Fn. 43: Die neue Beendigungslehre könne, wie *Isenbeck* zu Recht hervorgehoben habe, im Einzelfall zu Verstößen gegen den Grundsatz ‚nullum crimen s. l.' führen.

[37] *Schönke - Schröder*, Vorbemerkung 37 vor § 1: unentbehrliche Grundlage.

[38] *Gallas*, LvV, 20: der Tatbestand im materiellen Sinne dürfe nicht weiter reichen, als der Tatbestand im formellen Sinne.

[39] RG, HRR 40, Nr. 469 bemüht sich darum, ein „Fortwirken der Drohung" nach § 253 nachzuweisen; RG, JW 34, 837 spricht von einem Fortsetzen der

— sie wird heute bei diesem Problem nur noch selten verlangt[40]. Daß eine so einleuchtende These heute anscheinend nicht mehr zieht, muß Gründe haben. Entscheidend dürfte dabei sein, daß man mit dieser strengen Anforderung zu keinem praktikablen Ergebnis zu kommen glaubt. Und richtig ist auch, daß allein mit dieser Forderung die Beendigungsproblematik noch nicht gelöst ist.

Es ist nämlich sehr schwierig anzugeben, wie lange noch eine Tatbestandsverwirklichung vorliegt. Müssen alle Tatbestandsmerkmale einschließlich dessen, das den Erfolg bezeichnet, nach der Vollendung erfüllt werden, oder nur bestimmte; und wenn nur bestimmte, welche[41]? Diese Schwierigkeit ist schon bei den vom Reichsgericht verwendeten Formulierungen deutlich sichtbar, wenn auf die weitere Erfüllung von Tatbestandsmerkmalen eingegangen wird: es wird undeutlich von ‚Fortdauer', ‚Fortwirken' der Drohung bzw. Täuschung gesprochen. Insbesondere ist die weitere Erfüllung eines Tatbestandsmerkmals dann schwerlich festzustellen, wenn der vorher aktiv handelnde Täter bis zum ersten oder weiteren tatbestandsmäßigen Erfolgen nur noch die Erfolgsabwendung unterläßt, oder gar nur noch der Kausalverlauf bis zum endgültigen Schadenseintritt andauert[42].

b) Die Selbstbeschränkung der teleologischen Auslegungsmethode durch die Berücksichtigung der Handlungsunwerte

Es muß deshalb versucht werden, die einzelnen Tatbestandsmerkmale im Tatbestand zum Verbrechen, insbesondere zum Unrecht in Beziehung zu setzen, um der Funktion des Tatbestandes voll gerecht zu

falschen Vorspiegelung im Sinne § 263, vgl. dazu *Mezgers* Anm.: zur Verwirklichung des Tatbestandes müsse vom Gehilfen geholfen werden; RGSt. 62, 814: fortsetzendes Erhalten des Täuschungszustandes; RGSt. 72, 186; auf diese Rechtsprechung bezieht sich auch OLG Hamm JZ 61, 94.

[40] Vgl. jedoch *Furtner*, JR 66, 170: auch nach Vollendung sei die weitere Erfüllung eines Tatbestandsmerkmals erforderlich; er selbst hält aber diesen Grundsatz bei seinen Beispielsfällen nicht durch. *Isenbeck*, NJW 66, 2329 ist da konsequenter: z. B. bei § 242 muß auch nach Vollendung noch weggenommen werden. Vgl. *Hruschka*, GA 68, 203 stellt fest, daß die neuere Beendigungslehre (gemeint ist damit im wesentlichen die Theorie der endgültigen Rechtsgutsverletzung) das Ende der Tatbestandsverwirklichung nicht mehr berücksichtigen wolle.

[41] Vgl. *Winkler*, 25: „Der Gesamterfolg kann nur objektiv eintreten durch nochmalige Tatbestandsverwirklichung des Täters, durch mehrmalige Verwirklichung nur eines Tatbestandsmerkmals, durch Andauern eines Tatbestandsmerkmals etc."

[42] Zu einfach macht es sich deshalb *Hruschka*, GA 68, 201, wenn er zur Beendigung des § 212 feststellt, daß die Tatbestandsverwirklichung mit dem tatbestandsmäßigen Erfolg aufhöre, obwohl er sieht, daß die Täterhandlung nur bis zum beendeten Versuch geht. Was geschieht zwischen beendetem Versuch und tatbestandsmäßigem Erfolg, und wie viele Erfolge gehören noch dazu?

werden[43]. Die einzelnen Tatbestandsmerkmale, auf deren Erfüllung aus rechtsstaatlichen Gründen zu achten ist, unterliegen nun freilich wieder der teleologischen Auslegung, so daß sich die Frage aufdrängt, ob es damit nicht wieder zu einer einseitigen Erfolgsorientierung bei der Unrechtsbegründung nach Vollendung des Verbrechens kommt.

Soll — wie oben ausgeführt — das Verbot der Analogie zur Untersuchung einer möglichen Einschränkung der teleologischen Auslegung auffordern[44], so kann im Sinne dieser Aufforderung zuvor geprüft werden, ob nicht schon die teleologische Auslegung für sich Ansatzpunkte zu einer Beschränkung der sehr weitführenden Rechtsgutsorientierung enthält. Es bestehen nämlich angesichts der einzelnen Tatbestandsbeschreibungen im Strafgesetzbuch erhebliche Bedenken dagegen, sich mit der alleinigen Beziehung aufs Rechtsgut hin bei der teleologischen Auslegung zufrieden zu geben[45]. Die teleologische Methode fragt doch ganz allgemein auch nach dem Zweck des Strafrechts und insbesondere nach dem Schutzzweck der bestimmten Strafgesetze, und dieser könnte umfassender sein als die Festlegung bloßer Sozialschädlichkeit. Es könnten auch „sozialethische Wertgesichtspunkte eine wesentliche Rolle" spielen, „weswegen stets auch die Handlungsunwerte" bei der Zweckauslegung zu berücksichtigen wären[46].

Damit ist das Problem der Unrechtsbegründung im allgemeinen erreicht. Erschöpft sich das strafrechtliche Unrecht in der Sozialschädlichkeit oder spielen auch sozialethische Wertgesichtspunkte und damit die personale Seite des Unrechts[47] eine entscheidende Rolle? Bestimmt allein der Erfolgsunwert das strafrechtliche Unrecht oder muß auch der Handlungsunwert beachtet werden?

Von der Erörterung dieser Problematik, die im nächsten Kapitel — der Unrechtstatbestand — stattfinden soll, sind nicht nur Aufschlüsse

---

[43] Vgl. *Grünhut*, 8: die einzelnen Tatbestandsmerkmale seien als Modalitäten eines verbotenen, mit Strafe bedrohten Verhaltens zu begreifen.

[44] *Arthur Kaufmann*, 5, sucht innerhalb der Analogie nach einer Grenze, denn auch er will den Grundsatz ‚nullum crimen sine lege' nicht über Bord werfen.

[45] Solche Bedenken gegen die alleinige Orientierung am Rechtsgut hat auch *Grünwald*, ZStW 76, 15, der ja für eine Beschränkung der teleologischen Auslegung durch das Analogieverbot ist, wenn er ausführt: „Der Richter müßte darum für die analoge Anwendung nicht nur feststellen, daß die ratio legis zutrifft, sondern auch, daß die Tat in dem gleichen Maße wie die im Gesetz bezeichnete verwerflich und damit strafwürdig sei. Wiederum würde also die Bestrafung von seiner Wertung abhängen." Vgl. *Baumann*, 128: bei der erweiternden Auslegung zwecks besseren Schutzes des besonderen Rechtsguts sei Vorsicht am Platze, da sonst eine Überdehnung der Wortbedeutung zu befürchten sei. Vgl. dazu *Baumann*, MDR 58, 394.

[46] *Jescheck*, 112.

[47] *Gallas*, GA 57, 318.

über die teleologische Auslegung und deren Grenzen zu erwarten, sondern auch Ansatzpunkte zur Lösung der Beendigungsproblematik. Denn auch für die Beendigung könnte sich dadurch gegenüber der Theorie der endgültigen Rechtsgutsverletzung eine Beschränkung ergeben, daß neben dem Abschluß der Rechtsgutsverletzung auch die Art und Weise ihrer Herbeiführung herangezogen wird, daß neben der Erfolgsorientierung auch der Handlungsunwert berücksichtigt wird, um den Beendigungszeitpunkt festzulegen.

II. Die Bedeutung des Unrechtstatbestandes für die Beendigung

1. Die Abgrenzung des Unrechtstatbestandes von anderen Tatbestandsbegriffen

Es gibt in der Strafrechtswissenschaft eine ganze Reihe von Tatbestandsbegriffen[48]. Engisch[49] stellt für die „Gegenwart" — in der Mezger-Fs. 1954 — allein fünf verschiedene Tatbestandsbegriffe zusammen: 1. Tatbestand im Sinne der Rechtstheorie, 2. Verbrechenstatbestand, 3. Garantietatbestand, 4. Unrechtstatbestand, 5. den gesetzlichen Tatbestand im Sinne von § 59. Alle diese Tatbestandsbegriffe haben einen verschiedenen Inhalt; genauer: sie unterscheiden sich jeweils nach ihrer Zweckbestimmung[50].

War bisher bei der Erörterung des Art. 103 II GG bzw. § 2 StGB vom Tatbestand die Rede, so war damit der Garantietatbestand „in Gestalt des Analogieverbots"[51] gemeint. Der dabei verfolgte Zweck war, die „Bestimmtheits- und Garantiefunktion"[52] des Tatbestandes deutlich werden zu lassen. Jetzt geht es darum, das vollständige Wesen strafrechtlichen Unrechts zu erfassen, und zu diesem Zweck gehen wir von dem Begriff „Unrechtstatbestand"[53] aus.

2. Die formelle und materielle Rechtswidrigkeit

Die Begründung strafrechtlichen Unrechts kann nur dann vollständig erreicht werden, wenn man sich über Begriff und Wesen der Rechtswidrigkeit im allgemeinen klar ist. Rechtswidrig kann zunächst

---

48 In einem historischen Aufriß behandelt *Schweikert* „Die Wandlungen der Tatbestandslehre seit Beling."

49 *Engisch*, 130 bis 133; vgl. *Schmidhäuser*, *Engisch*-Fs. 433.

50 *Lackner*, II 2 vor § 1; *Jescheck*, 168: zu anderen systematischen Zwecken; *Noll*, ZStW 77, 7: der Tatbestandsbegriff sei je nach seiner Funktion, je nach der Fragestellung ein verschiedener.

51 *Jescheck*, 96.

52 *Lackner*, II 2 vor § 1.

53 *Jescheck*, 167; *Gallas*, LvV, 16 ff., *Baumann*, 253, *Engisch*, *Mezger*-Fs., 132, *Maurach*, AT, 189; kritisch dazu *Schönke - Schröder*, Vorb. 37 und 44.

formell „Widerspruch gegen das Recht“[54] bedeuten. Die Normwidrigkeit besagt, daß der Verstoß einer Handlung gegen eine Rechtsnorm die Handlung zu einer rechtswidrigen macht, womit die für jedes Unrecht unverzichtbare Sollenseite bezeichnet ist. Eine inhaltliche Bedeutung der Rechtswidrigkeit ist damit noch nicht gefunden, denn es ist noch nichts darüber gesagt, aus welchen materiellen Gründen der Gesetzgeber einem Verhalten das Prädikat rechtswidrig zugedacht hat.

Einen solchen Grund gab von Liszt[55], der zuerst die Unterscheidung von formeller und materieller Rechtswidrigkeit in die Strafrechtsdogmatik einführte, mit der „Sozialschädlichkeit“ an. Der Rechtswidrigkeitsbegriff wurde damit am Rechtsschutzzweck orientiert[56]: weil ein Verhalten geschützte Rechtsgüter verletzt oder gefährdet, ist es Unrecht.

3. Die Konsequenz des materiellen Rechtswidrigkeitsbegriffes für den Tatbestand

Der materielle Rechtswidrigkeitsbegriff hatte notwendigerweise auch für die Lehre vom Tatbestand Konsequenzen. In der klassischen Verbrechenslehre, insbesondere bei Beling[57], war der Tatbestand noch nicht mit der Rechtswidrigkeit verknüpft[58]: „Im Tatbestande selber ist eine rechtliche Bedeutung nicht erkennbar.“ Die Tatbestände sollten das äußere Bild von Handlungen beschreiben und sich in dieser wertfreien

---

[54] *Nagler*, *Frank*-Fg., I, 343, vgl. dazu *Jescheck*, 159.

[55] *von Liszt*, Lb., 12/13. Aufl., 140 ff., vgl. *Heinitz*, *Schmidt*-Fs., 266: von Liszt wollte zunächst damit „über den Formalismus der Feststellung einer Normwidrigkeit hinaus auf den inneren Gehalt der rechtswidrigen Handlung“ hinweisen, er wollte nicht etwa „zweierlei verschiedene Arten des Unrechts beschreiben“. Vgl. *Sina*, 47, *Jescheck*, 160, *Maurach*, AT, 180.

[56] *Gallas*, LvV, 3.

[57] *Beling*, LvV, 1906, S. 112, 147, 150.

[58] Vgl. jedoch *Schmidhäuser*, *Engisch*-Fs., 436, der zu zeigen versucht, daß die Rechtswidrigkeit bei *Beling* doch schon im Tatbestand, im tatbestandsmäßigen geschützten Geschehen stecke, denn wenn ein Rechtfertigungsgrund fehle, sei die Handlung eben rechtswidrig. *Plate*, 149/150, der die Konsequenz *Belings* zu seinen Prämissen hervorhebt: *Beling* sei es nur um Denknotwendigkeiten gegangen, insbesondere um die Frage, ob einem Verhalten ein bestimmter Verhaltenscharakter zukomme: „Will man dagegen in der Tatbestandslehre über Denknotwendigkeiten hinaus auch immanente Sinnzusammenhänge des Strafrechts berücksichtigen, so liegen die Dinge anders; da es nun nicht nur um das Vorliegen eines bestimmten Verhaltenscharakters geht, sondern sogleich auch um das Wesen des diesem entsprechenden Verhaltens selbst, so finden Wertungsfragen in die Tatbestandslehre Eingang.“ Vgl. *Welzel*, 53, danach wollte *Beling* ursprünglich nicht mehr aussagen, als daß mit der Tatbestandsmäßigkeit noch nicht die Rechtswidrigkeit bejaht sei, freilich habe er damit die Deutung des Tatbestandes als wertindifferenten Seinsvorgang nahegelegt. Vgl. *Gallas*, LvV, 17, Fn. 43, der verschiedene Tatbestandsbegriffe bei *Beling* aufweist.

Beschreibung erschöpfen. Erst auf der Stufe der Rechtswidrigkeit sollte ein Werturteil abgegeben werden, welches das im objektiven, wertfreien Tatbestand begrifflich umschriebene Verhalten zum Gegenstand hatte. Gegen diese „formale Betrachtungsweise“[59] der klassischen Verbrechenslehre wandte sich die „teleologisch-wertbezogene Betrachtungsweise“[60], die auch gegen den formellen Rechtswidrigkeitsbegriff einen materiellen gestellt hatte.

Wie schon die Rechtswidrigkeit so wurde auch der Tatbestand in den „Zweckzusammenhang mit der Rechtsschutzfunktion des Strafrechts“[61] einbezogen. Die strenge Trennung von Tatbestand und Rechtswidrigkeit war überwunden, der jetzt werthafte Tatbestand hatte die Funktion, das Unrecht des jeweiligen Delikts anzugeben. Der Tatbestand war, wie es z. B. Mezger[62] ausdrückte, ‚ratio essendi‘ der Rechtswidrigkeit, und nicht mehr bloß ‚ratio cognoscendi‘, ein Indiz für die Rechtswidrigkeit.

Es scheint eine Gleichsetzung von Tatbestand und Rechtswidrigkeit vorzuliegen[63], aber diese Folgerung beruht nur auf einer ungenügenden Differenzierung der These. Wenn auch der Tatbestand das Unrecht des jeweiligen Delikts angibt, so ist nicht notwendigerweise schon mit der Feststellung der Tatbestandsmäßigkeit eines Verhaltens ein „endgültiges und abschließendes Unwerturteil“[64] über die Tat abgegeben; — die Rechtswidrigkeit der Tat braucht noch nicht festzustehen.

Davon geht jedoch die Lehre von den negativen Tatbestandsmerkmalen aus[65]. Nach ihr sind auch die Merkmale der einzelnen Rechtfertigungsgründe Tatbestandsmerkmale, und zwar solche mit umgekehrtem Vorzeichen. Eine Auseinandersetzung[66] mit dieser Lehre kann hier jedoch unterbleiben, da sie für die Problematik der Beendigung zu keiner unterschiedlichen Beurteilung zwingt. Auch nach der Lehre von den negativen Tatbestandsmerkmalen gibt der Tatbestand das

---

59 *Jescheck*, 167.

60 *Gallas*, LvV, 2, vgl. auch *Jescheck*, 167.

61 *Gallas*, LvV, 3.

62 *Mezger*, 182, vgl. *Bruns*, 34: alle Elemente, die das Unrecht beeinflussen.

63 Vgl. *Class*, 147: „Mit der Identifizierung von Tatbestand und Rechtswidrigkeit verschwindet jener in seiner Form der Tatbestandsmäßigkeit aus der Verbrechensformel überhaupt, er hat seine Eignung, selbständiges Element in der Reihe der allgemeinen Verbrechensvoraussetzungen zu sein, verloren.“ Das zitiert auch *Welzel*, 53/54.

64 *Jescheck*, 170, 217, *Welzel*, 50: Normwidrig bedeute nicht schon rechtswidrig.

65 Vgl. *Hirsch* und die dortigen umfangreichen Literaturangaben, vgl. z. B. *Schönke - Schröder*, Vorb. 40, § 59, 21.

66 Vgl. die ablehnenden Stellungnahmen von *Hirsch*, 347, *Gallas*, LvV, 27 f., *Jescheck*, 170 ff.

verbotene Verhalten an[67], und bei der Beendigung geht es ja gerade darum festzustellen, ob auch noch nach der tatbestandsmäßigen Vollendung weiterhin Unrecht bis zur Beendigung geschieht. Dabei kann es dahingestellt bleiben, ob durch Rechtfertigungsgründe im Einzelfall die Rechtswidrigkeit eines Verhaltens im Stadium zwischen Vollendung und Beendigung ausgeschlossen wird.

4. Die Funktion des Tatbestandes in einer teleologischen Verbrechenslehre

a) Die Individualisierung

Der Tatbestandsbegriff in einer teleologischen Verbrechenslehre hat nach dem bisher Gesagten den Zweck, das Unrecht des jeweiligen Verbrechens anzugeben, wobei die endgültige Rechtswidrigkeit der konkreten Tat unberücksichtigt bleiben soll. Präziser wird die sachliche Funktion des Tatbestandsbegriffs von Gallas[68] angegeben, nach dem der Tatbestand das Verbrechen „individualisiert, d. h. diejenigen Merkmale umfaßt, die die jeweilige Verbrechensart als solche kennzeichnen". Die überragende Bedeutung[69] des Tatbestandsbegriffs für das Strafrecht im Gegensatz etwa zum Zivilrecht erklärt sich aus dieser Funktion. Im Zivilrecht kommt man bei der unerlaubten Handlung im wesentlichen mit § 823 BGB aus, der einzelne Rechtsgüter als so schützenswert hinstellt, daß ihre schuldhafte Verletzung stets Schadensersatz zur Folge hat[70]. Das Strafrecht dagegen verfährt anders, da hier nicht jedes schuldhafte Unrecht gleich mit strafrechtlichen Sanktionen belegt werden soll[71]. Es soll vielmehr nur strafwürdiges Unrecht erfaßt werden

---

[67] *Hirsch*, 16, 17: auch die Lehre von den negativen Tatbestandsmerkmalen gehe von der Identität von Tatbestandsmäßigkeit und Normwidrigkeit aus, kontrovers bleibe nur das Verhältnis dieser beiden Begriffe zur Rechtswidrigkeit. Vgl. *Engisch*, Unrechtstatbestand, 408.

[68] *Gallas*, LvV, 16, vgl. *Bruns*, 34, 53, *Welzel*, 48: Rechtswidrigkeit sei in gesetzlichen Tatbeständen konkretisiert, so auch *Hardwig*, 183: die spezifische Tatbeschreibung konkretisiere erst den zu beurteilenden Gegenstand näher, so werde dem Tatbestand seine Physiognomie im Unterschied von anderen Tatbeständen gegeben.

[69] Nach *Maurach*, AT, 191, hat die Typisierung der einzelnen Unrechtsformen in den gesetzlichen Tatbeständen rechtsgrundsätzlich schlechthin einmalige Bedeutung; *Mezger - Blei*, AT, 95, bezeichnet den Tatbestand als ein sinnreiches Mittel des Strafrechts, ein besonderes Gebiet der Rechtswidrigkeit hervorzuheben und abzugrenzen.

[70] *Welzel*, 49, formuliert eine noch weitere Generalklausel für das Strafrecht: „Wer schuldhaft gegen die Grundsätze der demokratischen oder sozialistischen oder kommunistischen Gesellschaftsordnung verstößt, wird ... bestraft." Damit sei zwar alles denkbare strafwürdige Verhalten erfaßt, aber es sei nicht zu erkennen, welches Verhalten im einzelnen verboten sei.

[71] *Bruns*, 39, vgl. *Hardwig*, 206 spricht von der Singularität strafrechtlichen Unrechts.

und deshalb werden im Besonderen Teil des Strafgesetzbuchs „Typen verbrecherischen Verhaltens“[72] aufgestellt.

Das Strafgesetzbuch geht dabei nicht willkürlich vor, sondern baut auf der geschichtlichen Entwicklung der einzelnen Verbrechensarten auf; so wird „insbesondere der Kern des echten Kriminalstrafrechts, der älter ist als alle Gesetzgeber, ... gefunden und nicht erfunden“[73]. Diese Verhaltensweisen sind ihrerseits nicht bloß konstruiert, sondern schließen sich an bekannte Lebensvorgänge an[74]. Indem das Strafgesetzbuch so bestimmten strafwürdigen Typen den Status von Strafgesetzen zuteilt, trifft es unter den möglichen strafbaren Verhaltensweisen eine Auslese. Nur diese ausgewählten Typen strafwürdigen Verhaltens sollen auch strafbar sein, und deshalb sind sie im Strafgesetzbuch erschöpfend aufgezählt[75]. Damit läßt aber das Gesetz „bewußt und absichtlich“ auch solche Taten straflos, „welche den strafbaren Handlungen sehr ähnlich sind, ja vielleicht je nach den Umständen des Einzelfalles dem Rechtsgefühl strafwürdiger erscheinen mögen als die für strafbar erklärten“[76].

b) Der fragmentarische Charakter des Strafrechts

Lücken im Rechtsgüterschutz sind also für das Gebiet des Strafrechts keine durch die Rechtsprechung und Rechtswissenschaft zu beseitigenden Mängel in der Systematik[77], sondern gehören zum Wesen des Strafrechts[78]. Das Strafrecht hat demnach notwendig ‚fragmentarischen Charakter‘, oder wie H. Mayer sagt: „exemplikativen Charakter[79].“

---

[72] *Gallas*, LvV, 16, *Welzel*, 49: negative Verhaltensmuster. Schon 1931 machte es sich *Erik Wolf* zum Ziel, statt eines Kataloges der Interesseverletzungen einen Katalog der Handlungstypen aus dem StGB herauszuarbeiten, vgl. Typen, 358.

[73] *Baumann*, 143, *Schmidhäuser*, *Engisch*-Fs., 449: Strafgesetze seien traditionell an anschauliche Verbrechensbilder und Begehungsweisen gebunden.

[74] *Maurach*, AT, 189: geschlossener Lebensvorgang, *Bruns*, 37: Umschreibung von Lebensvorgängen.

[75] So insbesondere *H. Mayer*, AT, 45, vgl. *Jescheck*, 167, *Maurach*, AT, 189: abschließende, einer Ausdehnung unfähige Typisierung.

[76] *H. Mayer*, Mat., Bd. I 273, *Maurach*, AT, 190, *E. A. Wolff*, Handlungsbegriff, 33, spricht von einer Sperrwirkung für den Betroffenen.

[77] So aber *Binding*, BT, Bd. 1, 20 ff., der für Lückenausfüllung um der Gerechtigkeit willen ist und § 2 StGB als Verblendung bezeichnet.

[78] *H. Mayer*, AT, 45, *Baumann*, 143.

[79] *H. Mayer*, AT, 45; zum fragmentarischen Charakter auch in SJZ 47, 16 und Mat., Bd. I, 273; vgl. auch *Baumann*, 143 und 9; *Geerds*, *Engisch*-Fs., 406 ff., weist auf den engen Zusammenhang mit dem Analogieverbot hin; vgl. neuestens *Maiwald*. *Maurach*-Fs., 9 ff., 19 ff., der auf den Gedanken der Menschenwürde zurückgreift, um den fragmentarischen Charakter zu rechtfertigen.

Für einen umfassenden Rechtsgüterschutz wäre das Strafrecht mit seinen Sanktionen auch ein denkbar ungeeignetes Mittel, es überläßt dies weitgehend dem Zivilrecht mit seinen geeigneteren Rechtsfolgen.

Das Strafrecht beschränkt sich auf einige markante, besonders strafwürdige Beispiele menschlichen Verhaltens und belegt nur diese mit Strafe[80].

Dies hat auch strafökonomische Gründe[81], denn die Nebenwirkungen der Strafe sind „so schwerwiegend und unerwünscht, daß das Mittel nur dazu verwendet werden sollte, die größten Mißstände abzustellen oder in erträglichen Grenzen zu halten“[82].

Der Tatbestand in seiner Bedeutung für die Rechtswidrigkeit umfaßt somit genauer alle Merkmale, die den typischen Unrechtsgehalt eines Verbrechens ausmachen[83]. Ob er auch nur „das für den Verbotssinn der Norm Typische“[84] erfaßt oder auch negative Tatbestandsmerkmale soll dahingestellt bleiben. Der Tatbestand ist nicht nur für das Unrecht bestimmend, sondern auch „Träger des typischen Strafwürdigkeitsgehalts der jeweiligen Verbrechensart“, er ist „Verkörperung des Deliktstypus“[85]; er verkörpert damit neben dem uns hier zunächst interessierenden typischen Unrechtsgehalt auch den typischen Schuldgehalt des jeweiligen Verbrechens[86].

5. Die Berücksichtigung des Handlungsunwertes neben dem Erfolgsunwert

Dieser Tatbestandsbegriff zeigt aber auch die Einseitigkeit der Auffassung, die Rechtswidrigkeit mit Sozialschädlichkeit gleichsetzt. Der einzelne Tatbestand typisiert offensichtlich nicht nur eine Wertverletzung, sondern legt auch bestimmte Verhaltensweisen fest: „Es kommt nicht nur auf das ‚was‘, sondern auch auf das ‚wie‘ der Typisierung an[87].“ Der Tatbestand gibt über das Unrecht des betreffenden Delikts

---

80 Vgl. *Geerds*, *Engisch*-Fs., 106 ff.

81 *Gallas*, LvV, 17.

82 *Noll*, ZStW 76, 708.

83 *Jescheck*, 167, *Engisch*, Unrechtstatbestand, 408.

84 So *Gallas*, LvV, 23, Anm. 53 a: „Die Tatbestandsmäßigkeit ist also i. S. der Mezgerschen Terminologie ratio essendi für die Zugehörigkeit der Tat zum Unrechtstypus, dagegen nur ratio cognoscendi für deren Rechtswidrigkeit im konkreten Fall.“ Dafür auch *Jescheck*, 168, *Schmidhäuser*, *Engisch*-Fs., 439, *Bruns*, 47, a. A *Engisch*, Unrechtstatbestand, 408.

85 *Gallas*, LvV, 17: er gliedert den Deliktstypus in den Unrechts- und Schuldtypus; so auch *Engisch*, Unrechtstatbestand, 413, *Schmidhäuser*, *Engisch-Fs.*, 446, *Jescheck*, 168: Unrechtstatbestand — Schuldtatbestand.

86 *Gallas*, LvV, 17 und 29.

87 *Gallas*, LvV, 20; grundlegend schon *Bruns*, 53: Tatbestände kennzeichnen typisierte Interesseverletzungen und nicht nur Verletzungen typischer Inter-

nicht nur insofern Auskunft, als er das geschützte Rechtsgut erkennbar enthält, sondern er sagt auch, gegen welche Angriffsart er es schützen will[88]. Während dies bei den sogenannten Erfolgsdelikten, wie etwa dem § 212, nicht so deutlich wird[89], zeigen die Tatbestände zum Schutze des Eigentums und Vermögens anschaulich die Richtigkeit dieser These[90]. Der Betrug und die Erpressung unterscheiden sich im wesentlichen nur durch die Mittel der Vermögensschädigung.

Berücksichtigt man für die Unrechtsbegründung auch diese verschiedenen Art und Weisen der Begehung, so ist man beim sogenannten *Handlungsunwert* angelangt[91].

a) Die Vermeidung einer einseitigen Erfolgsorientierung

Mit diesem Begriff, der durch die finale Handlungslehre ins Zentrum der Diskussion um das strafrechtliche Unrecht gerückt wurde[92], verbindet sich das Bestreben, von einer einseitigen Erfolgsorientierung im Strafrecht wegzukommen, hin zu einer vollständigen Erfassung strafrechtlichen Unrechts[93]. Dazu muß der Blick auf den Täter und sein Verhalten gelenkt werden[94].

b) Die personalen Bestandteile des Handlungsunwertes

Dabei werden zunächst personale Bestandteile des Handlungsunwerts[95] sichtbar. Es ist allgemein anerkannt, daß eine Reihe von Delikten ohne Berücksichtigung personaler Merkmale nicht in ihrem

---

essen. *Maurach*, AT, 183, vgl. aber *Maurach*, BT, 594, danach läßt der BT vor allem die zu schützenden Werte erkennen, und erst im Anschluß daran dürfe „die praktische Ausgestaltung des Schutzes, d. h. die Typisierung des Rechtsgutsangriffs in den einzelnen tatbestandsmäßigen Handlungen zur Analyse kommen". Damit ist aber wohl nur ein Vorrang bezüglich der Systematisierung des BT gemeint, und nicht etwa die Bedeutung der Angriffsart für das Unrecht geschmälert. Vgl. über den gegenläufigen Versuch, einen Katalog der Handlungstypen aufzustellen, *Erik Wolf*, Typen, 1931.

88 *Jescheck*, 167, *Maurach*, AT, 89, *Baumann*, 253, *Noll*, 31.

89 *Gallas*, LvV, 35: auch der typische Unrechtsgehalt des § 212 liege in der Verwirklichung des Tötungswillens und nicht in bloßer Verursachung des Todes. So auch *Stratenwerth*, SchwZStR, 1963, 243 und *E. A. Wolff*, Kausalität, 33: Auch § 212 erfaßt nur Taten ganz bestimmter Qualität.

90 *Jescheck*, 163.

91 *Jescheck*, 164.

92 Vgl. *Lampe*, 41 ff., *Schmidhäuser*, 136 ff. und 197.

93 *Welzel*, 1 ff., *Maurach*, AT, 191, *Schmidhäuser*, 196/7.

94 *Gallas*, LvV, 38, und in GA 57, 318/9. Vgl. schon *Grünhut*, *Frank*-Fg., I 9: Vom Täter aus gesehen verlange die vom Gesetz als typisch vorausgesetzte Form der Deliktsbegehung Beachtung neben der Rechtsgutsverletzung, die vom Verletzten her das Verbrechen ausmache.

95 *Jescheck*, 164.

vollen Unrechtsgehalt zu erfassen wären. Einleuchtend ist das besonders bei den Amtsdelikten, die mit der Pflichtenstellung des Beamten ein objektiv täterschaftliches Merkmal voraussetzen. Sie entscheidet mit über den Grad des Unrechts seiner Tat[96].

Während auch subjektive Unrechtsmerkmale[97], die z. T. als besondere personale Momente den sozialethischen Gehalt der Handlung färben[98], fast einhellig anerkannt werden, ist die Zugehörigkeit des Vorsatzes zum Handlungsunrecht noch umstritten[99]. Soll diese Zugehörigkeit jedoch gesichert begründet werden, so darf man sie nicht aus der Finalität der Handlung ableiten[100], sondern muß sie aus dem Wesen der Rechtswidrigkeit her verständlich machen. Die strafrechtlichen Verbote und Gebote[101] verlangen vom Bürger ein bestimmtes Verhalten, sie richten sich an ein handelndes Wesen. Damit erscheint der Handlungswille als das „Kernstück der Rechtswidrigkeit", und dieser tatbestandsmäßige Handlungswille ist eben der Vorsatz[102]. Das zeigt sich deutlich beim Versuch, dessen Unrecht ohne Heranziehung des Vorsatzes gar nicht festzustellen wäre[103].

Die Rechtswidrigkeit als ein Werturteil setzt demnach „ein von einem subjektiven Sinn getragenes Verhalten, einen Handelnden" voraus[104], und zwar als Bezugsobjekt. „Rechtswidrig ist die Handlung nur als Werk eines bestimmten Täters[105]."

---

[96] *Jescheck*, 164, *Welzel*, 62, 64. Nach *Schmidhäuser*, 198 und 200 wird der Handlungsunwert durch die Verletzung besonderer Pflichten gesteigert.

[97] Grundlegend *Hegler*, ZStW 36, 31 ff., davor schon bei *H. A. Fischer*, Rechtswidrigkeit, 1911. Vgl. heute *Jescheck*, 164, *Schönke - Schröder*, Vorb. 40, vor § 1, *Mezger - Blei*, AT, 98, 102, *Stratenwerth*, SchwZStR 1963, 242, *Schmidhäuser*, *Engisch*-Fs., 447, a. A. *Oehler*, 131 ff.

[98] *Welzel*, 77.

[99] Vgl. *Schönke - Schröder*, Vorb. 31 ff. vor § 1, *Mezger - Blei*, AT, 101, 181, *Lackner*, II 5 vor § 59.

[100] So aber *Welzel*, 61, dagegen *Gallas*, LvV, 33 f., *Krauß*, ZStW 76, 48, *E. A. Wolff*, Handlungsbegriff, 36 ff.

[101] *Jescheck*, 162, dabei wird davon ausgegangen daß die Strafvorschriften Sollenssätze, Imperative sind. Vgl. *Engisch*, Unrechtstatbestand, 414 will aus der Rechtsnorm als Imperativ etwas für den Gehalt des Unrechts ableiten. *Stratenwerth*, SchwZStR 1963, 247 f., *Krauß*, ZStW 76, 34, *Gallas*, LvV, 34: da der Gesetzgeber mit tatbestandsmäßigen Handlungen zugleich verbotene Handlungen beschreiben wolle, werde auch die finale Seite dieser Handlungen zur Verbotsvoraussetzung = Rechtswidrigkeitselement.

[102] *Jescheck*, 162, 164, *Mezger - Blei*, AT, 208, *Hardwig*, 193.

[103] *Gallas*, LvV, 35, *Bruns*, 53, *Krauß*, ZStW 76, 51 f., *Welzel*, 61: logische Konsequenz; a. A. *Mezger - Blei*, AT, 97, vgl. aber S. 208: das Recht könne Erfolge nur als Ergebnis einer Handlung negativ bewerten; und bei Vorsatztaten trage allein der durch den Handelnden betätigte böse Wille (Vorsatz) das negative Urteil über die Handlung.

[104] *Gallas*, LvV, 38.

[105] *Welzel*, 62: „Welche Zielsetzungen er der objektiven Tat zwecktätig gegeben hat, welche Pflichten ihm dabei oblagen, all das bestimmt maß-

c) *Die Berücksichtigung der Tatmodalitäten*

Mit dem Begriff des Handlungsunwertes wird aber nicht nur der Blick auf die Person des Täters gelenkt, sondern er ermöglicht es auch, die besonderen Tatmodalitäten, die dem jeweiligen Delikt seine spezifische Färbung geben, auf eine zweifache Weise zu erfassen. Zum einen kommt im Handlungsunwert die besondere Gefährlichkeit des Täterverhaltens für das jeweils geschützte Rechtsgut zum Ausdruck, zum anderen umfaßt er die personalethische Seite des Unrechts.

aa) Die Gefährlichkeitsseite des Handlungsunwertes

Das ‚Wie' der Begehung ist zunächst für die Gefährlichkeit und damit für die Sozialschädlichkeit der Tat bedeutsam, denn strafrechtliche Rechtsgutsverletzungen unterscheiden sich von sonstigen Rechtsgutsverletzungen (etwa im Zivilrecht) durch ihre größere Gefährlichkeit für das jeweilige Rechtsgut[106]. Das zeigt sich deutlich beim Betrug, der sich von sonstigen Angriffen auf das Vermögen dadurch auszeichnet, daß durch die Täuschung dem Opfer seine Selbstschädigung verborgen bleibt, es also gegen diesen Angriff wehrlos ist. Schon deshalb läßt sich eine sachgerechte Interpretation des jeweiligen Tatbestandes nur dann erreichen, und der materielle Unrechtsgehalt des jeweiligen Delikts nur dann bestimmen, wenn die spezifische Begehungsweise des jeweiligen Delikts berücksichtigt wird.

bb) Die Verwerflichkeitsseite des Handlungsunwertes

In der spezifischen Begehungsweise kann aber auch ein besonderer personal-ethischer Unrechtsgehalt liegen, der das Verhalten des Täters als besonders verwerflich erscheinen läßt[107]. Auch dies läßt sich anschaulich am Betrug zeigen, bei dem das listige Vorgehen des Täters ja nicht nur sehr gefährlich für das Vermögen des Opfers, sondern auch von besonderer „Gemeinheit" ist.

Diese Erkenntnis setzt freilich einen Verbrechensbegriff voraus, der auch eine personal-ethische Seite des Verbrechens[108] kennt, d. h. der

---

geblich das Unrecht der Tat neben der etwaigen Rechtsgüterverletzung" Vgl. auch *Gallas*, ZStW 60, 387: der Täter liege in der Tat. Vgl. *Schmidhäuser*, *Engisch*-Fs., 447: der Unrechtstatbestand enthalte außer dem Grundbestand an Rechtsgutverletzung und dem Ausmaß ihrer Verwirklichung die Art und Weise der Begehung und etwaige Pflichtverstöße im Willensverhalten; dennoch will Schmidhäuser den Vorsatz in den Schuldtatbestand einordnen.

[106] *Gallas*, Beiträge, 10 f., vgl. *Jescheck*, 30, u. 163, *Schmidhäuser*, 154/5 und 202, *Rudolphi*, *Maurach*-Fs., 62.

[107] *Gallas*, Beiträge, 10 ff.

[108] *Gallas*, LvV, 21.

im Verbrechen auch ein sozialethisch verwerfliches Verhalten[109] sieht. Der Rechtsgutsverletzung gegenüber wird dabei die für das Unrecht und damit für das Verbrechen ebenfalls bestimmende Pflichtverletzung durch den Handelnden betont, an den sich die Verhaltensnorm richtet.

Daß es sich dabei nicht um eine Alternative — Rechtsgutsverletzung oder Pflichtverletzung[110] — handelt, hat Gallas[111] schon früh hervorgehoben: „Die Lehre vom Verbrechen als Pflichtverletzung enthält im Grunde die gleiche Einseitigkeit wie die vom Verbrechen als Rechtsgutsverletzung; hier wird der teleologische, dort der ethische Standpunkt zum wesensbestimmenden Prinzip erhoben[112].“

Mit der Berücksichtigung des Handlungsunwertes soll nicht die Bedeutung des Erfolgsunwertes für die Unrechtsbegründung in Frage gestellt werden. Es soll hier nur festgehalten werden, daß sowohl der Handlungsunwert als auch der Erfolgsunwert das Unrecht bei den meisten Delikten zusammen bestimmen, wobei sich die selbständige Bedeutung des letzteren deutlich bei den Erfolgsdelikten zeigt[113].

6. Der objektive Charakter des Rechtswidrigkeitsurteils

Damit verliert die Rechtswidrigkeit nicht etwa ihren objektiven Charakter. Das Rechtswidrigkeitsurteil ist immer ein generelles, da

---

109 *Gallas*, LvV, 50. Vgl. *Stratenwerth*, AT 28/9, der diesen Verbrechensbegriff aus der Aufgabe des Strafrechts herleitet, die Unverbrüchlichkeit sozialethischer Grundnormen zu verbürgen. So auch *Welzel*, 1 ff. Kritisch dazu *Jescheck*, 6, *Rudolphi*, *Maurach*-Fs., 72.

110 So zunächst die Kieler Schule: *Schaffstein*, Verbrechen als Pflichtverletzung, 1935; *Dahm*, Gemeinschaft und Strafrecht, 1935. Vgl. dazu *Schweikert*, 100: sie habe in der Bekämpfung des Tatbestandes keinen Erfolg gehabt, doch habe sie wirkungsvoll die Aufmerksamkeit auf die personale und ethische Seite des Unrechts gelenkt.

111 In *Gleispach*-Fs., 1936, 51 ff.

112 Dort auch klar zur Pflichtverletzung, 68: „Sie soll die ethische und damit personale Wendung unseres strafrechtlichen Denkens auch inhaltlich zum Ausdruck bringen.“ In ZStW 60, 379: „Die verbrecherische Tat ist nicht allein Störung der äußeren Ordnung oder formaler Ungehorsam gegen ein Rechtsgebot, sondern darüber hinaus ein sittlich verwerfliches Tun, ein Verhalten, in dem das erschütterte Verhältnis des Täters zur Gemeinschaft, sein innerer Abfall, seine gemeinschaftswidrige Gesinnung zum Ausdruck kommt.“

113 *Gallas*, LvV, 39: „Insbesondere läßt sich im Fall der sogenannten Erfolgsdelikte zwar das In-Gang-setzen der Kausalreihe auf den Erfolg hin als Handlungsunwert, die tatsächliche Erfolgsherbeiführung jedoch nur als Erfolgsunwert erfassen. Auch der materielle Strafwürdigkeitsgehalt des Handlungsunrechts läßt sich nicht ohne Rücksicht auf die Schädlichkeit des Erfolges bestimmen, den zu verhindernden Zweck des Handlungsverbots.“ Vgl. *Stratenwerth*, SchwZStR, 1963, 255, *Krauß*, ZStW 76, 65, *Noll*, 34, *Rudolphi*, *Maurach*-Fs., 51 ff. Ob ein personal-ethisch verwerfliches Handeln ohne Bezug auf eine Rechtsgutsverletzung strafrechtlichen Unwert haben kann, kann hier dahingestellt bleiben; vgl. dazu bejahend *Stratenwerth*, AT, 29, verneinend *Rudolphi*, *Maurach*-Fs., 61, 70.

nach allgemeinen Anforderungen an jedermann gemessen wird. Der Blick auf die personale Seite des Unrechts bedeutet keine gefährliche Subjektivierung, denn auch personales Unrecht bleibt „objektives Unrecht eines Subjekts“[114]. Jescheck ersetzt aufklärend das Attribut objektiv durch allgemeingültig: „Die Rechtswidrigkeit ist eine objektive Größe, weil der Normbefehl ohne Ansehen der Person gilt, und die Rechtsverletzung daher ohne Rücksicht auf den Wert oder Unwert der Motive des Täters nach einem generellen Maßstab festgestellt wird[115].“

7. Das Verhältnis von Garantietatbestand und Unrechtstatbestand

Die materielle Tatbestandsmäßigkeit[116] verlangt beim Unrechtstatbestand die Erfüllung des jeweiligen Unrechtstypus, womit der Blick auf das Verhalten des Täters gelenkt wird, insbesondere auf die Art und Weise seiner Tatbegehung. Damit wird auch ein neues Licht auf den Garantietatbestand gelenkt, der die Erfüllung sämtlicher Tatbestandsmerkmale fordert. Seine Funktion gewinnt „ihre praktische Bedeutung“[117] erst durch die für das Strafrecht notwendige Typenbildung in den einzelnen Verbrechenstatbeständen. Die formelle Tatbestandsmäßigkeit steckt damit einen weiteren Rahmen ab als die materielle; der Garantietatbestand wird auf den Unrechtstypus zurückgebunden[118]. Beide aber begrenzen die einseitige Erfolgsorientierung der Rechtsgutsverletzung: der Garantietatbestand begrenzt die materielle Unrechtsbetrachtung durch die Forderung nach formeller Tatbestandsmäßigkeit, das ist die Erfüllung der gesetzlichen Tatbestandsmerkmale; der Unrechtstypus (Unrechtstatbestand) führt gegenüber der Rechtsgutsauffassung dadurch zu einer vollen, materiellen Unrechtserfassung, daß er auch den Handlungsunwert mitberücksichtigt.

---

114 *Lampe*, 208.

115 *Jescheck*, 166, *Welzel*, 51: objektives allgemeines Werturteil, *Maurach*, AT, 249.

116 Der Begriff so bei *Gallas*, LvV, 21: „Daran würde es fehlen, wenn die konkrete Tat zwar die Merkmale der gesetzlichen Tatbeschreibung aufwiese, der sachliche Unrechtsgehalt aber, auf den der fragliche Deliktstypus abzielt, nicht gegeben wäre.“ Rechtsstaatliche Bedenken seien dagegen nicht zu erheben, da es sich um eine Einschränkung des Gesetzestatbestandes handle. Als Beispiel gibt *Gallas* den ärztlichen Heileingriff an.

117 *Jescheck*, 91.

118 *Gallas*, LvV, 21, der zu Recht betont, daß keine rechtsstaatlichen Bedenken zu erheben seien, vgl. Fn. 116.

Drittes Kapitel

Die Fortführung der Tat über die Vollendung hinaus

Damit ist auch für die Beendigungsproblematik ein neuer Ansatzpunkt gefunden. Er ist zwar nicht völlig neu, denn es kann an die Theorie der endgültigen Rechtsgutsverletzung angeknüpft werden. Diese Theorie hatte den Beendigungszeitpunkt auf den Abschluß der Rechtsgutsverletzung festgelegt, und dies damit begründet, daß, solange das vom jeweiligen Tatbestand geschützte Rechtsgut weiter verletzt werde, auch noch strafrechtliches Unrecht geschehe. Diese enge Verknüpfung von Unrecht mit dem Beendigungsproblem ist auch angebracht, denn es soll ja strafrechtlich relevantes Geschehen nach der Vollendung, d. h. der ersten Erfüllung sämtlicher objektiver Tatbestandsmerkmale, aufgewiesen werden. „Vorgänge, die der Sache nach noch als Bestandteil des Unrechts der konkreten Tat" aufzufassen sind[1].

I. Die Berücksichtigung der Tatmodalitäten auch nach Vollendung der Tat

Ist nun aber strafrechtliches Unrecht nicht nur Rechtsgutsverletzung, sondern auch Pflichtverletzung, gilt es, neben dem Erfolgsunwert auch den Handlungsunwert zu berücksichtigen, so muß diese Theorie zumindest einseitig erscheinen. Sie erfaßt nur eine Seite der Rechtswidrigkeit, verabsolutiert diese unzulässig und kommt dadurch zu unhaltbaren Folgerungen: es reiche nach der Vollendung des Verbrechens zur Unrechtsbegründung allein die weitere Rechtsgutsverletzung.

Demgegenüber ist für die Unrechtsbegründung, und zwar zur und nach der Vollendung des Verbrechens, neben dem „rechtsgutsbezogenen Erfolgsunwert" auch der „handlungsbezogene Aktunwert"[2] mitbestimmend[3]. Anstelle der einseitigen Erfolgsorientierung wird der Han-

---

1 *Stratenwerth*, JZ 61, 95.

2 Diese Begriffe sind von *Maurach*, AT, 191 übernommen.

3 Auch *Winkler*, 38 verlangt von der Vollendung bis zur Beendigung typisiertes Unrecht, aber der Verstoß gegen den Wertverletzungstypus, der den Vorrang vor dem Verhaltenstypus habe, reiche aus. Also bleibt es doch bei der endgültigen Rechtsgutsverletzung als alleinigem Beendigungskriterium.

delnde und sein Verhalten zum mitentscheidenden Richtpunkt. An seinen Willen richtet sich das strafrechtliche Ge- oder Verbot, und es richtet sich an ihn, damit Rechtsgüter nicht in strafwürdiger Weise verletzt oder gefährdet werden[4]. Erst eine vollständige Erfassung strafrechtlichen Unrechts kann auch zu einer überzeugenden Lösung des Beendigungsproblems führen.

Ein juristisch relevanter Begriff der Beendigung muß die Aufgabe erfüllen, neben der Vollendung, die schon mit der ersten Erfüllung sämtlicher objektiver Tatbestandsmerkmale gegeben ist, den endgültigen Abschluß des Verbrechens zu bestimmen, wobei noch offen bleibt, ob dabei an den Abschluß des verbrecherischen Verhaltens oder an den Eintritt des letzten tatbestandsmäßigen Verbrechenserfolgs gedacht ist. Das Verbrechen hat nun als einen Grundpfeiler das Unrecht, so daß nur so lange von einem Verbrechen die Rede sein kann, wie auch Unrecht geschieht; und zwar nicht Unrecht schlechthin, sondern strafrechtliches Unrecht.

Strafrechtliches Unrecht ist an Tatbestandstypen gebunden und erschöpft sich demgemäß nicht in bloßer Sozialschädlichkeit. Soll bei einer bestimmten Deliktsart das spezifische Unrecht angegeben werden, so ist es nicht ausreichend, das in diesem Delikt angegebene Rechtsgut aufzufinden. Den typischen Unrechtsgehalt des jeweiligen Delikts erhält man erst, wenn man zusieht, gegen welche Angriffe seitens welcher Personen das Rechtsgut im Tatbestand geschützt wird. Tatbestandsmäßig und rechtswidrig, sofern keine Rechtfertigungsgründe eingreifen, ist nicht jedes rechtsgutsverletzende Verhalten, sondern eine Rechtsgutsverletzung auf typische Weise durch den geeigneten Täter. Nur Verhaltensweisen, die noch unter den Unrechtstypus der jeweiligen Deliktsart fallen, erfüllen einen Straftatbestand und können damit strafrechtliches Unrecht darstellen.

Erkennt man also den typischen Unrechtsgehalt bei den meisten Straftatbeständen nur unter Berücksichtigung der darin angegebenen typischen Verhaltensweisen, so muß es erstaunen, daß sich die herrschende Meinung dieses Erkenntnismittels begibt und bei der Fortführung des Delikts über die Vollendung hinaus nur darauf achtet, ob der Täter noch irgendwie gegen das vom jeweiligen Tatbestand ge-

---

[4] Die Rechtsnorm ist also Bestimmungs- und Bewertungsnorm; so *Jescheck*, 162: „Freilich ist für die Rechtswidrigkeit einer Handlung nicht nur der Handlungswille maßgebend, sondern auch das, was er bewirkt hat, denn es macht zweifellos für das Gewicht des Unrechts einen Unterschied, ob der rechtsfeindliche Wille sein Ziel erreicht hat oder nicht." Vgl. *Gallas*, GA 57, 318, anschaulich für die Amtsdelikte, bei denen einerseits eine besondere Pflicht verletzt sei, andererseits aber auch das Rechtsgut, das zu wahren die Pflicht bestimmt sei; vgl. jedoch *Gallas*, LvV, 37.

schützte Rechtsgut verstößt. Das führt beispielsweise dazu, daß auch dann noch die Verwirklichung des Typus „Diebstahl" in der Gestalt, wie ihn § 242 StGB umschreibt, angenommen wird, wenn der Dieb nach der Wegnahme seinen neuen Gewahrsam durch irgendwelche Handlungen sichert und festigt, obwohl nach § 242 StGB nur das Wegnehmen als mögliche Handlungsweise eines Diebes erscheint.

Das notwendig lückenhafte, fragmentarische Strafrecht beschränkt sich eben auf die Erfassung ganz bestimmter, besonders gravierender Rechtsgutsverletzungen. Diese Selbstbescheidung wird aber illusorisch, wenn man mit der herrschenden Lehre handlungstypisierte Delikte für die Phase nach der Vollendung zu reinen Erfolgsdelikten macht. Der gesetzliche, mit bestimmten Merkmalen umschriebene Tatbestand verliert damit seine Bedeutung als Erkenntnisgrund für das Unrecht des jeweiligen Delikts.

Eine konsequente Berücksichtigung der Handlungsmodalitäten auch nach der Vollendung gewährleistet hingegen die Erkenntnis, daß hier noch ein bestimmtes Delikt des Besonderen Teils begangen wird, und nicht nur Unrecht schlechthin geschieht[5]. Ob etwa noch ein Diebstahl vorliegt, wird leicht daran zu sehen sein, ob der Täter noch Sachen wegnimmt. Sein gesamtes weiteres Verhalten braucht dann nur noch daraufhin untersucht zu werden, ob es einem anderen Tatbestand des StGB unterfällt, wofür in diesem Fall besonders an die Anschlußdelikte der Begünstigung und Hehlerei zu denken ist, aber auch an den räuberischen Diebstahl.

Die Verwirklichung von Handlungsmodalitäten ist natürlich nur dann festzustellen, wenn sich der Täter nach der Vollendung überhaupt noch irgendwie verhält, wofür aktives Tun und Unterlassen als Möglichkeiten in Betracht kommen. Wie jedoch die Erfolgsdelikte zeigen, kann zwischen dem Abschluß des Verhaltens und dem Eintritt des tatbestandsmäßigen Erfolgs eine Zeitspanne reinen Kausalverlaufs liegen. Der Begriff der Beendigung kann mit der gleichen Berechtigung auf den Abschluß des Verhaltens wie auf das Ende der Rechtsgutsverletzung festgelegt werden.

Bevor nun entschieden werden soll, welcher der möglichen Beendigungsbegriffe sich für die Lösung bestimmter Probleme als tauglich erweist, soll durch eine strukturelle Betrachtung deutlicher gemacht werden, welche Möglichkeiten der Deliktsfortführung nach der Vollendung bestehen. Diese Untersuchung soll die notwendige Klarheit

---

[5] Dieses Erfordernis der Typizität kann aber durch gesetzliche Vorschriften wie etwa § 53 StGB ausgeschlossen werden: Für den rechtswidrigen Angriff gemäß § 53 genügt Unrecht schlechthin, und zwar — sofern der Angriff eine Straftat darstellt — vor und nach der Vollendung.

darüber verschaffen, wie sich der Täter zu einem bestimmten Zeitpunkt des Deliktsgeschehens verhält, oder ob er sich gerade nicht mehr verhält. Erst wenn diesbezüglich Klarheit besteht, kann man den Verhaltensabschluß genau von der endgültigen Rechtsgutsverletzung unterscheiden.

II. Die Fortführung der vollendeten Tat durch aktives Tun

Eine erste Möglichkeit, ein Delikt, das den Vollendungszeitpunkt passiert hat, weiterzuführen, besteht darin, daß der „Vollendungstäter" aktiv weiterhandelt. Bei den sogenannten reinen Erfolgsdelikten kann er sich — vor wie nach der Vollendung — dabei aller möglichen Handlungsweisen bedienen, wenn er nur weitere tatbestandsmäßige Erfolge bewirkt. Dies reicht jedoch für handlungstypisierte Delikte nicht aus, denn ob sie noch nach der Vollendung fortgeführt werden, läßt sich erst dann ausmachen, wenn man das im jeweiligen Tatbestand angegebene Verhalten berücksichtigt. Nur wenn der Täter auf die im Tatbestand umschriebene Art und Weise handelt, verwirklicht er das von diesem Tatbestand erfaßte Unrecht.

Wird das Delikt nach der Vollendung durch weitere Handlungen des Täters fortgesetzt, so muß der Täter weiterhin auf tatbestandstypische Weise handeln, damit ihm die weitere Rechtsgutsverletzung, die er durch sein Verhalten bewirkt, auch zugerechnet werden kann. Er muß noch den spezifischen Handlungsunwert der betreffenden Deliktsart verwirklichen, damit die weiteren Erfolge noch mit in die Unrechtsbetrachtung einbezogen werden können.

Handelt nun der Täter nach der Vollendung des Delikts bis zum Eintritt des letzten tatbestandsmäßigen Erfolges aktiv weiter, so fällt die Beendigung seines Verhaltens mit dem Abschluß der Rechtsgutsverletzung zusammen. Beide geben also denselben Zeitpunkt als Beendigungszeitpunkt an. Im Ergebnis ist daher für diese Fallkonstellation der Theorie der endgültigen Rechtsgutsverletzung zuzustimmen, denn auch für sie ist der letzte Erfolg ein Gesamterfolg, „der das jeweils geschützte Rechtsgut betrifft"[6].

III. Die Fortführung der vollendeten Tat durch Unterlassen

Es besteht aber nicht nur die Möglichkeit, ein vollendetes Delikt durch aktives Handeln weiterzuführen, sondern die Fortsetzung kann auch durch ein Unterlassen des Täters geschehen[7]. Deshalb begegnet

---

[6] *Stratenwerth*, JZ 61, 96/7.

[7] *Mezger*, JW 38, 495, *Winkler*, 40, *Hruschka*, GA 68, 198.

unser vorläufiges Ergebnis sogleich einem Bedenken, das sich auch aus dem Vergleich der Phase zwischen Vollendung und Beendigung mit der Phase zwischen beendetem Versuch und Vollendung nährt[8]. Beim beendeten Versuch hat der Täter seiner Meinung nach alles zum Erfolg Nötige getan, er wartet nur noch auf den Erfolgseintritt. Auch diese Untätigkeitsphase[9], in der kein Handlungsunwert mehr verwirklicht wird, gehört nach der Konstruktion des Gesetzgebers zur Deliktsverwirklichung, was sich insbesondere an den Erfolgsdelikten veranschaulichen läßt, bei denen es in der Regel eine gewisse Zeit dauert, bis aufgrund der Aktivität des Täters der tatbestandliche Erfolg eintritt. So ist z. B. ein Helfer in dieser Phase Gehilfe des jetzt untätigen Täters; er beteiligt sich an einer voll rechtswidrigen Haupttat[10].

Warum soll dann aber plötzlich nach der Vollendung die weitere Verwirklichung des typischen Handlungsunwerts erforderlich sein, um die weiteren Erfolge, Beeinträchtigungen des geschützten Rechtsguts, dem Täter zurechnen zu können? Warum sollte die strafrechtliche Beurteilung beim ersten tatbestandsmäßigen Erfolg aussetzen, wenn auch weitere Erfolge auf die beim beendeten Versuch abgeschlossene Aktivität des Täters zurückgehen? Auch nach Vollendung könnte ja eine Untätigkeitsphase vorliegen, die dennoch zur Deliktsverwirklichung gehört. Oder genauer: die Untätigkeitsphase, die frühestens mit dem Augenblick des beendeten Versuchs begonnen hat, setzt sich auch nach der ersten Erfüllung des Tatbestandes (= Vollendung) fort. Sie endet nicht schon mit der Vollendung, sondern an einem späteren Zeitpunkt, der dann als Beendigung bezeichnet werden könnte.

So selbstverständlich[11] auch diese Ergebnisse für die passive Phase zwischen dem Abschluß der Tätigkeit und dem Erfolgseintritt all-

---

[8] Diese Parallele hat schon *Mezger*, JW 38, 494, entdeckt: nach beendetem Versuch könne der Erfolg ‚objektiv' eintreten, und so auch die weiteren Erfolge nach der Vollendung.

[9] *Welp*, 322: „Innerhalb der kontinuierlichen Stufenfolge von Teilverwirklichungen, die das vorsätzliche Begehungsdelikt darstellt, bezeichnet der Augenblick des beendeten Versuchs i. S. § 46 II den denkbaren Beginn einer passiven Phase; denn solange der Täter noch nicht alles nach seiner Meinung zur Erfolgsbewirkung Erforderliche getan hat, kann er bei planmäßigem Verlauf der Tat nicht die Vorstellung haben, daß der Erfolg schon infolge der getroffenen Anstalten ohne weiteres Zutun seinerseits eintreten werde."

[10] z. B. folgender Fall: A hilft dem Betrüger B nach dessen Täuschung des Opfers X dadurch, daß er X zur Vermögensverfügung durch Beseitigung letzter Zweifel ermuntert. — Damit soll jedoch noch nicht die Frage entschieden sein, ob nicht mindestens ein strafbares Unterlassen des Haupttäters vorliegen muß, damit noch eine Teilnahme möglich ist.

[11] *Hruschka*, GA 68, 197: es könnte nicht grundsätzlich bestritten werden, daß ein und dieselbe Straftat von Versuch bis zur Vollendung eine Zeitspanne durchlaufen kann.

gemein hingenommen wird, so gering sind die Versuche, den Deliktsverlauf in diesem Zeitraum zu untersuchen. Die Selbstverständlichkeit verhindert wohl gerade solche Bemühungen, da sie diese als überflüssig erscheinen läßt.

Einen beachtlichen Lösungsvorschlag aufgrund einer strukturellen Untersuchung des Begehungsdelikts gibt Welp[12]: „Die Möglichkeit einer Fortsetzung der aktiv begonnen Begehung durch nachfolgendes Unterlassen ergibt sich aus der zeitlichen Diskrepanz von Willensbetätigung und Erfolg[13].“ Er schlägt also eine Unterlassungskonstruktion für die Erfassung der Untätigkeitsphase vor; die Unterlassung wird als Strukturelement der Handlung aufgefaßt, wenn auch nicht jeder Handlung[14].

1. Kontinuität der Handlung auch in der Untätigkeitsphase?

Man könnte freilich versucht sein, einen anderen Weg zu gehen und sich auf die Unterlassungskonstruktion erst gar nicht einzulassen. Es gälte dann ein „Perpetuierungsmoment der Handlung“[15] aufzufinden, das die Aufgabe hätte, „die Kontinuität des Tuns“ bis zum Erfolgseintritt zu beweisen. Als ein solches Moment bietet sich etwa die Kausalitätskette an, die der Handelnde durch seine Aktivität in Richtung auf den geplanten Enderfolg in Gang gesetzt hat. Zweifellos wirkt die Kausalität in Raum und Zeit fort, aber damit kommt man nicht zum Beweis einer Kontinuität der Handlung bis zum Enderfolg[16]. Nicht überzeugender ist der Versuch Androulakis[17], einer fortdauernden Handlung dann, „wenn in ihrer Finalität ab initio die Herbeiführung des endlich eingetretenen Erfolges einbezogen war“, die Kraft zuzusprechen, der Unterlassung den Zugang zu versperren. Woher dieses Fortdauerungsvermögen der Handlung kommen soll, bleibt dabei ungeklärt[18].

---

[12] *Welp*, 324. Es geht bei der strukturellen Betrachtungsweise zunächst nicht um die selbständige Sanktionierung eines Gebots, sondern sie hat „lediglich die juristische Erhellung der Seinsweise der Handlung mit Hilfe der Unterlassung als derjenigen Kategorie zum Gegenstand, die den Täter auch nach Abschluß seiner Aktivität als in dem Geschehen stehend zu begreifen erlaubt“.

[13] *Welp*, 322.

[14] *Welp*, 323, die Unterlassung sei nicht Strukturelement jeder Handlung, da z. B. die Abwendungsmöglichkeit fehlen könne: „Wo der Tatplan jede Möglichkeit zur späteren Abwendung des Erfolges von vornherein ausschließt oder wo diese Möglichkeit zufällig vereitelt wird, entfällt allerdings jedes Unterlassungsverhalten.“

[15] Die Bezeichnungen sind bei *Androulakis*, 218, entnommen.

[16] So auch *Androulakis*, 218.

[17] *Androulakis*, 218, glaubt damit *Nietzsches* „Kraft des langen Willens“ gerecht zu werden.

[18] *Welp*, 325, spricht bezüglich *Androulakis* von ‚Mystifizierung‘. „Denn

Einen bemerkenswerten Vorschlag zur Perpetuierlichkeit der Handlung bietet Lampe[19]. Er versucht, entgegen der allgemeinen Meinung[20], eine Verteidigung des dolus subsequens. Der Vorsatz, den er als ‚Zwecksetzung' von der Finalität als ‚Zweckverwirklichung'[21] unterscheidet und damit zu einem „selbständigen Tätermerkmal"[22] macht, gehöre dann nicht an die Spitze des Verhaltens, „wenn die Handlung auch während des Laufs der Kausalreihe noch fortdauert, bis der Erfolg eingetreten ist"[23].

Warum nicht, bleibt offen[24]. Das Fortdauerungsvermögen der Handlung ist erst noch zu begründen. Dies versucht Lampe mit dem Begriff der finalen Handlung, „die mit Beendigung der Körperbewegung nur ihren (beherrschbaren) Ursachen, nicht auch ihren (beherrschbaren) Wirkungen nach abgeschlossen" ist[25]. In Abgrenzung zur Unterlassung handelt der Täter solange, „als er die Wirkungen seiner körperlichen Aktivität in ihren Ursachen beherrscht"[26]. Das Fortdauerungsvermögen der Handlung soll sich also aus der einheitsstiftenden Finalität der Kausaldetermination ergeben[27].

Zweifellos ist die menschliche Handlung final, zielgerichtet, aber das besagt nichts über das Fortdauerungsvermögen der Handlung, denn was fortdauert ist nur der Kausalverlauf[28]. Die einheitliche Zielsetzung kann aber auch, wie Welp[29] zu Recht ausführt, „ohne Ver-

---

weder gibt es ohne Rücksicht auf die Abwendungsmöglichkeit ein bestehendes ‚Fortdauerungsvermögen' der Handlung, noch ein legitimes Interesse daran, das nachfolgende Unterlassen anders als über die Bestimmung seines Verhältnisses zu dem Tun zu eliminieren."

19 *Lampe*, ZStW 72, 93: Ingerenz oder dolus subsequens.

20 Vgl. *Jescheck*, 197, 411, *Maurach*, AT, 222 f., *Welzel*, 71, *Schönke - Schröder*, § 59, 15.

21 *Lampe*, ZStW 72, 99; vgl. *E. A. Wolff*, Kausalität 41, Fn. 20, der darauf hinweist, daß Vorsatz später von *Lampe* (S. 104) nur noch als die Vereinigung des Prozesses in der Reflexion mit der Subjektivität verstanden werde; — darauf käme es aber gerade nicht an.

22 *Lampe*, ZStW 72, 103.

23 *Lampe*, ZStW 72, 103.

24 *Androulakis*, 218: „Der dolus subsequens ist in Wahrheit ein solcher nur hinsichtlich der (Vor-)Handlung, dagegen ein dolus antecedens hinsichtlich der Unterlassung."

25 *Lampe*, 104.

26 *Lampe*, 104: „nur die Beherrschung des übrigen Kausalgeschehens unterfällt dem Begriff der Unterlassung."

27 So auch *Welp*, 326, *Androulakis*, 218.

28 Vgl. *Welp*, 129, der sich S. 126 ff. eingehend mit *Lampe* auseinandersetzt.

29 *Welp*, 130, gibt ein plastisches Beispiel: „Wenn etwa A den B fahrlässig verletzt und die sodann erkannte Todesgefahr vorsätzlich nicht abgewendet hat, so war die Finalität der Vorhandlung auf einen rechtlich

ständnisverlust durch Addition beider Verhaltensweisen (Tun und Unterlassen) begriffen werden".

2. Die Notwendigkeit der Unterlassungskonstruktion

Die Versuche, ein Perpetuierungsmoment der Handlung nachzuweisen, können demnach als gescheitert betrachtet werden, und es bleibt als einleuchtende Möglichkeit die Unterlassungskonstruktion Welps, auf die deshalb noch etwas näher einzugehen ist. Will man den vollen Unrechts- (und Schuld-)gehalt einer konkreten Tat erfassen, so kann man sich nicht mit der Beurteilung der aktiven Phase der Tat begnügen, sondern muß auch die nachfolgende Unterlassungsphase berücksichtigen. Sie kann, wie Welp[30] zeigt, sogar dann, wenn „die Untätigkeit ex ante einkalkuliert war", einen gegenüber der Aktivität zusätzlichen Unwertakzent enthalten, „denn mit dem ‚Wachstum der Dauer'[31] erweist sich die Durchhaltekraft des kriminellen Willens, seine Beständigkeit und Verhärtung im Unrecht, die seine Intensität als Größe erscheinen läßt". Dies kann schlagend an § 239 nachgewiesen werden, denn dort bewirkt das Andauernlassen des rechtswidrigen Zustandes eine in § 239 Abs. 2 ausdrücklich berücksichtigte Unrechtserschwerung. Welp[32] betrachtet die konkrete Tat — wie schon gesagt: nicht jede — als eine Einheit von „aktiven und passiven Verhaltenskomponenten" und bezeichnet diese als „natürliche Handlungs-, nämlich Begehungs- und Unterlassungseinheit". Allgemein anerkannt ist eine solche Einheit bisher nur bei den Dauerdelikten[33], wo die Herbeiführung des rechtswidrigen Zustands und dessen Aufrechterhaltung durch Unterlassen als eine Tatbestandsverwirklichung angesehen werden[34]. Es besteht aber kein Grund, diese Konstruktion auf die Dauerdelikte zu beschränken.

---

neutralen Zweck gerichtet (z. B. auf Autofahren); da sie somit den nicht abgewendeten Todeserfolg eben nicht umfaßte, fällt sie als Einheitsstifterin aus." Vgl. auch *Androulakis*, Beispiel S. 218: „Wenn jemand aus Versehen die Wagentür öffnet oder den ihm unversehens vor die Räder Gefallenen überfährt usw., kann weder von Finalität noch noch einem anderen Perpetuierungsmoment der Handlung die Rede sein." Vgl. *E. A. Wolff*, Kausalität, 41, Fn. 20, der an einem Kollisionsfall deutlich zeigt, daß es nicht um einen nachfolgenden Vorsatz, sondern um das Verhalten des Täters in diesem Moment geht; und das sei eben jetzt nur noch ein Unterlassen, daß der vorangegangenen Handlung nachfolgt.

30 *Welp*, 327.

31 Diesen Ausdruck übernimmt *Welp* von *Engisch*, Weltbild, 85; vgl. *Androulakis*, 239.

32 *Welp*, 327.

33 Nur am Fall des Dauerdelikts hat auch *Höpfner*, 251 ff., ein aus Tun und Unterlassen zusammengesetztes Handeln demonstriert. *Höpfner* kommt der eben referierten Ansicht nach *Welps* Meinung „am nächsten", *Welp*, 327, Fn. 24.

34 So schon *Frank*, § 73 Anm. V 2 b β, *Höpfner*, 250 ff., *Gelbert*, DStR 43,

a) Die Garantenpflicht zur Erfolgsabwendung aus Ingerenz

Da es sich hier um ein Unterlassen im Rahmen eines Begehungsdelikts handelt, muß auch eine Garantenpflicht vorliegen, die sich aber fraglos aus der rechtswidrigen Vorhandlung, aus Ingerenz, ergibt[35]. Worauf geht aber diese Pflicht?

Das Unterlassen, das beim Begehungsdelikt dem aktiven Verhalten des Täters nachfolgt, ist bei dieser Konstruktion ein Unterlassen der Erfolgsabwendung[36]. Hat der Täter nach seinem aktiven Verhalten keine Möglichkeit mehr, weitere Erfolge, die auf sein Tun zurückgehen, abzuwenden, so unterläßt er demnach auch nichts mehr[37]. Der abzuwendende Erfolg braucht aber nicht notwendig der erste tatbestandsmäßige Erfolg zu sein, auch für weitere tatbestandskonforme Erfolge kann der Täter durch sein vorangegangenes Tun „verantwortlich"[38] sein. Dabei kann das vorangehende Tun frühestens beim beendeten Versuch aufhören, es kann sich aber auch bis zur Vollendung erstrecken, so daß erst dann die Unterlassungsphase beginnen kann.

b) Die Intensivierung des Erfolges durch nachfolgendes Unterlassen

Damit ist aber die Beendigungsproblematik erreicht, denn schon mit dem Eintritt des ersten tatbestandsmäßigen Erfolges ist der Vollendungszeitpunkt passiert. Unser vorläufiges Ergebnis, daß der Täter nach Vollendung des Delikts auf tatbestandstypische Weise weiterhandeln muß, wenn ein vom Vollendungszeitpunkt unterschiedener

---

2 und 3, *Geerds*, 291, *Maurach*, AT, 626, *Hruschka*, GA 68, 198, *Mezger*, JW 38, 494 zitiert *Frank* zustimmend so: Bei dem Dauerdelikt bildet die Begründung des rechtswidrigen Zustands ein einheitliches Delikt mit allen Handlungen, die etwa zu seiner Aufrechterhaltung vorgenommen werden, und mit der unendliche Male begangenen Unterlassung seiner Aufhebung. *Mezger* selbst formuliert so: ein einmaliges Tun des Täters, das von weiterem strafrechtlich bedeutsamen Tun oder Unterlassen des Täters gefolgt wird.

[35] *Welp*, 324 ff., 331, *E. A. Wolff*, Kausalität, 41 ff., *Hruschka*, GA 68, 198 für „Dauerstraftaten". Allgemein zur Ingerenz *Schönke - Schröder*, Vorb. 119 ff. vor § 1.

[36] Vgl. *Jescheck*, 402: bei unechten Unterlassungsdelikten sei die Garantenpflicht immer eine Pflicht zur Erfolgsabwendung.

[37] *Welzel*, 212: physisch reale Möglichkeit. *Hardwig*, 201: wenn die Rechtspflicht in der Erfolgsabwendung bestehe, so folge daraus, daß „diese Tätigkeit ihrem Effekt nach möglich" sein muß. Im Rahmen der Beendigungsproblematik vgl. *Gelbert*, DStR 43, 5.

[38] Vgl. *Welp*, 331, der aus Überlegungen zur strafbefreienden Wirkung der tätigen Reue, S. 328 ff., zu dem Schluß kommt, „daß das strukturelle Unterlassen keine über die Nichtaufhebung der durch das vorausgegangene Tun begründeten Verantwortlichkeit hinausgehende Bedeutung besitzt". Das zeige sich schon daran, daß im konkreten Fall das Unterlassen der Erfolgsabwendung fehlen könne, ohne daß dadurch die Vollendungsstrafe ausgeschlossen werde.

Beendigungszeitpunkt mit strafrechtlichen Konsequenzen soll angenommen werden können, bedarf also einer Erweiterung: auch durch ein der Vollendung nachfolgendes Unterlassen kann das Delikt bis zur Beendigung weitergeführt werden[39]; und dieses nachfolgende Unterlassen ist eben noch ein Teil der konkreten Tat, die sich dann aus aktiven und passiven Verhaltenskomponenten zusammensetzt. Der allgemein anerkannte Fall, in dem ein der Vollendung folgender Beendigungszeitpunkt angenommen wird, ist dementsprechend wieder das Dauerdelikt. So ist beispielsweise die Freiheitsberaubung gemäß § 239 StGB schon mit dem Einsperren des Opfers vollendet, jedoch normalerweise[40] erst mit dessen Freilassung beendet.

Schwierigkeiten macht es aber anzugeben, wann ein Unterlassen die konkrete Tat über die Vollendung hinaus so weiterführt, daß daran strafrechtliche Konsequenzen geknüpft werden können, und wann es sich bloß um ein strafrechtlich unbeachtliches „Unterlassen der Wiedergutmachung"[41] handelt. Man muß herausfinden, wann man auch durch ein Unterlassen etwas bewirken kann.

Ein solches „Bewirken durch Unterlassen" hat E. A. Wolff[42] anschaulich aufgezeigt, und als Charakteristikum an diesem Bewirken herausgestellt, daß der jetzt nicht mehr Handelnde es erst durch sein nachfolgendes Unterlassen dem Opfer „zum Schlechten wendet", und es

---

[39] *Welp* bemerkt selbst in Fn. 39 auf S. 331, daß seine Unterlassungskonstruktion auch die Annahme eines Unterlassens nach der Vollendung des Delikts erlaube.

[40] Über die Möglichkeit einer vorzeitigen Beendigung des Dauerdelikts vgl. BGHSt. 21, 203, *Schönke - Schröder,* 45 c und d vor § 73; auch LG Berlin, MDR 66, 1017, a. A. *Schönke - Schröder,* § 170 b, 29.

[41] Nach *Welp,* 331, Fn. 39, wird letzteres meistens der Fall sein. Zur Unbeachtlichkeit des bloßen Unterlassens der Wiedergutmachung vgl. *Schröder,* NJW 66, 1001/2: aus den Regeln der unechten Unterlassungsdelikte könne niemals eine Verpflichtung zur Wiedergutmachung eines angerichteten Schadens abgeleitet werden. Vgl. *Hruschka,* GA 68, 198: „daß das bloße Bestehenlassen des Schadens keine Tatbestandsverwirklichung mehr enthält, ergibt sich aus der Präventivfunktion des Strafrechts, das zwar Schädigungen, z. B. Körperverletzungen, verhindern, nicht aber eingetretenen Schaden, z. B. zugefügte Wunden, beseitigen, verringern oder lindern soll. Daher kann es nicht Aufgabe der Regeln über die unechten Unterlassungstaten sein, die Verpflichtung zur Wiedergutmachung eines bereits angerichteten Schadens zu statuieren." Vgl. *Bockelmann, Eb. Schmidt*-Fs., 437 ff.

[42] Vgl. *E. A. Wolff,* Kausalität,33 ff., allerdings nicht nur für das nachfolgende, sondern das unechte Unterlassen schlechthin. Dieses Bewirken ist deutlich von der mechanischen Kausalität abgehoben. Eine solche Einsicht ist freilich nur zu gewinnen, wenn man den Menschen und sein Verhalten nicht in einen „linear ablaufenden Prozeß" einreiht, sondern ihn vielmehr einem „dynamischen Geschehen" gegenüberstellt, vgl. S. 29. Der fundamentale Unterschied zwischen Bewirken durch Tun und Unterlassen zeigt sich nach *Wolff,* 35, daran, daß der Unterlassende äußerlich an den Umständen nichts ändert.

nicht bloß versäumt, es ihm „zum Guten zu wenden“[43]. Diese Möglichkeit setzt, wie E. A. Wolff zeigt[44], zweierlei voraus: einmal ein Abhängigkeitsverhältnis (= Garantenverhältnis), zum anderen die Möglichkeit des Unterlassenden, sich für das Richtige zu entscheiden, dem Gefährdeten oder bereits Verletzten zu helfen.

Das Abhängigkeitsverhältnis wird beim nachfolgenden Unterlassen durch das vorausgehende aktive Verhalten vom Täter selbst begründet, von einem bewirkenden Unterlassen kann jedoch nur solange die Rede sein, wie der Täter noch die Möglichkeit hat, den noch ausstehenden Erfolg abzuwenden. Auch in dieser Phase ist noch eine Rechtsgutsverletzung anzunehmen, und zwar eine Verletzung durch „das Ergreifen der es dem anderen zum Nachteil wendenden Möglichkeit“[45].

Ist die Verletzung, der tatbestandsmäßige Erfolg, durch das aktive Verhalten des Täters bereits endgültig herbeigeführt, so besteht keine Verpflichtung für diesen Täter den herbeigeführten Zustand zu beseitigen[46], er unterläßt also nicht pflichtwidrig. Der tatbestandsmäßige Erfolg muß durch das Untätigbleiben des vorher aktiven Täters zumindest noch vergrößert, intensiviert werden können[47], darf also nicht schon so endgültig eingetreten sein, daß nur noch seine Beseitigung in Frage kommt. Die nachfolgende Unterlassung kann also nur dann strafrechtlichen Unwert besitzen, wenn sie mehr ist, als Nichtwiedergutmachung des durch die vorhergehende Handlung angerichteten Schadens.

c) Die Unzulänglichkeit der Unterscheidung von Dauerdelikt und Zustandsdelikt

Wie schwierig es jedoch sein kann, bei einzelnen Delikten anzugeben, ob ihr Tatbestand noch ein nachfolgendes Unterlassen der bezeichneten Art umfaßt, zeigt die gerade begonnene Diskussion um die Entführungstatbestände der §§ 237, 239 a und b zwischen Dreher und Hruschka[48]. Nach Hruschka bezeichnet der Begriff ‚Entführen‘ ein

[43] Vgl. *E. A. Wolff*, Kausalität, 34, 37.

[44] Vgl. *E. A. Wolff*, Kausalität, 37 ff., 43: „Beim Unterlassen muß die Abhängigkeit ausdrücklich zur Begründung verwendet werden.“ — Vgl. S. 45: „Die Freiheit —, d. h. die echte Möglichkeit des Einzelnen, das Richtige zu ergreifen, das er später nicht ergriffen hat — ist Voraussetzung des Bewirkens durch Unterlassen.“

[45] *E. A. Wolff*, Kausalität, 55.

[46] *Schönke - Schröder*, Vorb. 123 a vor § 1, zur Ingerenz, sein Beispiel: wer eine Sache beschädigt hat, braucht sie nicht zu reparieren. Ebenso *Schröder*, NJW 66, 1002, vgl. *Schmidhäuser*, JZ 55, 434.

[47] *Schönke - Schröder*, Vorb. 123 a vor § 1, *Schröder*, NJW 66, 1002, *Hruschka*, JZ 73, 15.

[48] *Dreher*, NJW 72, 1641, *Hruschka*, JZ 73, 12.

bloßes ‚Wegführen', während Dreher auch den Zustand des Entführtseins als noch von dem Tatbestandsmerkmal ‚Entführen' mitgemeint ansieht. Dabei dürfte letzterer Ansicht der Vorzug zu geben sein, da sie einmal vom Wortlaut nicht ausgeschlossen scheint[49] und zum anderen berücksichtigt, daß sich der durch die Entführung bewirkte Erfolg bis zur Aufhebung der hilflosen Lage des Opfers vergrößert[50].

Um ein bloßes Unterlassen der Wiedergutmachung handelt es sich keinesfalls immer bei den sogenannten Zustandsdelikten, sondern nur dann, wenn diese so verwirklicht werden, daß die Handlung des Täters einen abgeschlossenen Zustand herbeiführt[51]. Z. B. wenn A dem B eine Ohrfeige versetzt, die zu keinen weiteren Schmerzen führt. Wie aber, wenn die Körperverletzung so begangen wird, daß das Opfer nach der Handlung des Täters laufende, sich verstärkende Schmerzen verspürt, die der Täter trotz vorhandener Möglichkeit zu lindern unterläßt[52]? Auch hier wird doch der Schaden intensiviert und ist eben nicht ein für alle Mal endgültig entstanden.

Die bloße Gegenüberstellung von Dauerdelikten und Zustandsdelikten enthält als nichts Sicheres und Verläßliches über die Möglichkeit einer Fortsetzung der konkreten Tat nach der Vollendung durch Unterlassen, und damit auch nichts über die Möglichkeit, daß die tatbestandsmäßige Vollendung und die spätere Beendigung auseinanderfallen können[53]. Es muß vielmehr im Einzelfalle, bei der konkreten Verwirk-

---

49 a. A. *Hruschka*, JZ 73, 14, der dann wohl auch den Wortsinn des Begriffs ‚Einsperren' in § 239 auf das Verriegeln beschränken müßte.

50 Deshalb bezeichnet auch die h. L. diese Delikte als Dauerdelikte, vgl. *Schönke - Schröder*, § 237, 18, *Mösl*, LK, 9. Aufl., § 237, 9. So auch BGHSt. 18, 34.

51 *Mezger*, JW 38, 494 faßt das Zustandsdelikt konstruktiv so: „ein einmaliges Tun des Täters, das von keinem weiteren Tun oder strafrechtlich bedeutsamen Unterlassen gefolgt ist."

52 *Hruschka*, GA 68, 199 nimmt auch eine kontinuierliche Dauerstraftat bei § 223 dann an, wenn z. B. eine quälerische Fesselung des Opfers andauere; der Schaden werde wie bei der Freiheitsberaubung intensiviert. Vgl. *Welp*, 20/21, der auch diese Fallkonstellation der Körperverletzung als dem Dauerverbrechen „ähnlich" bezeichnet. Als einen Fall bloßer Nichtwiedergutmachung führt er die Veränderung oder Unterdrückung des Personenstandes gemäß § 169 an, hier könne nur die Berichtigung des unrichtigen Registereintrags unterlassen werden. Vgl. aber *Gelbert*, DStR 43, 3, der, OLG Dresden, JW 38, 2472, anführend, auch bei einer länger dauernden Körperverletzung nur ein vom Tatbestand her gesehen unbeachtliches Fortdauern des rechtswidrigen Zustandes sieht, da der Täter sich nicht mehr in einer dem Tatbestand typischen Weise verhalte. An die Möglichkeit, ein Unterlassen der Schmerzlinderung anzunehmen, denkt *Gelbert* nicht.

53 Es geht deshalb nicht, z. B. die Rückkehrpflicht an den Unfallort deswegen abzulehnen, weil § 142 ein Zustandsdelikt sei. So klingt aber zunächst *Schröders* Argument in NJW 66, 1002, der dann jedoch als eigentlichen Grund die Endgültigkeit des Schadens, den § 142 verhindern wolle, angibt, wenn der Täter einmal geflohen sei. Auch *Baumann*, MDR 65, 347, argumen-

lichung eines Delikts nachgewiesen werden, daß ein noch zur Tat gehöriges Unterlassen dem aktiven Verhalten des Täters nachgefolgt ist. Entscheidendes Kriterium hierfür bleibt: die Möglichkeit, weitere, noch tatbestandsmäßige Erfolge jenseits des ersten tatbestandsmäßigen Erfolges, der die Vollendung des Delikts kennzeichnet, abzuwenden. Denn nur dann und solange verwirklicht der Täter den Unterlassungsunwert, der, zusammen mit dem vorher verwirklichten Aktunwert, erst das vollständige Unrecht der konkreten Tat angibt.

Konnte der Täter den letzten tatbestandsmäßigen Erfolg bis zu dessen Eintritt abwenden, so fallen der Verlust der Abwendungsmöglichkeit und der Erfolgseintritt zusammen. Da dieser Erfolg ein tatbestandsbezogener Erfolg sein muß, ist mittelbar auch das geschützte Rechtsgut betroffen, und folglich kann der Beendigungszeitpunkt bei dieser Konstellation auch als Abschluß der Rechtsgutsverletzung bezeichnet werden. Damit ist wieder eine Übereinstimmung im Ergebnis mit der Theorie der endgültigen Rechtsgutsverletzung gegeben.

d) Die Gleichwertigkeit des nachfolgenden Unterlassens

Es bleibt aber noch die Frage, ob das die Tat nach der Vollendung fortsetzende Unterlassen dem die vollendete Tat fortführenden Tun gleichwertig ist, denn dieses Unterlassen ist ja ein unechtes Unterlassen, durch das gegen eine Verbotsnorm verstoßen wird, die auf ein Begehungsdelikt zugeschnitten ist. Soweit es darum geht, für alle Tatbestände des Besonderen Teils herauszubekommen, wann das Unterlassen der Erfolgsabwendung der aktiven Erfolgsherbeiführung gleichkommt, ist dies zunächst eine Frage der allgemeinen Verbrechenslehre, der allgemeinen Lehren von Tatbestand und Unrecht[54].

aa) Die Bewirkensäquivalenz

Eine solche „Bewirkensäquivalenz"[55] liegt nach allgemeiner Ansicht[56] nur dann vor, wenn der Unterlassende eine Garantenstellung inne hat, aus der sich eine Erfolgsabwendungspflicht ergibt. Eine solche

---

tiert zunächst mit der Gegenüberstellung von Dauer- und Zustandsdelikt bezüglich der Gegenwärtigkeit eines Angriffs im Sinne von § 53, bezeichnet dann aber den Schluß als voreilig, der dahingehe, daß sich bei Zustandsdelikten die Zustandsherbeiführung auf einen Augenblick beschränken müsse; — voreilig deshalb z. B. *Mezger - Blei*, AT, 112: das Zustandsdelikt sei im Gegensatz zum Dauerdelikt mit der Vornahme der inkriminierten Handlung vollendet und beendet.

[54] So auch *Rudolphi*, 55.

[55] *Welp*, 18.

[56] Vgl. statt vieler *Schönke - Schröder*, Vorb. 100 vor § 1, *Jescheck*, 418.

allgemeine Gleichwertigkeit von Tun und Unterlassen reicht für sich dann aus, wenn sich das betreffende Delikt auf die Beschreibung einer Erfolgsherbeiführung — auf welche Weise auch immer — beschränkt, wie dies bei den sogenannten reinen Erfolgdelikten der Fall ist[57]. Bei diesen Delikten fehlt es an einem spezifischen Handlungsunwert, da keine bestimmten Handlungsmodalitäten vom Tatbestand angegeben werden. Das hat zur Folge, daß ein Unterlassen der Erfolgsabwendung der Erfolgsherbeiführung bei Vorliegen einer so engen Beziehung des Täters zum Rechtsgut[58], daß von Rechts wegen der Schutz dieses Rechtsguts von ihm erwartet werden kann, generell gleichwertig ist[59]. Eine zusätzliche Gleichwertigkeitsprüfung ist hier überflüssig[60] und führt möglicherweise zu „einer Auffüllung der Strafwürdigkeit" durch Gesinnungsunwerte und ähnlichem, wohingegen es hier doch nur auf die Gleichwertigkeit des Unrechts ankommt[61].

bb) Die Modalitätsäquivalenz

Nun zeigt aber ein Blick auf die einzelnen Tatbestände des Besonderen Teils, daß keineswegs alle Delikte der Fallgruppe der Erfolgsdelikte unterfallen. Vielmehr umschreiben die meisten Tatbestände bestimmte Art und Weisen der Erfolgsherbeiführung. Soll ein Delikt mit spezifisch gefärbtem Handlungsunwert durch Unterlassen begangen werden, so reicht die Feststellung einer Garantenstellung zur Begründung der Gleichwertigkeit nicht aus, denn „das Erfordernis einer Garantenpflichtverletzung gewährleistet zwar, daß die Nichtabwen-

---

57 *Gallas*, Nied., Bd. 12, 80, E 62 Begr. 125, *Welp*, 18, *Welzel*, 219, *Armin Kaufmann*, 288, *Rudolphi*, 60, gegen *Arthur Kaufmann*, JuS 64, 159, *Androulakis*, 220 f.

58 Nach *Gallas*, ZStW 80, 20, kann die Garantenpflicht entweder auf der Stellung des Unterlassenden zum bedrohten Rechtsgut, oder auf seinem vorausgegangenen Verhalten, oder auf beidem beruhen.

59 *Rudolphi*, 188, der klar ausführt, daß wenn dem Unterlassenden eine Garantenstellung zukomme, ihm „die maßgebliche Entscheidung über das Ob des drohenden Unrechtserfolges" obliege und er „als die beherrschende Zentralgestalt des zu dem Unrechtserfolg hinstrebenden Geschehens" erscheine.

60 *Rudolphi*, 60, *Cramer*, JuS 64, Fn. 32: ein Widerspruch! Vgl. auch *Gallas*, ZStW 80, 19 zu der Fassung des § 13 E 62, die die Gleichwertigkeit als ein zur Garantenpflicht hinzukommendes Ereignis erscheinen lasse, wo sie sich doch im wesentlichen gerade daraus ergebe, daß der Unterlassende Garant sei.

61 *Rudolphi*, 61, *Roxin*, 501 ff., der von der generell geringeren Strafwürdigkeit des Unterlassens ausgeht. — Das ändert aber nichts an der möglichen Gleichwertigkeit des Tuns mit dem Unterlassen eines Garanten, „da sich diese lediglich auf das im Tatbestand vertypte Unrecht der Tat bezieht". So *Gallas*, ZStW 80, 20, der wegen der geringeren Schuldintensität für eine generelle Strafmilderungsbefugnis plädiert.

dung eines Erfolges seiner Herbeiführung gleichwertig ist. Es ist damit jedoch noch nichts über die Fälle gesagt, in denen sich der Tatbestand nicht darauf beschränkt, das bloße Herbeiführen eines Erfolges unter Strafe zu stellen, sondern näher beschreibt, auf welche Weise dieser Erfolg herbeigeführt werden muß"[62].

Dieses, zuerst von Gallas aufgezeigte Problem einer zweiten, zusätzlichen Gleichstellungsprüfung fand einen ersten Niederschlag in den Entwürfen zu einem neuen StGB, insbesondere in § 13 E 62 und § 12 AE[63], die in ihren Begründungen übereinstimmend davon ausgehen, daß bei Delikten, bei denen die Erfolgsherbeiführung auf eine bestimmte Weise erfolgen muß, das Unterlassen eine „vergleichbare Prägung"[64] besitzen müsse. Das führte wohl mit dazu, daß die Frage nach der „Modilitätsäquivalenz"[65] als selbständige neben der nach der „Bewirkensäquivalenz" auch in der Lehrbuch- und Kommentarliteratur anerkannt und behandelt wird[66].

Über die Kriterien dieser zusätzlichen Gleichwertigkeitsprüfung bei Delikten mit spezifischem Handlungsunwert herrscht noch geringes Einverständnis. Doch erscheinen die Versuche, die für eine Gesamtbewertung aller Umstände des konkreten Einzelfalles plädieren[67],

---

[62] *Gallas*, ZStW 80, 20, vgl. dazu auch *Rudolphi*, 59, der die Bewirkensäquivalenz als die erste Grundfrage bezeichnet, und bei der gehe es „eben noch nicht um die Gleichwertigkeit des Unterlassens mit einem ganz bestimmten, tatbestandlich näher festgelegten Handlungsunwert, sondern allein darum, welche Beziehungen der Unterlassende zu dem geschützten Rechtsgut haben muß, damit sein Nichthindern der Rechtsgutverletzung einer Verletzung dieses Rechtsguts durch ‚normales' Tun gleichwertig ist".

[63] Die Formel lautet in § 13 E 62: „... und sein Verhalten den Umständen nach der Verwirklichung des gesetzlichen Tatbestandes durch ein Tun gleichwertig ist." Jetzt § 13 n. F.: „... und wenn das Unterlassen der Verwirklichung des gesetzlichen Tatbestandes durch ein Tun entspricht." Vgl. *Dreher*, D IV vor § 1, *Gallas*, ZStW 80, 16 ff. Deutlich auch § 12 AE: „... nur dann strafbar, wenn das Unrecht seines Verhaltens nach den Umständen der Tat dem Unrecht der Begehung entspricht."

[64] So AE Begründung S. 49; vgl. E 62 Begründung S. 125: „Das Erfordernis einer zweiten Gleichwertigkeitsprüfung beruhe auf dem Gedanken, daß das Unrecht der besonderen Tatbestände nicht nur durch die der Tat innewohnende Rechtsgutsverletzung und dem hierdurch herbeigeführten Erfolg geprägt ist, sondern auch durch die Eigenart der nach dem Tatbestand vorausgesetzten Handlung." Freilich ist die letztere Begründung skeptisch gegenüber der Möglichkeit, am Unterlassen eine vergleichbare Prägung wie am Tun erkennen zu können: diese eigenständige Prägung der Handlung gehe beim Unterlassen verloren, trete zumindest nicht stets in Erscheinung.

[65] *Welp*, 19.

[66] *Dreher*, D IV vor § 1, *Lackner*, II 1 b vor § 1, *Schönke - Schröder*, Vorb. 86 und 100 vor § 1, *Mezger - Blei*, AT 95, *Schmidhäuser*, 544 f., *Welzel*, 219, *Jescheck*, 418, *Maurach*, AT 508, *Baumann*, 235, *Wessels*, 121.

[67] So etwa E 62 Begr. 125, problematisch ist auch, daß die mangelnde Modalitätsäquivalenz durch andere Umstände, z. B. eine größere Pflichtenbindung, soll aufgewogen werden können. Die Bestimmung einer solchen

nicht weiterzuhelfen, denn deren Konsequenz könnte leicht zu einem „Fallrecht“[68], zu einer „Gefühlsjustiz“[69] führen.

Demgegenüber meint Rudolphi[70], daß bei solchen Delikten „nur die Nichtabwendung eines auf bestimmte Art und Weise eingetretenen Erfolges beim Vorliegen einer Garantenstellung“ das Unterlassen dem Tun gleichwertig erscheinen lasse. Ganz ähnlich anerkennt Jescheck[71] eine Gleichwertigkeit des Unterlassens nur dann, „wenn sich der Erfolg in der vom Tatbestand geforderten Weise, also durch Täuschung, Zwang, Verschaffung von Gelegenheit oder ein gefährliches Werkzeug verwirklicht hat“.

Doch ist gegenüber der Möglichkeit, daß sich „die eigenständige Ausprägung der Tathandlung“[72] auch bei der Begehung durch Unterlassen zeigen könne, Skepsis angebracht[73]. Und es ist kein Zufall, daß diese Skepsis gerade in Arbeiten zur Auslegung einzelner Tatbestände des Besonderen Teils auftaucht, denn die zweite Gleichwertigkeitsprüfung ist ein Problem der Auslegung dieser Tatbestände[74]. So zweifelt beispielsweise Bockelmann[75] daran, ob für den Tatbestand des Betruges das

---

Ersatzmodalität kann doch wohl nicht dem Richter zugemutet werden. Ähnlich wie E 62 aber auch *Arthur Kaufmann*, JuS 64, 153, *Androulakis*, 220 f., *Henkel*, Msch. Krim. 1961, 188.

[68] So die Kritik *Rudolphis*, 57.

[69] So *Jescheck*, 418, vgl. *Busch*, *v. Weber*-Fs., 201, der die Gleichwertigkeitsklausel des § 13 E 62 für ein so unbestimmt gefaßtes Regulativ hält, daß sie im Grunde „die Entscheidung dem Wertgefühl des einzelnen Richters“ überlasse. Vgl. auch *Baumann*, 235, der sie für nichtssagend und überflüssig hält.

[70] *Rudolphi*, 64, vgl. 189: es sei zu prüfen, „ob der pflichtwidrig nicht abgewendete Unrechtserfolg gerade auf die in dem entsprechenden Tatbestand näher umschriebene Art und Weise eingetreten ist“.

[71] *Jescheck*, 418, vgl. auch *Jescheck*, Nied., Band 12, 96: „Es sollen die gleichen Handlungsmerkmale vorliegen, und wenn sie nicht vollständig gegeben sind, so soll das nur daran liegen, daß sich die Unterlassung eben immer von dem positiven Tun unterscheidet.“ Insbesondere fordert er, „daß das Unterlassen in der Art und Weise wie es stattgefunden hat, dem Tun gleichstehen müsse“.

[72] So E 62 Begr. 125, wo ausgeführt wird, daß diese Ausprägung beim Unterlassen verloren gehe, zumindest nicht stets in Erscheinung trete.

[73] Vgl. *Schmidhäuser*, 545, nach dem nur die engeren Erfolgsdelikte „Auslegungs-Unterlassungsdelikte“ sein können. Vgl. auch *Armin Kaufmann*, 288: sei z. B. nur die Angriffsintensität wie in § 223 a erhöht, so sei eine gleichwertige Begehung durch Unterlassen nicht möglich. Vgl. *Grünwald*, Jus 65, 313, 315, Fn. 26, zum Unterlassen um der Nichtaufdeckung willen, das einen Totschlag nicht so zum Mord qualifiziere, wie das Handeln zur Verdeckung.

[74] *Gallas*, ZStW 80, 20, *Welp*, 18: ein Problem des Besonderen Teils, so auch *Rudolphi*, 60, er meint S. 57/8, es sei letztlich das Problem strafbegründender Analogie, wobei er sich auf *Welzel*, Nied., Bd. 12, 94, beziehen kann. Vgl. *Gallas*, Nied., Bd. 12, 79: „höchst extensive Interpretation.“

[75] *Bockelmann*, *Eb. Schmidt*-Fs., 456, *Naucke*, 214, vgl. *Schmidhäuser*, 545, vgl. auch *Welp*, 19, der einige problematische Fälle aus der Rechtsprechung

Nichtaufklären eines Irrtums dessen Hervorrufung gleichwertig ist. Angesichts dieser Schwierigkeiten erscheint die Forderung nach Aufstellung besonderer Unterlassungstatbestände verständlich[76], doch soll ihr nicht näher nachgegangen werden, da sich die zweite Gleichwertigkeitsprüfung beim nachfolgenden Unterlassen als überflüssig herausstellen könnte.

Bisher wurde für das nachfolgende Unterlassen neben der Garantenpflicht aus vorangegangenem Tun nur eine Unrechtsintensivierung bezüglich der weiteren Erfolge verlangt, das Unterlassen mußte den tatbestandsmäßigen Schaden vergrößern, durfte nicht bloßes Unterlassen der Wiedergutmachung sein. Sollte darüber hinaus auch noch eine Gleichwertigkeit mit dem Tun bezüglich der spezifischen Handlungsmodalitäten verlangt werden?

Dagegen spricht zunächst, daß wir von einer Verhaltenseinheit, einer „Begehungs- und Unterlassungseinheit" ausgegangen waren. Eine solche Einheit kann ihre Typizität auch aus einem einmaligen typischen Verhalten bekommen, und dieses typische Verhalten liegt beim nachfolgenden Unterlassen im vorangegangenen Tun. Die Handlungstypizität des aktiven Teils prägt das gesamte Verhalten mit seinen aktiven und passiven Komponenten so, daß die Verhaltenseinheit dem vom Tatbestand vertypten Unrecht entspricht.

Wenn der Betrüger, dem Typus des § 263 StGB entsprechend, sein Opfer so getäuscht hat, daß dieses sich selbst schädigt, so fallen auch die weiteren Selbstschädigungen des Opfers, die auf diese einmalige Täuschung zurückgehen, noch unter den Unrechtstypus Betrug, obwohl der Betrüger nicht mehr täuscht, sondern nur noch die Abwendung weiterer Vermögensschädigungen unterläßt. Dieses Unterlassen hat zwar selbst keinen Täuschungscharakter, aber es baut auf einer Täuschung auf und erhält seine spezifische Färbung, seine spezifische Wirksamkeit durch die vorangegangene Täuschung[77].

Bezieht man die zweite Gleichwertigkeitsprüfung richtigerweise auf das im jeweiligen Tatbestand vertypte Unrecht, so muß man auch sehen, daß bestimmte Unrechtstypisierungen Verhaltensweisen mit aktiven und passiven Komponenten umfassen. Das läßt sich an der anerkannten Einheit des Dauerdelikts anschaulich machen. Auch dort wird ja

---

anführt, die zeigen, daß auch die Rechtsprechung sehr vorsichtig bei der Annahme der Begehung bestimmter Handlungsweisen durch Unterlassen ist. Vgl. *Gallas*, Nied., Bd. 12, 81; *Baldus*, Nied., Bd. 12, 91, 99, *Welzel*, 219.

[76] *Grünwald*, ZStW 70, 431, *Busch*, *v. Weber*-Fs., 204 mit dem Hinweis auf das französische Strafrecht.

[77] Vgl. zum Renten- und Anstellungsbetrug das Kapitel über die Verjährung.

nach der Herbeiführung des rechtswidrigen Zustands, etwa gemäß § 239 StGB durch Einsperren[78], die Tat durch weiteres Unterlassen fortgesetzt, „durch das zwar nicht das Verbrechen von neuem begangen wird, wohl aber der geschaffene Zustand aufrechterhalten wird“[79]. Auch dieses nachfolgende Unterlassen hat keine Modalitätsäquivalenz, und es braucht diese auch nicht zu haben, weil es sich eben nicht um eine völlig neue Tatbegehung, sondern um einen Teil der Tatbestandsverwirklichung handelt.

IV. Die Phase reinen Kausalverlaufs zwischen Verhaltensabschluß und Erfolgseintritt

Mit den aufgezeigten Möglichkeiten, durch aktives oder passives Verhalten ein Delikt über die Vollendung hinaus bis zur Beendigung fortzusetzen, sind aber nicht alle Varianten der Deliktsfortführung erschöpfend erfaßt. Es kann noch eine Phase reinen Kausalverlaufs[80] in Richtung auf den letzten tatbestandsmäßigen Erfolg hin geben, der nur dann noch zum Deliktgeschehen gehört, wenn er auch „als Teil der vom Täter gestalteten Wirklichkeit verstanden“ werden muß[81].

Daß reine Kausalität aufgrund ihrer grundsätzlichen Unbegrenztheit nach vorwärts wie nach rückwärts keine ausreichende Grundlage für strafrechtliche Verantwortung ist[82], schließt nicht die Möglichkeit aus,

---

[78] Wenn die Rechtsprechung, vgl. RGSt. 24, 339, BGH, GA 63, 16, zustimmend, *Schönke - Schröder*, § 239, 7, sogar ein versehentliches Einsperren genügen läßt, so geht es ihr nicht um die Fortsetzung einer durch positives Tun begonnenen Freiheitsberaubung durch ein Unterlassen, sondern darum, ob „Einsperren“ durch Unterlassen (Nichtaufsperren) begangen werden kann. Ob aber ein Nichtaufsperren durch ein vorangehendes unvorsätzliches „Einsperren“ dem in § 239 StGB vorgesehenen Handeln gleichwertig wird, wäre die entsprechende Frage für das nachfolgende Unterlassen; sie müßte verneint werden, da dieses Unterlassen durch ein nicht typisches Tun nicht typisiert werden kann. Dieselbe Problematik ergibt sich beim Hausfriedensbruch, wo *Schröder*, JR 67, 304, vgl. BHGSt. 21, 224 f., die Alternative des Eindringens auch ohne Vorsatz für möglich hält, woraus dann gefolgert werden kann, daß dieses vorangegangene Tun zum Verlassen des Gebäudes verpflichtet. Ob ein solches nachfolgendes Unterlassen durch das versehentliche Eindringen eine solche Prägung erhalten kann, daß es einem Eindringen i. S. § 123 gleichwertig ist, erscheint ebenso zweifelhaft und ist abzulehnen. Anders wäre dies im Fall eines schuldlosen, aber vorsätzlichen Eindringens, denn hier liegt ein Eindringen i. S. § 123 zweifellos vor.

[79] *Mezger*, JW 38, 494.

[80] *E. A. Wolff*, Kausalität, 9, spricht von „einfachem Kausalzusammenhang“, S. 11 von „Einfacher Kausalität“.

[81] *E. A. Wolff*, Handlungsbegriff, 21: wenn der ganze Kausalprozeß bis zum Erfolg nicht mehr Teil des Verbrechens sei, so sei die Vollendung bloße Bedingung der Strafbarkeit.

[82] *Larenz*, NJW 55, 1011, *Rudolphi*, 155 f., vgl. *E. A. Wolff*, Kausalität, 9, 19, über das Verhältnis von Handlung und einfachem Kausalzusammenhang.

daß eine Phase rein objektiven Geschehens innerhalb des Deliktsablaufs als Teil des deliktischen Gesamtgeschehens betrachtet werden kann.

Da hier nur die Fortführung des Delikts über die Vollendung hinaus untersucht wird, ist ja bereits der jeweilige Tatbestand durch Tun oder Unterlassen erfüllt. Wie § 46 Abs. 2 StGB jedoch zeigt, reicht schon nach der Beendigung des Versuchs nur noch die gelungene Erfolgsabwendung zur tätigen Reue. Wenn aber selbst ein mißlungener Erfolgsabwendungsversuch nicht mehr verhindert, daß die noch eintretenden Erfolge dem Täter zugerechnet werden können, so scheitert diese Zurechnung erst recht nicht daran, daß der Täter nicht mehr aktiv handelt, oder die Erfolgsabwendungsmöglichkeit zufällig verloren hat[83].

Diese Phase kann schon sofort nach dem aktiven Verhalten des Täters einsetzen, kann aber auch erst mit dem Verlust der Erfolgsabwendungsmöglichkeit beginnen. Als Erster hat diese Möglichkeit der Beendigung Mezger in seiner Abhandlung über die Beendigung des Betrugs aufgezeigt: „Auch hier ist es möglich, daß die weiteren Vorkommnisse einen rein objektiven Eintritt weiterer Vermögensschäden darstellen, an dessen Herbeiführung der Täter nicht von neuem beteiligt ist[84].“ Die Beendigung nach vollendeter Straftat kann also auch „durch weiteres (objektives) Geschehen“[85] erfolgen.

Damit zeigt sich, daß weder der Handlungs- noch der Unterlassungsunwert bis zum Eintritt des letzten tatbestandsmäßigen Erfolges sich durchhalten muß. Bei dieser Fallkonstellation ist das Delikt bei dem Erfolg beendet, den der Täter während der Verwirklichung des Verhaltens- (Handlungs- oder Unterlassungs-)unwerts in seinen Vorsatz aufgenommen hatte, „denn der Kausalprozeß als solcher kennt keine Zäsuren“[86]. Die Kausalität des Täters kann allerdings, wie E. A. Wolff gezeigt hat[87], nicht weiterreichen, „als das Geschehen auf den tatsächlichen oder möglichen Willen bezogen werden kann“. Diese Beziehung ist hier solange gegeben, wie sich der Kausalverlauf in der vom Tun des

---

83 *Welp*, 328, 323, Fn. 7: auch eine aberratio ictus liege ja nicht vor, da der Erfolg in völliger Übereinstimmung mit der ursprünglichen Intention eintrete.

84 *Mezger*, JW 38, 494, der erkannte, daß diese Möglichkeit auch schon für die Phase vom beendeten Versuch an besteht.

85 *Mezger*, JW 38, 495, vgl. auch *Winkler*, 41, der sich *Mezger* anschließt: „Eine Fortsetzung des Deliktsgeschehens bis zur Beendigung ist also unabhängig davon, ob der Täter noch einmal handelt oder nicht.“ Vgl. auch *Stratenwerth*, JZ 61, 95, der den Grundgedanken der Beendigung so fassen will, daß alle Vorgänge einzubeziehen seien, „die sich der Sache nach noch als Bestandteil des Unrechts der konkreten Tat darstellen“.

86 *Stratenwerth*, JZ 61, 96: die Kontinuität des Naturvorgangs sei deshalb ein unsachgemäßes Kriterium, es komme vielmehr auf das konkrete Vorhaben, den „Täterplan“ an. Vgl. *E. A. Wolff*, Kausalität, 20.

87 *E. A. Wolff*, Kausalität, 20.

Täters bestimmten Richtung auf den von ihm geplanten Erfolg hin entwickelt. Fehlt es an der Übereinstimmung des intendierten Erfolges mit dem vermittels Kausalität wirklich eingetretenen Erfolg, so wäre der Fall einer aberratio ictus gegeben[88].

Dieser Erfolg darf wiederum nur ein tatbestandsmäßiger sein, wenn auch nicht unbedingt der erste tatbestandsmäßige[89]. Dem Täter kann es ja gerade auf mehrere, nach und nach eintretende Teilerfolge ankommen[90].

Hier fällt also weder der Abschluß weiterer Aktivität noch der Abschluß der passiven Phase (der Verlust der Abwendungsmöglichkeit) mit dem Eintritt des letzten, noch tatbestandsbezogenen Erfolges zusammen.

V. Die Unterscheidung der Verhaltensbeendigung von der Erfolgsbeendigung

Die strukturelle Betrachtung der Deliktsfortführung nach Vollendung kann natürlich keinen zwingenden Grund dafür angeben, daß der Beendigungsbegriff auf den Abschluß des Verhaltens des Täters festgelegt wird. Es hat sich vielmehr ergeben, daß nach der Konstruktion des Gesetzgebers das Delikt auch ohne weiteres Verhalten des Täters noch fortdauern kann. Da mit dem Abschluß der Rechtsgutsverletzung in den Fällen, in denen der Täter nicht bis zum letzten Erfolgseintritt weiterhandelt (bzw. unterläßt), ein späterer, ja sogar der letzte, Zeitpunkt des Deliktsgeschehens angegeben wird, hat es sogar etwas für sich, diesen Zeitpunkt als Beendigung anzugeben. Ob freilich an diesen Beendigungszeitpunkt dieselben Konsequenzen geknüpft werden können, wie an die Beendigung des weiteren Handelns oder Unterlassens, kann erst bei der Untersuchung der Funktion des Beendigungsbegriffes für die Lösung bestimmter Einzelprobleme gezeigt werden.

Das kann bei der Frage nach der Möglichkeit von Beihilfe bis zur Beendigung anders sein als bei der Mittäterschaft; bei der Gegenwärtigkeit des Angriffs i. S. § 53 StGB anders als bei der Frage der Verfolgungsverjährung und Amnestie, wieder anders bei der Frage der Verwirklichung qualifizierender Umstände nach der Vollendung. Ent-

---

88 *Welp*, 323, Fn. 7.

89 Vgl. *Winkler*, 41, Fn. 125: „Die objektive Grenzfunktion des Tatbestandes setzt nicht notwendig schon mit der erstmaligen Erfüllung des gesetzlichen Tatbestandes ein; die tatbestandsmäßige Relevanz der Kausalität einer Handlung endet erst, wenn sich die Wirkungen nicht mehr in tatbestandsmäßiger Form vollziehen."

90 Vgl. z. B. RGSt. 62, 419 zum Rentenbetrug: „er hat aber, wenn der vom Täter bezweckte schädigende Erfolg nicht auf einmal, sondern erst nach und nach zu verschiedenen Zeitpunkten sich verwirklicht, erst mit dem Eintritt des letzten Teilerfolges sein Ende erreicht."

scheidend wird dabei sein, ob bei dem jeweiligen Problem an den Verhaltensunwert angeknüpft werden muß, oder ob der Erfolgsunwert den maßgebenden Orientierungspunkt abgibt.

Man sollte deshalb zwischen der Verhaltensbeendigung und der Erfolgsbeendigung unterscheiden und bei jedem Sonderproblem, das mit der Beendigung der Straftat zusammenhängt, prüfen, ob es dabei auf die Beendigung des strafbaren Verhaltens ankommt, oder ob es ausreichend ist, den letzten geplanten, noch tatbestandsmäßigen Erfolg, der auf ein strafbares Verhalten mittels Kausalität zurückgeht, zu berücksichtigen[91]. Diese Unterscheidung erweist auch die Vordergründigkeit der Theorie, die die endgültige Rechtsgutsverletzung als einheitlichen Beendigungszeitpunkt angibt. Sie gewinnt diesen einheitlichen Zeitpunkt dadurch, daß sie einseitig zunächst bei allen Problemen auf den Eintritt des letzten tatbestandsmäßigen Erfolges abstellt. Dann kann es aber nicht ausbleiben, daß bei der Verwendung dieses Beendigungsbegriffes zur Lösung von Einzelproblemen doch Einschränkungen gemacht werden müssen; — dann nämlich, wenn es für das jeweilige Problem auf die Beendigung strafbaren Verhaltens ankommt[92].

Einen konkurrierenden Versuch, die im folgenden zu erörternden Probleme zu lösen, bietet *Hruschka*, GA 68, 193 ff. an. Er unterscheidet dabei zunächst begrifflich das Dauerdelikt von der Dauerstraftat, wobei das Dauerdelikt die Umschreibungen im gesetzlichen Tatbestand eines bestimmten Delikts meint, deren Verwirklichung im konkreten Tatsachenkomplex aber als Dauerstraftat bezeichnet wird (195). Zwar stelle jede Verwirklichung eines

---

91 Vgl. dazu *Mezger*, JW 38, 494, der feststellt, daß die Beendigung einer vollendeten Straftat in Wahrheit sehr verschiedenartige rechtliche Bedeutung besitzen könne. Auf S. 496 differenziert er dann für die Lösung des Verjährungsproblems: „Wo, nachdem die Tat vollendet ist, zu ihrer Beendigung neue Tätigkeitsakte oder strafrechtlich bedeutsame Unterlassungen vorliegen, da begegnet der spätere Beginn der Verjährung keinem Bedenken. Unmöglich aber ist das weitere Hinausschieben des Beginns nach § 67 IV StGB dann, wenn die Tat vollendet ist, und sie lediglich deshalb erst später beendet wird, weil unabhängig von neuem Handeln des Täters weitere Ereignisse in den Rahmen der Tatbestandsverwirklichung fallen." Deutlich auch *Stratenwerth*, JZ 61, 97, der sich der *Mezgerschen* Unterscheidung innerhalb der Fälle der Beendigung anschließt, die dahin geht, ob der weitergehende Erfolg auf zusätzlichem Verhalten beruht oder nicht. *Stratenwerth* erwägt deshalb, ob dieselbe Unterscheidung auch für das Teilnahmeproblem geboten sei, denn schon immer sei zweifelhaft gewesen, ob Beihilfe auch noch nach Tätigkeitsabschluß geleistet werden könne.

92 Vgl. *Winkler*, 42, der bei der Behandlung der Deliktsweiterführung durch objektives Geschehen zugeben muß: Von Bedeutung kann diese ... Sonderform der Beendigung bei bestimmten Rechtsfolgeerscheinungen werden, die an den Abschluß des konkreten Verhaltens des Täters anknüpfen." Auf S. 128 unterscheidet er dann: während Beihilfe immer bis zur Beendigung möglich sei, sei dies bei Mittäterschaft und Anstiftung nur begrenzt möglich, beide seien dann ausgeschlossen, wenn die Tat bis zur Beendigung nur durch objektives Geschehen fortgesetzt werde.

Dauerdelikts auch eine Dauerstraftat dar, aber es seien seit langem Fälle bekannt, „bei welchen es um Dauerstraftaten geht, ohne daß dabei gerade ein anerkanntes Dauerdelikt konkretisiert worden ist“ (196). Als besonderes Kennzeichen der Dauerstraftat gibt *Hruschka*, 194, 196/7, neben der Dauer die Kontinuität des Handelns an: es müsse derselbe Tatbestand in dem einmal erreichten Stadium stetig weiter verwirklicht werden, die Tatbestandsverwirklichung müsse in der Vollendung weitergeführt werden. In JZ 69, 607: der jeweilige Tatbestand müsse in allen seinen Merkmalen weiter verwirklicht werden. — Diese formelle Definition ergänzt er durch die materielle Aussage, wodurch ein Handeln seine Kontinuität erhält: durch den stetigen Bezug allen Tuns eines Verantwortlichen auf die verletzte Rechtspflicht hin (198/9, 200 Fn. 28). Daneben kennt er auch eine diskontinuierliche Tatfortführung, z. B. dann, wenn der Dieb seine Beute stückweise fortträgt (197, 200), oder auch die fortgesetzte Tat, da hier mehrere Teilakte vorlägen. Die Abgrenzung wird aber nicht deutlich, insbesondere nicht, was bei der kontinuierlichen Fortführung im Gegensatz zur diskontinuierlichen andauert, und warum beiden Begriffen möglicherweise verschiedene Funktionen (203) zukommen, warum sie „begrifflich-systematisch“ auf verschiedener Ebene liegen.

S. 202 bezeichnet er die Beendigung als Konkurrenzbegriff zu seiner Dauerstraftat, so daß notwendig ein Begriff den anderen verdrängen muß, weil beiden dieselben Funktionen zugeschrieben werden. Sie richteten sich auf denselben Gegenstand nur in je verschiedener Betrachtungsweise, da sich die Dauerstraftat auf den Zeitablauf, die Beendigung auf den Schlußzeitpunkt beziehe. Gehe man von dem Begriff der Dauerstraftat aus, so falle die Beendigung auf das Ende der Tatbestandsverwirklichung.

In diesem entscheidenden Ergebnis stimmt die Konzeption *Hruschkas* mit der hier entwickelten überein, denn es ist die Grundlage aller möglichen Deliktfortführungen, daß es sich um weitere Tatbestandsverwirklichungen handeln muß. Zu kurz kommen jedoch bei *Hruschka* die verschiedenen Möglichkeiten der Fortführung einer Straftat über die Vollendung hinaus, denn von einer weiteren Tatbestandsverwirklichung kann auch dann gesprochen werden, wenn ohne weiteres Tun oder Unterlassen des Täters die Tat durch objektives Geschehen zu weiteren tatbestandsmäßigen Erfolgen führt. Es könnte allerdings sein, daß *Hruschka* eine solche Tatfortführung auch unter seinen Begriff der diskontinuierlichen Dauerstraftat bringen wollte, da er ihr ja andere Funktionen zuschreibt als der kontinuierlichen. Deutlicher ist aber die hier vorgenommene Unterscheidung von Verhaltens- und Erfolgsbeendigung, denn sie führt direkt zu der bei jedem mit der Beendigung zusammenhängenden Problem entscheidenden Frage, ob dieses Institut eine Berücksichtigung des Aktunwertes fordert (nur dann ist auf die Verhaltensbeendigung abzustellen), oder ob die Beachtung des Erfolgsunwertes ausreicht.

Auch untersucht *Hruschka* nicht das Problem der Typizität der Tatfortführung, das insbesondere bei der Fortführung durch Unterlassen Schwierigkeiten bereitet, das aber gelöst werden müßte, da strafrechtliches Unrecht typisiertes Unrecht ist.

Für die hier vorgetragene Konzeption spricht auch der praktische Gesichtspunkt, daß sowohl Rechtsprechung als auch Schrifttum gewohnt sind, die im folgenden zu erörternden Probleme mit dem Beendigungsbegriff zu lösen. Diese Lösungen bedürfen dann nur insofern der Korrektur, als jeweils hinzugefügt werden muß, ob die Beendigung durch Tun und Unterlassen, oder der Eintritt des letzten tatbestandsmäßigen Erfolges gemeint ist. Der Begriff der Dauerstraftat hat zwar für sich, daß gerade bei Dauerdelikten die Unterscheidung von Vollendung und Beendigung entwickelt wurde und anerkannt ist, doch ist der Begriff sonst identisch gemeint mit dem Begriff Dauerdelikt. Soll er jetzt davon unterschieden werden, so sind zumindest terminologische Schwierigkeiten zu erwarten.

Nicht einzusehen ist, warum der herkömmliche Begriff des Dauerdelikts nicht neben einer Beendigungslehre beibehalten werden kann (205/6), denn das Dauerdelikt ist eben das Delikt, bei dem die mit der Herbeiführung des rechtswidrigen Zustands vollendete Straftat und der sich daran anschließende Zustand vom jeweiligen Delikt mitbewertet werden, so daß die Beendigung i. d. R. erst mit der Beseitigung dieses Zustands erfolgt.

Schließlich könnte auch der Begriff der Dauerstraftat in die Gefahr kommen, wie der Begriff des Dauerdelikts unbesehen und ohne weitere Begründung immer dann verwendet zu werden, wenn die Verlängerung des Delikts über die Vollendung hinaus gewünscht wird. Dieser Gefahr ist zwar auch der Beendigungsbegriff der herrschenden Lehre erlegen, sie scheint jedoch durch die Unterscheidung von Verhaltens- und Erfolgsbeendigung gebannt, da bei der Anwendung dieser Begriffe schon durch deren Fassung immer darauf verwiesen wird zu prüfen, ob das tatbestandsmäßige Verhalten durch den Täter fortgesetzt wird, oder ob wenigstens noch weitere tatbestandsmäßige Erfolge eintreten, die auf sein Verhalten zurückgeführt werden können.

Viertes Kapitel

Die Begriffe der Verhaltens- und Erfolgsbeendigung in ihrer Anwendung

I. Die Verhaltens- oder die Erfolgsbeendigung als Abgrenzungskriterium von Teilnahme und den Anschlußdelikten

1. Der späteste Zeitpunkt der Beihilfe

In fast allen Lehrbüchern und Kommentaren erhält man auf die Frage, bis zu welchem Zeitpunkt ein Gehilfe seinen Teilnehmerbeitrag zur Haupttat spätestens beisteuern muß, dieselbe Antwort: entscheidend sei nicht die erste tatbestandsmäßige Vollendung, sondern die Beendigung der Straftat[1]. Dabei gehen die Autoren zwar nicht von einem klar festgelegten, für alle gleichen Beendigungsbegriff aus, aber sie halten sich durchweg im Rahmen der Theorie der endgültigen Rechtsgutsverletzung und der Theorie der Absichtsverwirklichung, wobei die letztere bezüglich der Delikte, bei denen die im Tatbestand vorausgesetzte Absicht in Richtung auf das vom betreffenden Tatbestand geschützte Rechtsgut weist, als eine Spielart der ersteren zu verstehen ist[2].

Die Rechtsprechung des Reichsgerichts und des Bundesgerichtshofes lassen ebenfalls Beihilfe bis zur Beendigung zu, wobei jedoch der Beendigungszeitpunkt vom BGH weiter hinausgeschoben wurde als vom RG, das an der Forderung weiterer Tatbestandsverwirklichung festhielt[3]. Das Kriterium für den BGH bildet die natürliche Anschauung, was einerseits zu einer Übereinstimmung mit dem Rechtsgefühl führt, andererseits auch nahezu zu denselben Ergebnissen, wie sie von der Theorie der endgültigen Rechtsgutsverletzung erzielt werden. Die theoretische Auseinandersetzung widmet sich dieser Theorie deshalb,

---

[1] *Jescheck*, 460, *Baumann*, 527, *Maurach*, AT, 568/9, *Schönke - Schröder*, § 49, 8, *Jagusch*, LK, 43, 1 e, *Lackner*, § 49, 3, *Dreher*, § 49, 1 A, *Schmidhäuser*, 456, *Mezger - Blei*, AT, 293, *Mayer*, AT, 162, *Wessels*, 96. Vgl. auch aus der sonstigen Literatur *Gelbert*, DStR 43, 6, *Stratenwerth*, JZ 61, 97, *Winkler*, 123 f.

[2] Vgl. dazu im 1. Hauptteil die gleichlautenden Kapitel.

[3] Vgl. hierzu und zum folgenden ebenfalls den 1. Hauptteil, insbesondere das Kapitel zur ‚natürlichen Anschauung'.

weil sie ein nachprüfbares Kriterium für die Beendigung angibt; die Ergebnisse der Rechtsprechung werden nur an den behandelten Einzelfällen erörtert und kritisiert.

Die Verwendung des rechtsgutsbezogenen Beendigungsbegriffs für die Festlegung des spätesten Zeitpunkts der Beihilfe führt auch für den Gehilfen zu einer starken Erfolgsorientierung. Damit ist nicht der Charakter des Gehilfenbeitrags selbst gemeint, denn der entspricht ohnehin auf Grund der weiten Fassung des § 49 StGB und der daran anknüpfenden Auslegung dem eines reinen Erfolgsdeliktes[4]. Vielmehr macht man den nach der Vollendung Hinzutretenden zu einem Gehilfen an einem reinen Erfolgsdelikt, wenn man für die Phase zwischen Beendigung und Vollendung die weitere Beeinträchtigung des vom jeweiligen Tatbestand geschützten Rechtsguts als Haupttat genügen läßt.

Demgegenüber ist im 1. Hauptteil versucht worden, von der alleinigen Erfolgsorientierung, die durch das Kriterium der endgültigen Rechtsgutsverletzung bewirkt wird, wegzukommen, hin zu einer Betrachtungsweise, die dem strafrechtlichen Unrecht angemessener erscheint. Denn ob solches Unrecht noch nach der Vollendung der Straftaten vorliegt, ist für den letzten Zeitpunkt der Beihilfemöglichkeit entscheidend, die ja durch § 49 StGB als Hilfeleistung zu einer „mit Strafe bedrohten Handlung“ gekennzeichnet wird[5].

a) Beihilfe zu einem gesetzlich typisierten Verhalten

Der Gehilfe muß in einer bestimmten fördernden Beziehung[6] zum strafbaren Verhalten des Haupttäters stehen, und dieses strafbare Verhalten ist bei den meisten Straftatbeständen des Besonderen Teils auch bezüglich der Handlungsmodalitäten gesetzlich typisiert. Demgemäß

---

[4] *Gallas*, Beiträge, 17/18: Beihilfe sei in ihrer Begehungsweise nicht näher differenziert; vgl. *Rudolphi*, 63: reines Erfolgsdelikt, da durch jede kausale Mitwirkung zu verwirklichen, ebenso *Welp*, 19, Fn. 24, vgl. *Gallas*, Nied., 12, 80.

[5] *Isenbeck*, NJW 65, 2329, beruft sich auf den „klaren Wortlaut“ des § 49, um den BGH zu kritisieren, der auch den noch zum Diebesgehilfen mache, „der dem Dieb lediglich hilft, die bereits entwendete Beute unmittelbar anschließend an den Diebstahl aus dem ungesicherten Versteck an einen sicheren Platz zu schaffen oder mit ihr zu flüchten“. Vgl. *Mezger*, LK, § 49, 3: Sowohl begrifflich wie nach dem Wortlaut des § 49, ..., ist die notwendige Voraussetzung, daß die Straftat noch nicht vollendet ist.

[6] Dies bedeutet keinen Verzicht auf Kausalität, vgl. *Class*, *Stock*-Fs., 121 ff., der von Zufluß- und Verstärkerklausalität spricht. *Schaffstein*, *Honig*-Fs., 174, wirft *Class* Unbestimmbarkeit und Verworrenheit vor; er selbst will das unhaltbare Kausalitätsdogma durch die objektive Zurechnung ersetzen und gibt als Kriterium für eine vollendete Beihilfe die Risikoerhöhung an; so auch *Roxin*, *Honig*-Fs., 137.

stellte Gallas[7] 1937 in einer Anmerkung zu einer Reichsgerichts-Entscheidung, die eine Beihilfe zu einer Brandstiftung nach dem Inbrandsetzen als möglich ansah, die These auf: „Beihilfe ist Teilnahme an einer strafbaren Handlung, d. h. an einem gesetzlich typisierten Verhalten", und wandte sich damit gegen eine einseitige Erfolgsorientierung durch das Rechtsgutsdenken: „nicht aber eine beliebige Beteiligung an der Verletzung (oder Gefährdung) des durch die betreffende Strafnorm geschützten Interesses."

Diesen Standpunkt hat Isenbeck zur Beihilfefrage innerhalb der Beendigungsproblematik jüngst wieder vertreten: Nicht nur der klare Wortlaut des § 49 StGB, sondern auch der „innere Sinn der Strafbarkeit der Beihilfe" erfordere es, daß „der Gehilfe durch seinen Beitrag das vom Strafgesetz mißbilligte Verhalten des Haupttäters fördert"[8]. Erfolgt die Fortsetzung der Haupttat nach der Vollendung nicht mehr in tatbestandstypischer Weise, ist sie nur noch als weitere Rechtsgutsverletzung zu fassen, so scheidet Beihilfe nach Isenbeck aus: „Wer den Täter erst bei einem nicht mehr tatbestandsmäßigen Verhalten unterstützt, verursacht die Tat nicht mehr." Nach Baumann ist Beihilfe zwar noch nach der Vollendung, „aber nur bis Beendigung der Tatbestandsausführungshandlung möglich"[9].

Unter tatbestandsmäßigem Verhalten, unter tatbestandsmäßiger Tat kann nun aber bei der Teilnahmeregelung nichts anderes verstanden werden, „als was mit den Tatbeschreibungen der gesetzlichen Tatbestände jeweils gemeint ist"[10]. Damit käme etwa eine Beihilfe zum Dieb-

---

[7] *Gallas,* ZAKDR 37, 438/9, dort weiter: „Wer nach Abschluß der tatbestandsmäßigen Handlung des Haupttäters die Beeinträchtigung des geschützten Interesses fördert, ist daher grundsätzlich nicht Gehilfe." Das RG überspanne den Gesichtspunkt der Interesseverletzung und verkenne die Bedeutung der Begehungsweise.

[8] *Isenbeck,* NJW 65, 2328; vgl. *Furtner,* MDR 65, 432 und JR 66, 169, der auch, vom gesetzlichen Tatbestand ausgehend, eine weitere Tatbestandsverwirklichung nach der Vollendung fordert. Er erkennt deshalb bei der BGH Rspr.: „die Gefahr, daß die vom Gesetz für die strafbare Teilnahme gezogenen Grenzen überschritten werden, also jemand als Teilnehmer bestraft wird, obwohl z. Zt. seines Hinzutritts eine weitere Erfüllung eines Tatbestandsmerkmals nicht mehr in Betracht kommen konnte." Vgl. *Hruschka,* GA 68, 205, Fn. 43, der auch auf weiterer Tatbestandsverwirklichung besteht. Als weiteres Argument bietet er einen Umkehrschluß aus der nur vereinzelten Aufnahme von Anschlußtatbeständen ins StGB an. Dieses formale Argument erübrigt aber nicht die Untersuchung des Problems. Vgl. *Sax, Nottarp*-Fs., 137, Fn. 11: „Jede Form der Beteiligung vollzieht sich an mitmenschlichem Verhalten."

[9] *Baumann,* JuS 63, 54, vgl. auch *Armin Kaufmann,* 190, der die Beihilfe zum Unterlassen deshalb ablehnt, weil es keine Tathandlung gebe, die faktisch zu unterstützen wäre.

[10] *Gallas,* Beiträge, 22, auch der Gesetzgeber sei an diese Konsequenz gebunden; zustimmend zitiert auch von *Welzel, Grünhut*-Gedenkgabe, 179.

stahl nur bis zum Abschluß der Wegnahmehandlung in Betracht, und die Unterstützung des unmittelbar nach der Wegnahme fliehenden Diebes könnte allenfalls unter § 257 StGB subsumiert werden, denn der Haupttäter nimmt nicht mehr weg, wenn er seine Beute in Sicherheit bringt.

b) Beihilfe bis zum Eintritt des letzten tatbestandsmäßigen Erfolges

Mit dieser Gegenüberstellung ist jedoch die Problematik des letzten Beihilfezeitpunktes noch nicht so ausgeschöpft, daß man sich nur noch für eine der beiden Lösungen zu entscheiden brauchte. Das zeigt schon ein Blick auf die sogenannten Erfolgsdelikte, Delikte, bei denen ein von der Handlung ablösbarer „Außenerfolg"[11] noch zum Tatbestand gehört. Dieser Erfolg braucht nun nicht unmittelbar nach dem aktiven Verhalten des Täters einzutreten, sondern es kann sich eine Unterlassungsphase oder eine Phase reinen Kausalverlaufs auf den Erfolg hin dazwischen schieben[12]. Sein Eintritt kann deshalb unterstützt werden, auch wenn der Täter die eigentliche Tatbestandsausführungshandlung abgeschlossen hat; etwa wenn der Betrüger B nach der Täuschung des Opfers einen Dritten damit beauftragt, das erschwindelte Geld vom Betrogenen abzuholen, wobei der Dritte nur bei der Vermögensschädigung hilft.

Der Begriff ‚Erfolgsdelikt' besagt jedoch nichts über die Anzahl der Erfolge, die noch zur Deliktsbegehung gehören. Es kommt freilich nicht irgend ein Erfolg in Frage, der Erfolg muß vielmehr der tatbestandsmäßige sein, jedoch, um zur Beendigungsproblematik vorzustoßen, nicht unbedingt der erste tatbestandsmäßige, bei dessen Eintritt das Delikt vollendet ist, sondern der letzte noch tatbestandsmäßige, der vom

---

[11] *Mayer*, AT, 44: „Man versteht unter Erfolg nur dasjenige Ereignis, das jenseits dieser Tätigkeit liegt."

[12] Vgl. dazu das letzte Kapitel des 1. Hauptteils. — Bezüglich der Beihilfe in dieser Phase vgl. *Kielwein*, GA 55, 226, der allerdings zwei konkurrierende Unterlassungen untersucht, eine Konkurrenz, die auch beim Begehungsdelikt als Haupttat möglich sei, „dann nämlich, wenn sich bei ihnen zwischen das positive Tun des Täters und den Erfolgseintritt ein Zeitabschnitt einschiebt, während dessen Ablauf der zunächst aktiv gewesene Täter das weitere Geschehen noch beherrscht, aber trotz der Möglichkeit des Anders-Handeln-Könnens es unterläßt, den durch sein positives Tun in Gang gesetzten Kausalverlauf abzubrechen". Daß diese Möglichkeit auch fehlen kann, der geplante Erfolg aber dennoch eintritt, liegt auf der Hand. Vgl. zu dieser Phase beim Erfolgsdelikt *Gallas*, JZ 52, 372: „Anders liegt dagegen der hier interessierende Fall, daß der Dritte, den Todeserfolg fördernd, in den Kausalverlauf zu einem Zeitpunkt eingreift, in dem der Selbstmörder die Tötungshandlung abgeschlossen hat, der Erfolg aber noch nicht eingetreten ist." Vgl. auch *Gelbert*, DStR 43, 6: möglich sei, daß die Beihilfehandlung der Täterhandlung nachfolge, jedoch vor Erfolgseintritt einsetze.

Täter verursacht und eingeplant war[13]. Dies ist anschaulich bei den Dauerdelikten mit ihren perpetuierlichen Erfolgen zu sehen, bei denen bis zum letzten Erfolgseintritt noch geholfen werden kann, da solange das Delikt und damit die Haupttat noch andauert[14].

Bestimmt man wie Gallas[15] die Beihilfe als „Teilnahme an einem gesetzlich typisierten Verhalten", oder wie Isenbeck[16] als Unterstützung „tatbestandsmäßigen Verhaltens", so ist damit noch nicht entschieden, ob nicht auch der Eintritt des im Tatbestand typisierten Erfolges noch zu diesem Verhalten gehört[17]. Gallas[18] hat dies auch sogleich gesehen: „Eine andere Frage ist es, ob im Bereich der sog. Erfolgsdelikte (§§ 211, 212 StGB) zur tatbestandsmäßigen Handlung auch der Erfolg gehört, Beihilfe also zwischen Abschluß der Tätigkeit und Erfolgseintritt noch möglich ist[19]." Auch Sax[20] hält eine Beihilfe in diesem Zeitraum „unter Umständen" für möglich, wobei freilich offenbleibt, unter welchen. Nach Stratenwerth[21] ist es schon immer zweifelhaft gewesen, „ob Beihilfe auch dann noch geleistet werden kann, wenn der Täter seine Tätigkeit abgeschlossen hat und nur der Erfolg noch aussteht[22].

---

[13] Vgl. *Winkler*, 125: Da Handlung im Sinne § 49 StGB Tätigkeit und Erfolg umfasse, könne auch noch Beihilfe bis zum Erfolgseintritt begangen werden: „Diese für das vollendete Delikt geltende Regel kann unbedenklich auch auf die Beendigung übertragen werden, da es keinen Unterschied machen darf, ob der tatbestandliche Erfolg auf einmal oder sukzessiv eintritt."

[14] *Maurach*, AT, 569: „Hier endet die Möglichkeit der Beihilfe nicht schon mit der tatbestandsmäßigen Vollendung, sondern erst mit der tatsächlichen Beendigung." Vgl. zur Freiheitsberaubung *Welzel*, 111. Aus der Rechtsprechung vgl. RGSt. 38, 417, BGHSt. 14, 281, BGHSt. 19, 325.

[15] *Gallas*, ZAKDR 1937, 438/9.

[16] *Isenbeck*, NJW 65, 2328.

[17] Vgl. etwa *Mayer*, AT, 44: „Bei den sog. Erfolgsverbrechen gilt der tatbestandsmäßige Erfolg als Teil der Handlung." Vgl. *Mezger*, LK, § 49, 3: Denn bis zum Eintritt des Erfolges wird die Straftat begangen.

[18] *Gallas*, ZAKDR 1937, 438/9.

[19] Vgl. auch *Furtner*, MDR 65, 432, der eine Beihilfe bis zur Beendigung auch dann für möglich hält, „wenn der Täter seine Tätigkeit bereits abgeschlossen hat und nur noch der Erfolg aussteht". Bei *Isenbeck*, NJW 65, 2327 ff., taucht dieses Problem deshalb nicht auf, weil er sich auf die Beendigung von Raub und Diebstahl beschränkt und diese mit der letzten Wegnahme enden läßt. Damit fallen aber tatbestandsmäßiges Verhalten in seinem letzten Akt und Erfolgseintritt zusammen. Vgl. *Gallas*, JZ 52, 372.

[20] *Sax*, *Nottarp*-Fs., 136 Anm. 10, nach dem u. U. der noch Gehilfe ist, der „nach Tatbeginn hinzutritt und einen Teil des Geschehensablaufs unterstützt, der zwar strafrechtlich erheblich, aber nicht isoliert für sich strafbar ist". Als Beispiel gibt Sax die Unterstützung eines Betrügers nach Abschluß der Täuschung an.

[21] *Stratenwerth*, JZ 61, 97, als einzigen Zeugen für die Verneinung dieser Möglichkeit nennt er *Allfeld*, AT, 228, Fn. 18, der noch dazu auf dem Boden einer älteren Teilnahmelehre stehe.

[22] Eindeutig dafür *Gelbert*, DStR 43, 6: es sei gleichgültig, ob einzelne

Dieses Problem kann nicht dadurch gelöst werden, daß man einer in diesem Zeitraum geleisteten Unterstützung die Kausalität für die vom Täter begangene Straftat abspricht. Zwar hat der Haupttäter den Kausalverlauf so angestoßen, daß er auch ohne den Hinzutretenden zum geplanten Erfolg führen würde, aber für die Kausalität des Gehilfen ist ja immer eine „Zufluß- oder Verstärkerkausalität ausreichend, und die kann im Hinblick auf die Erfolgsverwirklichung“[23] geleistet werden.

Ist man mit Roxin und Schaffstein[24] der Meinung, daß das unhaltbare Kausalitätsdogma durch das objektive Zurechnungskriterium der Risikoerhöhung ersetzt werden sollte, so kommt man zu dem Problem, ob diese Chancenerhöhung sich auf das Verhalten des Täters oder den Erfolgseintritt zu beziehen habe.

aa) Die Bedeutung der Tatherrschaft

Die alte Frage, ob auch noch ein Gehilfenbeitrag nach dem Abschluß des Verhaltens des Haupttäters angenommen werden kann, gewinnt gerade für die in der Literatur herrschende Teilnahmelehre[25], die die Tatherrschaft zum entscheidenden Abgrenzungskriterium zwischen Täterschaft und Teilnahme erhebt, von neuem an Bedeutung. Mit Stratenwerth[26] kann man die Frage so modifizieren: „Beschränkt sich nicht die Tatherrschaft auf das Verhalten, so daß derjenige, der nach Abschluß dieses Verhaltens zur Erfolgsherbeiführung beiträgt, nicht mehr an fremder Tat teilnehmen, sondern nur selbst Täter sein kann?“

Geht etwa der Brandstifter, der ein Gehöft (Haus und Stall) in Asche legen will, schon zu dem Zeitpunkt vom Tatort weg, als das Haus richtig brennt, so fällt einem zufällig Hinzukommenden, der das Feuer mittels Benzin so verstärkt, daß es gleich auf den Stall überspringt, zumindest bezüglich des Stallbrandes die faktische Tatherrschaft zu. Es bereitet in diesem Fall auch keine Schwierigkeiten, daß § 306 StGB mit dem Inbrandsetzen[27] die Tat als vollendet ansieht, denn der Hinzutretende hat ja den Stall unter Ausnutzung des brennenden Hauses sowie des

---

Tatbestandshandlungen vom Täter schon vorgenommen waren; *Mezger*, LK, § 49, 3: auch nach Abschluß der körperlichen Tätigkeit des Haupttäters.

[23] *Class*, *Stock*-Fs., 125/6.

[24] *Roxin*, *Honig*-Fs., 137, *Schaffstein*, *Honig*-Fs., 170 ff.

[25] Vgl. *Jescheck*, 434, *Gallas*, Mat., Band I, 128, *Maurach*, AT, 529, *Welzel*, 96, *Lackner*, § 47, Vorb. 2 b.

[26] *Stratenwerth*, JZ 61, 97.

[27] Auch wenn es sich nur um ein Gebäude handelte, sollte nach *Stratenwerth*, JZ 61, 97 der § 306 StGB nicht so eng interpretiert werden, daß ein das Feuer Verstärkender nicht mehr als Gehilfe erfaßt werden könnte. In dieser Richtung auch *Furtner*, JR 66, 170; vgl. *Jescheck*, 460, RGSt. 71, 144, OGHSt. 3, 3.

Benzins in Brand gesetzt[28]. Dies gilt auch dann, wenn nach der aktiven Tätigkeit des Haupttäters eine Unterlassungsphase einsetzt, denn die dann dem Täter mögliche Erfolgsabwendung ergibt nur eine „potentielle Tatherrschaft“[29], die dem Hinzutretenden nicht den „Zugang zur Tatherrschaft verstellen“ kann.

Die Annahme von Täterschaft in solchen Fällen wird aber oft daran scheitern, daß dem Hinzutretenden subjektiv — oder objektiv — täterschaftliche Merkmale fehlen, oder daran, daß er nicht den ganzen Tatbestand verwirklicht[30]. Deshalb muß trotz der Möglichkeit, den Hinzutretenden als Täter zu bestrafen, weiter untersucht werden, ob denn Beihilfe in diesem Stadium notwendig daran scheitert, daß die Tatherrschaft des Haupttäters mit dem Abschluß seines Verhaltens endet. Diese Problemlage erfordert jedoch ein Eingehen auf den Begriff der Tatherrschaft.

Die Tatherrschaft soll angesichts der Unmöglichkeit, Täterschaft und Teilnahme entweder nur subjektiv oder bloß formal/objektiv abzugrenzen[31], auch das geeignete Kriterium dafür abgeben, wann eine Selbstbegehung, und wann eine bloße Förderung der Tat vorliegt. Ohne dabei auf alle Schattierungen, die diesem Begriff anhaften[32], einzugehen, kann als sicherer Ausgangspunkt der Fall angenommen werden, daß jemand vorsätzlich und schuldhaft eine tatbestandsmäßige Handlung selbst ausführt. Hier ist zweifellos Tatherrschaft gegeben, denn „die Tat erscheint damit als das Werk eines das Geschehen steuernden Willens“[33].

Die Tatherrschaft ist hier ganz „handgreiflich“, der Täter nimmt das Geschehen selbst in die Hand und schließt damit andere von entscheidender Einwirkung auf den Geschehensablauf aus. Diese „tatsächliche Macht über den sich abrollenden Geschehensablauf“, die die Tatherrschaft beim Begehungsdelikt kennzeichnet[34], kann aber selbst bei diesem unmittelbar nach der beendeten Versuchshandlung verloren

---

[28] *Stratenwerth*, JZ 61, 97: im einzelnen sei es oft schwierig zu entscheiden, ob ein Täter oder Gehilfe hinzutrete, „denn da der Täter eben in den Geschehensablauf nicht mehr eingreift, scheint dem Dritten jedenfalls de facto die Tatherrschaft zuzufallen“. So auch *Winkler*, 128. Vgl. auch *Gallas*, JZ 52, 372: Die Tatherrschaft gehe auf den Dritten über, wenn der Selbstmörder die Tötungshandlung abgeschlossen habe; vgl. aber auch *Gallas*, JZ 60, 688.

[29] *Welp*, 332, Fn. 45, der sich dabei auf *Grünwald*, GA 59, 123 beruft.

[30] So auch *Stratenwerth*, JZ 61, 97, vgl. *Gallas*, JZ 60, 687 zur Beihilfe durch Unterlassen, wo Täterschaft ausscheidet, z. B. bei eigenhändigen Delikten, bei Delikten, die eine persönliche Qualifikation oder eine spezifische Absicht erfordern. — Oder wie der Betrügerfreund, der nur noch bei Schädigung des Opfers hilft.

[31] *Gallas*, JZ 60, 650, *Jescheck*, 434.

[32] Vgl. dazu *Roxin*, 60 ff.

[33] *Jescheck*, 434, *Gallas*, Mat., Band I, 128.

[34] *Stree*, GA 63, 8.

gehen: „Wird die aktive Beihilfe zu einer Begehungstat geleistet, die sich im Augenblick der Teilnahmehandlung bereits in ihrer Unterlassungsphase befindet, so stellt sich das Problem der Beihilfe zum Unterlassen[35]."

Die Möglichkeit einer solchen Beihilfe wird von der herrschenden Meinung[36] bejaht, wenn auch meist einschränkend hinzugesetzt wird, daß dabei wohl nur an Fälle psychischer Beihilfe zu denken sei[37]. Ist die Tatherrschaft nun das Kriterium der Abgrenzung von Täterschaft und Beihilfe, so muß sie auch dem zugesprochen werden, der nach seinem aktiven, tatbestandsmäßigen Verhalten nur noch die Abwendung des tatbestandsmäßigen Erfolges unterläßt. Im Gegensatz zur tatsächlichen[38], faktischen[39] Tatherrschaft des Handelnden wird hier von „potentieller Tatherrschaft"[40] gesprochen.

Sie ist dadurch gekennzeichnet, daß der vormals aktive Täter jetzt noch die Möglichkeit hat, den durch seine Aktivität in Gang gesetzten Kausalverlauf noch vor Eintritt des Erfolges aufzuhalten und damit den drohenden Schaden abzuwenden. Der Täter hat es auch hier noch in der Hand, ob das Schadensereignis, der Erfolg, eintritt oder ausbleibt[41], wobei auch hier wieder die Erfolge, die noch nach dem ersten tatbestandsmäßigen Erfolg eintreten, noch zu berücksichtigen sind. Die Tat, zusammengesetzt aus aktiven und passiven Komponenten, erscheint damit als das „Werk eines das Geschehen steuernden Willens", auch wenn der Steuerungswille sich zunächst durch aktives Handeln verwirklicht und dann nur noch darauf achtet, daß der beabsichtigte Erfolg auch ungehindert eintritt[42].

---

[35] *Welp*, 331, Fn. 40, vgl. auch *Kielwein*, GA 55, 226 zu dieser Phase.

[36] *Jescheck*, 426, *Kielwein*, GA 55, 232, *Stree*, GA 63, 14, a. A. *Armin Kaufmann*, 190 ff., *Welzel*, 206/7.

[37] Vgl. *Roxin*, 525, *Schönke - Schröder*, Vorb. 103 vor § 47; *Schmidhäuser*, 570 lehnt sogar die Annahme von psychischer Beihilfe zum Unterlassen ab, da wohl meist Anstiftung anzunehmen sei. So auch *Welzel*, 206.

[38] *Gallas*, JZ 52, 372: „Tatsächliche Einflußnahme", JZ 60, 650: „Tatsächliche Herrschaft".

[39] *Stree*, GA 63, 8, auch *Gallas*, JZ 60, 650.

[40] *Stree*, GA 63, 8 mit klaren Begriffen. Nach *Gallas*, JZ 52, 372 gehört die Möglichkeit, in den Geschehensablauf hindernd einzugreifen, also die potentielle Tatherrschaft, schon zum Begriff der Begehung durch Unterlassen. Vgl. *Gallas*, JZ 60, 650: Das Wesen der unechten Unterlassung liege „in der pflichtwidrigen Nichtausübung einer an-sich möglichen, nicht dagegen in der Ausübung einer tatsächlichen Herrschaft über das zum strafbaren Erfolg führende Geschehen". Vgl. auch S. 51, Fn. 12 a: „potentielle Sachherrschaft", vgl. S. 686, Fn. 56. Vgl. *Welp*, 332, Fn. 45, *Grünwald*, JZ 59, 111.

[41] *Kielwein*, GA 55, 226, *Stree*, GA 63, 8.

[42] *Gallas*, Beiträge, 13. Tatherrschaft als „Beziehung des Handelnden zu einem Geschehensablauf und dessen Erfolg, die den Gesamtvorgang als ‚seine' Tat, den Erfolg als sein ‚Werk' erscheinen läßt". Ein unmittelbares Zugreifen bis zum Erfolg sei nicht vorausgesetzt.

Man wird also den Begriff der Tatherrschaft nicht so eng fassen dürfen, daß er ein aktives körperliches Verhalten vom Täter fordert[43]. Es muß ausreichen, daß der ursprünglich aktiv Handelnde noch die Möglichkeit hat, den geplanten Erfolg abzuwenden, also noch potentielle Tatherrschaft hat. Wenn der A, nachdem er den B eingesperrt hat, nichts mehr tut, sondern nur noch dessen Freilassung unterläßt, so kann G, der ab und zu die Schlösser und Gitter überprüft, noch Gehilfe der Freiheitsberaubung sein.

Ist aber wenigstens dies erforderlich? Oder kommt es auf die Abwendungsmöglichkeit des Haupttäters gar nicht an, wenn es darum geht, festzustellen, ob ein nach dem Verlust der Abwendungsmöglichkeit Hinzutretender, der den Erfolg unterstützt, noch Gehilfe sein kann? Oder anders gefragt: Ist faktische oder potentielle Tatherrschaft des Haupttäters nötig, um einen Hinzutretenden als Gehilfen bezeichnen zu können? Oder gibt es gar noch eine dritte Form von Tatherrschaft, und wie ist diese dann zu beschreiben?

Um einen eindeutigen Fall des Auseinanderfalls von Vollendung und Beendigung als Beispiel zu haben, sei wieder an das Dauerdelikt der Freiheitsberaubung gedacht: A hat seinen Feind B im Keller eingesperrt und möchte ihn einige Wochen schmoren lassen. Wie § 239 Abs. 2 StGB erkennen läßt, setzt sich hier die mit der Einsperrung vollendete Straftat unrechtsverstärkend fort; und zwar unterläßt es A, dem B die Freiheit wiederzugeben. Ist es nun für eine etwaige Gehilfenschaft eines Freundes des A, der diesem durch gelegentliches Überprüfen der Schlösser helfen will, entscheidend, ob der A selbst noch eine Erfolgsabwendungsmöglichkeit hat, und somit noch unterläßt? Wäre der Freund dann nicht Gehilfe, wenn der A etwa für eine Woche in Urlaub ginge und damit seine Abwendungsmöglichkeit verloren hätte[44]?

Es scheint damit die Problematik der Teilnahme an unvorsätzlicher Haupttat berührt zu sein, denn der Täter steuert und kontrolliert die Tat eben in dieser Zeitspanne, wo ihm selbst die Erfolgsabwendungsmöglichkeit fehlt, nicht mehr. Die Konsequenz dieses Fehlens der Finalität wäre schon begrifflich der Ausschluß von strafbarer Teilnahme,

---

[43] Vgl. *Stratenwerth*, JZ 61, 97: Tatherrschaft sei nicht auf das körperliche Verhalten des Täters zu beschränken, beziehe sich vielmehr auf den Geschehensablauf im ganzen.

[44] Vgl. *Stree*, GA 63, 8: „Wer einem anderen eine Schachtel vergifteter Pralinen mit Tötungsvorsatz zusendet und unmittelbar nach Aufgabe des Paketes infolge eines Unfalls mehrere Tage besinnungslos ist, hat seinen tatmächtigen Vorsatz nicht bis zum tödlichen Erfolg durchhalten können, ... Dennoch wird sein Handeln mit dem Erfolgseintritt zu einer vollendeten Vorsatztat mit der Möglichkeit der Teilnahme hieran." Das Durchhalten des Vorsatzes ist danach kein Kriterium für die Tatherrschaft.

da eine tatbestandsmäßige Haupttat nicht mehr vorläge[45]. Nun hat es aber für die Strafbarkeit des Haupttäters keinen Einfluß, ob er nach Abschluß seiner tatbestandsmäßigen Aktivität seinen Vorsatz deshalb nicht mehr durchhalten kann, weil er beispielsweise in Ohnmacht fällt. Denn wie § 46 Abs. 2 StGB zeigt, verschafft ihm nur die freiwillige Abwendung des Erfolges Straflosigkeit: „Wenn aber selbst der freiwillige erfolglose Rücktritt die Strafbarkeit nicht aufhebt, so kann auch dem zufälligen Verlust der Chance, diesem Entschluß allererst zu fassen, keine andere Bedeutung zukommen[46]."

Liegt eine strafbare Tat also bis zum Eintritt des geplanten Erfolges vor, so kann dann noch eine Haupttat angenommen werden, zu der Hilfe geleistet werden kann, wenn auch für die Tatherrschaft das Durchhalten des Vorsatzes kein notwendiges Kriterium ist[47]. Die Annahme von Tatherrschaft scheint sogar berechtigt, wenn man sich klar macht, daß die Tat ja vom Täter aktiv auf einen bestimmten Erfolg hin angefangen wurde, der dann auch eintritt[48]. Auf diesen Erfolg hin wurde der Kausalprozeß vom Täter gesteuert, nur daß der Täter die weitere Entwicklung nicht mehr überwachen konnte. Hielt sich aber die weitere Entwicklung im Rahmen des ursprünglichen Planes, so erscheint die Tat bis zum Erfolgseintritt als sein Werk.

Die mangelnde Überwachung seitens des Täters gibt nur einem Hinzutretenden die Chance, die weitere Entwicklung des tatbestandlichen Geschehens in eine andere Richtung zu lenken[49], womit er dann die Tat in die Hand nähme und damit zum Täter würde. Eine bloß fördernde Unterstützung der Tat erscheint dadurch aber nicht ausgeschlossen. Die Haupttat verläuft zwar „blind", aber sie wurde „von einem menschlichen Willen auf ein bestimmtes Ziel hin planvoll in Gang gesetzt"[50], und die Steuerung zeigt sich im Eintritt des beabsichtigten Erfolges ohne erhebliche Abweichung des Kausalverlaufs. Der Haupttäter hat der Tat einmal so ihr Gepräge gegeben, daß sie seine Tat bleibt, wenn sie von einem Hinzutretenden nicht übernommen, sondern nur gefördert wird.

---

[45] *Gallas*, Beiträge, 21.

[46] *Welp*, 328, der hieraus mit *Arzt*, GA 64, 6, folgert, daß das Anhalten des Vorsatzes bis zum Erfolgseintritt (*Welp*, 328, Fn. 29: bis zum Verlust der Abwendungsmöglichkeit) nicht erforderlich ist.

[47] *Stree*, GA 63, 8.

[48] *Welp*, 323, Fn. 7: der Erfolg trete hier in völliger Übereinstimmung mit den ursprünglichen Intentionen des Täters ein.

[49] Hier kann mit *Gallas*, Beiträge, 16, das Kriterium der erheblichen Abweichung vom Kausalverlauf dann angewendet werden, wenn der Kausalverlauf sich eben nicht in der geplanten Richtung weiterentwickelt. Vgl. *Welp*, 323, Fn. 7.

[50] So *Gallas*, Beiträge, 10.

Hat der B seinen Partner X getäuscht, und fällt er nun in Ohnmacht, nachdem er den wissenden G mit dem Abholen des Geldes von X beauftragt hat, so ist seine Erfolgsabwendungsmöglichkeit entfallen. Dennoch kann der G Gehilfe des Betruges sein, da er den tatbestandsmäßigen Erfolg, hier den Vermögensschaden des X, unterstützt hat[51]. Und dies gilt auch, wenn G den B erst nach der ersten tatbestandlichen Vollendung unterstützt, wenn etwa die Täuschung so angelegt war, daß der Vermögensschaden ratenweise eintrat.

bb) Der Strafgrund der Beihilfe

Obwohl der Haupttäter seinen Tatbeitrag durch Tun oder Unterlassen bereits abgeschlossen hat, werden ihm die weiteren tatbestandsmäßigen Erfolge noch angerechnet, wenn sie in geplanter Weise eintreten. Der Eintritt dieser Erfolge bzw. des Gesamterfolgs kann als ausstehender noch unterstützt werden, so daß eine Beihilfe auch in der Phase objektiven Geschehens, reinen Kausalverlaufes, dann noch angenommen werden kann, wenn es für § 49 StGB als ausreichend angesehen wird, daß der Gehilfe den Erfolg fördert. Das wird von der herrschenden Meinung[52] auch angenommen, und ist für die gegenwärtige gesetzliche Regelung[53] der Teilnahme auch die einzig mögliche Theorie; — zumindest was den Strafgrund der Beihilfe[54] betrifft.

Die Förderungs- oder Verursachungstheorie braucht dabei gar nicht gegen die ältere Schuldteilnahmetheorie[55] abgegrenzt zu werden, denn diese kommt zu demselben Ergebnis bezüglich des letzten Zeitpunktes einer Beihilfe; sie müßte sich nur gegen eine —freilich nirgends mehr

---

[51] Vgl. *Sax*, *Nottarp*-Fs., 137, Fn. 11: „der später hinzukommende Betrugsgehilfe fördert nicht einen zweiten, späteren Tatakt des Täters, sondern hilft die Außenwirkung von dessen erstem und einzigem Tatakt (Täuschung), nämlich die endgültige Selbstschädigung des Betrogenen, herbeizuführen."

[52] *Jescheck*, 456, *Maurach*, AT, 577, *Welzel*, 112, *Wessels*, 29, *Kohlrausch-Lange*, II 2 vor § 47.

[53] Vgl. *Jescheck*, 456, zu *Lüderssen*, Strafgrund der Teilnahme 168, 192, der von einem selbständigen Teilnahmeunrecht ausgeht und damit die Akzessorietät und die Ausrichtung der Teilnahme an den Tatbeständen des BT aufgibt. *Jescheck* zustimmend *Oehler*, JZ 70, 590; vgl. jedoch *Schmidhäuser*, 430, der als Strafgrund der Teilnahme die eigene Wertverfehlung des Teilnehmers angibt: der Teilnehmer nehme unerlaubt an fremder Tat teil. Für den spätesten Zeitpunkt der Beihilfe macht dies jedoch keinen Unterschied aus, vgl. S. 456.

[54] So gegen *Mayer*, Lb., 320, *Gallas*, Mat., Band I 147 und *Bockelmann*, Str. Unt., 390. Vgl. *Trechsel*, 107, 109: auch in der Erhöhung der objektiven Gefährlichkeit des Haupttäters liege kein besonderer Strafgrund der Beihilfe.

[55] *Mayer*, Lb., 320, 323: Beihilfe bis zur endgültigen Rechtsgutsverletzung möglich.

vertretene — Theorie abgrenzen, die als Beihilfe nur die Unterstützung der Ausführungshandlung gelten läßt. Zu dem Ergebnis der herrschenden Meinung kommen auch die Vertreter der Lehre von der objektiven Zurechnung[56], die eine solche Förderung immer dann annehmen, wenn „eine Erhöhung der Chancen für den Erfolg der Haupttat“, „eine Risikoerhöhung für das durch die Haupttat angegriffene Rechtsgut“ festgestellt werden kann[57].

Für das Problem des spätesten Zeitpunktes einer Beihilfe ist es also nicht entscheidend, ob sich der Täter nach der Vollendung der Straftat weiter deliktstypisch verhält (handelt oder unterläßt), oder ob sich nur der Kausalverlauf wie geplant in Richtung auf den letzten noch tatbestandsmäßigen Erfolg vorwärts bewegt. Ob dabei für den vorher aktiv handelnden Täter, der den Kausalverlauf zunächst ja in Gang gesetzt hat, noch eine Erfolgsabwendungsmöglichkeit besteht, erscheint gleichgültig für den Gehilfen.

Die Tatherrschaft des Haupttäters erstreckt sich „auf den von ihm gesteuerten Geschehensablauf im ganzen“[58]. Greift der nach der Vollendung Hinzutretende so in den Geschehensablauf ein, daß er ihn von nun an steuert, so ist er damit Täter[59]. Dies kann eher[60] dann angenommen werden, wenn der Täter nicht mehr aktiv handelt, noch wahrscheinlicher ist es, wenn dem Täter sogar die Abwendungsmöglichkeit für noch ausstehende Erfolge fehlt[61].

Dennoch erscheint diese Lösung nicht ganz befriedigend, weil sie den Gehilfen, der nur den noch ausstehenden Erfolg, die endgültige Rechtsgutsverletzung, unterstützt, möglicherweise aus einem Delikt bestraft, das die Höhe seiner Strafdrohung nicht wegen der Rechtsgutsverletzung, sondern wegen besonderer Tätermerkmale und Handlungsmodalitäten

[56] *Roxin, Honig*-Fs., 137, *Schaffstein, Honig*-Fs., 170.

[57] *Schaffstein, Honig*-Fs., 179.

[58] *Stratenwerth*, JZ 61, 97.

[59] Nach *Stratenwerth*, JZ 61, 97 kommt aber der Beihilfe zur materiellen Vollendung nur der Rang einer Auffangskonstruktion zu, die erst dann eingreift, wenn Täterschaft ausscheidet. Sie kann aber nur dann eingreifen, wenn zuvor die Möglichkeit von Beihilfe nach Verhaltensabschluß aufgezeigt wird. Vgl. *Gallas*, ZAKDR 1937, 438: „Wer nach Abschluß der tatbestandsmäßigen Handlung des Haupttäters die Beeinträchtigung des geschützten Interesse fördert, ist daher grundsätzlich nicht Gehilfe.“ Vgl. auch *Gallas*, Beiträge, 18.

[60] *Stratenwerth*, JZ 61, 97: im einzelnen blieben noch Schwierigkeiten, ob der Hinzutretende als Täter oder Gehilfe handle, wenn das Täterverhalten abgeschlossen sei.

[61] Dies hat auch für die Teilnahme durch Unterlassen zu gelten, bei der freilich zusätzlich das Problem der Unterscheidung von Täterschaft und Beihilfe auftaucht, da das Kriterium der Tatherrschaft hier versagt. Vgl. *Gallas*, JZ 60, 686/7, *Grünwald*, GA 59, 110 ff., *Schönke - Schröder*, 105 ff. vor § 47.

hat. Soweit es bei den einzelnen Deliktstypen um schuldbezogene Merkmale oder um die Typisierung geht[62], hilft weitgehend § 50 StGB. Jedoch werden dem Gehilfen unrechtssteigernde Akte des Täters oder Tatmodalitäten zugerechnet, obwohl sie bei seinem Hinzutritt bereits abgeschlossen vorlagen. Deshalb fordert Sax[63], daß der später hinzutretende Gehilfe nur noch aus der Strafnorm zu bestrafen ist, die von jetzt an noch verwirklicht wird. Er ist jedoch in den Fällen inkonsequent, in denen das jetzt noch zu Verwirklichende, das Herbeiführen des tatbestandsmäßigen Erfolges nach Abschluß der Ausführungshandlung seitens des Haupttäters, isoliert nicht mehr strafbar ist[64]. Auch hier weiß der Gehilfe nur, daß und wie der Täter vor seinem Hinzutreten gehandelt hat und verstärkt jetzt die Wirkungen dieser Haupthandlungen.

Die Abhängigkeit des Gehilfen von der Tat, zu der er Hilfe geleistet hat, führt eben dazu, daß die Gehilfenstrafe aus dem Strafgesetz entnommen wird, das der Haupttäter durch seine Handlungen verwirklicht hat. Dabei ist es dann gleichgültig, „in welchem Stadium der Ausführung er diese Hilfe leistet, . . ., weil er ohnehin die Tat nicht selbst — — auch nicht mit anderen gemeinsam — begeht“[65]. Der Gehilfe wird ja nicht für eigenes Wegnehmen oder eigene Vermögensbeschädigung durch Täuschung bestraft, sondern für seine Unterstützung solch typischer Rechtsgutsangriffe durch andere. Und diese Unterstützung ist noch solange möglich, wie noch zur Tat gehörige Erfolge ausstehen. Anders könnte dies höchstens bei der Verwirklichung mehrerer Erfolge sein, wenn der Hinzutretende nur noch an einer Erfolgsherbeiführung teilnimmt, nur noch eine Rechtsgutsverletzung mitmacht[66].

c) Die Milderung des Ergebnisses durch § 49 Abs. 2

Will man dennoch im Einzelfall dem Gehilfen und seinem Tatbeitrag mehr gerecht werden, so bietet sich nur noch die Strafmilderungs-

---

[62] Vgl. *Kohlrausch - Lange*, II 2 vor § 47.

[63] *Sax*, *Nottarp*-Fs., 137, z. B. wenn nach dem Einbruch nur noch bei der Wegnahme geholfen wird, ebenso bei § 249 StGB nach der Gewaltanwendung. Vgl. dazu auch *Schmidhäuser*, 439, 440.

[64] So etwa bei § 263 StGB nach der Täuschung, vgl. *Sax*, *Nottarp*-Fs., 137, Fn. 10. Dieser Widerspruch, den *Sax*, a.a.O., Fn. 11 als nichtbestehend behauptet, könnte wohl nur dann vermieden werden, wenn ein Andauern der Täuschung angenommen wird, bzw. ein pflichtwidriges Unterlassen der Irrtumsbeseitigung nach vorangehender Täuschung.

[65] *Roxin*, 291, gegen Sax.

[66] So *Schmidhäuser*, 439: „Verletzt die Haupttat nicht nur ein Rechtsgut, sondern verschiedene Rechtsgüter, so kann dem Teilnehmer nur die Gutsverletzung zugerechnet werden, auf die seine Teilnehmertat sich bezieht.“ So etwa beim Raub nach der Gewaltanwendung; nicht aber beim schweren Diebstahl nach dem Einbruch.

möglichkeit des § 49 Abs. 2 StGB an. Die Möglichkeit, die Strafe für den Gehilfen nach Verursachungsgrundsätzen zu mildern, trägt der Tatsache Rechnung, daß „der Unrechtswert und damit das Strafniveau" der Beihilfe „durchschnittlich" nicht an den der Täterschaft heranreicht: „Der Gehilfe tritt ja unselbständig auf, was sich normalerweise objektiv in der bloßen Erleichterung oder Beförderung des Verbrechenserfolges durch Setzung von einfachen Bedingungen, subjektiv aber in seinem nach Richtung und Stärke minder intensivem rechtswidrigem Wollen verdeutlicht[67]." Freilich gilt dies nur „durchschnittlich" und „normalerweise", weshalb auch Gallas[68] die Milderungsmöglichkeit so festzulegen vorschlug, daß der Gehilfe „in der Regel milder bestraft" wird.

Bleibt gemäß § 49 Abs. 2 StGB noch ein Spielraum für richterliches Ermessen, so wäre es denkbar, zur Begrenzung dieses Ermessens bestimmte Fallgruppen aufzustellen. Beispielsweise so, daß Unterstützungen vor der eigentlichen Ausführungshandlung durch den Täter geringer zu bestrafen sind als solche während und zu dieser[69]. Und ebenso könnte man eine Fallgruppe bilden, bei der der Gehilfe erst nach der Ausführungshandlung hilft, den noch ausstehenden Erfolg herbeizuführen. Durch das Aufstellen solcher Fallgruppen würde berücksichtigt, daß während eines Deliktsverlaufs nur an bestimmten Stellen ein „Höchstmaß an verbrecherischer Energie" realisiert wird, so daß es — was für die Beihilfe nach der Ausführungshandlung wichtig ist — danach für die Weiterführung des Delikts keiner besonderen Anstrengungen mehr bedarf[70]. Nach dem Aufbringen der verbrecherischen Intensität[71] ist die Haupttat geschafft, so daß das weitere Geschehen, das meist für sich gar nicht mehr strafbar ist, fast von allein abrollt.

Aber auch diese Fallgruppen werden nur in der Regel das Verhalten des Gehilfen in seinem Unrechts- und Schuldgehalt treffen, und es kann nicht ausgeschlossen werden, daß auch Unterstützungen in der Phase nach dem beendeten Versuch oder gar nach der Vollendung dem Täterschaftsunrecht gleichkommen[72]. Diese Möglichkeit wird noch durch

---

[67] *Nagler*, GS 115, 36; vgl. ähnlich die Begründung E 62, 151: die entferntere Mitwirkung des Gehilfen lasse in der Regel auf geringere Schuld schließen.

[68] *Gallas*, Mat., Band I, 147, der E 62 selbst sieht wieder die obligatorische Strafmilderung vor, § 31 II 2, ebenso § 29 II 2 AE.

[69] So schon *Birkmeyer*, 150/1: „indem er die Bedingung zu einer Zeit setzt, wo die Verursachung des Erfolges sich vollzieht, wird sie noch wirksamer für dessen Eintritt, als wenn sie zur Zeit der Vorbereitung des Erfolges gesetzt wurde." Vgl. *Nagler*, GS 115, 40; *Gallas*, Mat., Band I, 147.

[70] Vgl. dazu *Grünwald*, JZ 59, 47.

[71] Vgl. *Schmidhäuser*, 202, 439, zur „Intensität des kriminellen Vorgehens".

[72] So *Gallas*, Mat., Band I, 147 für die Unterstützung vor der Tat, da die Grenze zwischen bloßer Unterstützung und Ausübung von Tatherrschaft

die oben festgestellte Wahrscheinlichkeit unterstrichen, daß ein nach Abschluß des Täterverhaltens Hinzutretender regelmäßig Täter sein wird. Andererseits befindet man sich hier schon im Umkreis der Anschlußdelikte, insbesondere der Begünstigung, die wieder eine geringere Strafdrohung enthält.

Es kann demnach nur festgestellt werden, daß „regelmäßig" bei einem bloß Unterstützenden nach Abschluß des Täterverhaltens von der Milderungsmöglichkeit des § 49 Abs. 2 StGB Gebrauch zu machen ist.

Beihilfe ist also bis zum Eintritt der (nach der Vollendung) weitergehenden Erfolge möglich, aber nur, wenn diese Erfolge noch zum Tatbestand des betreffenden Delikts gehören. Das führt zu einer weitgehenden Annäherung an die Ergebnisse der herrschenden Lehre, dennoch ergeben sich vom hier vertretenen Standpunkt aus Ansätze zur Kritik einzelner Lösungen von seiten der Theorie der endgültigen Rechtsgutsverletzung und der Rechtsprechung des BGH. Die Kritik kann zwar nicht soweit gehen, daß sie den Abschluß des tatbestandsmäßigen Verhaltens nach der Vollendung zum spätesten Zeitpunkt einer Beihilfe erhebt, aber sie kann Einwände dagegen erheben, daß die Unterstützung nicht mehr tatbestandstypischer Handlungen, die dann zu nicht mehr tatbestandsmäßigen Erfolgen führen, noch als Beihilfe angesehen wird.

d) Beihilfe durch Unterlassen

Dasselbe muß für die Beihilfe durch Unterlassen gelten, solange noch eine Rechtspflicht zum Tun besteht[73], denn schon durch diese Garantenpflicht wird sie der Beihilfe durch Tun gleichwertig, da diese gemäß § 49 StGB als Erfolgsdelikt ausgestaltet ist.

2. Einzelfälle der Beihilfe nach Vollendung der Haupttat

a) Der späteste Zeitpunkt der Beihilfe zu Diebstahl und Raub

Dabei springen sofort die Fälle der Beendigung von Diebstahl und Raub ins Auge, da fast ausschließlich an ihnen der Bundesgerichtshof seinen Beendigungsbegriff entwickelt hat[1].

---

flüssig sei, und insbesondere auf subjektive Gründe, die Hilfeleistung besonders verwerflich erscheinen lassen könnten. Ähnlich schon *Nagler*, GS 115, 39, der deshalb statt fester Fallgruppen nur allgemeine Richtpunkte angeben und die Individualisierung dem erkennenden Gericht überlassen wollte. Vgl. auch *v. Bar*, II, 606 mit Beispielen „schwer wiegender Mitwirkung".

[73] Dies ist nach herrschender Lehre die Voraussetzung einer Beihilfe durch Unterlassen, vgl. *Maurach*, AT, 588, *Jescheck*, 461, *Schmidhäuser*, 565, a. A. *Welzel*, 222, *Armin Kaufmann*, 291 ff., *Grünwald*, GA 59, 115 f., nach

aa) Die Rechtsprechung des BGH

Ein erster Fall einer möglichen Beihilfe zum noch nicht beendeten Diebstahl, der dem BGH[2] vorlag, hatte etwa folgenden Sachverhalt: A, B und C schaffen fremden Schrott aus einem umzäunten Hof in ein 400 bis 500 m entfernt liegendes Versteck, von dem es G dann mit einem LkW abholt. Kann G noch Gehilfe des Diebstahls von A, B und C sein, oder nur noch Begünstiger gemäß § 257 StGB? Der BGH ließ beide Möglichkeiten offen, entscheidend sei „die Vorstellungen und der Wille des Täters". Der BGH stellte fest, daß der Diebstahl — die Haupttat — vollendet war, da „der Gewahrsam des Eigentümers mit der Entfernung des Diebesguts und dem Verstecken an einem mehrere hundert Meter vom Tatort entfernten Platz gebrochen war".

Die Möglichkeit einer Beihilfe durch G zum bereits vollendeten Diebstahl ergibt sich aber für den BGH daher, daß die Haupttat noch nicht abgeschlossen, noch nicht beendet war, „weil die Beute noch nicht an ihren Bestimmungsort geschafft war". Erst wenn der Bestimmungsort[3] der ja von den Dieben festgelegt wird, erreicht ist, hat der Diebstahl dem BGH zufolge den Beendigungszeitpunkt erreicht.

Auch im folgenden Fall hielt der BGH[4] eine Beihilfe zum Diebstahl noch für möglich: D hatte aus dem Wagen des E, der vor einem Lokal geparkt war, eine Tasche und eine Wolldecke genommen und machte sich gerade davon, als es dem E gelang, die Wirtshaustür gegen den Widerstand des G zu öffnen, der vorher mit D und E zusammen in dem Lokal gesessen hatte. E nahm die Verfolgung auf, dabei hielt ihn G zunächst mit Worten auf und „holte dann mit der Hand zum Schlag aus, um ihn an der weiteren Verfolgung zu hindern".

Auch hier war für den BGH der Diebstahl des D im Zeitpunkt der Gewaltanwendung durch G vollendet, aber G konnte wieder Gehilfe zum Diebstahl des D sein, weil „die Teilnahme an fremder Tat bis zu deren tatsächlicher Beendigung möglich" ist[5]. Der Diebstahl ist danach

---

denen nur eine Unterlassungstäterschaft in Frage kommt. Vgl. *Schönke-Schröder*, 105 ff. vor § 47, aber auch § 49, 10.

[1] Vgl. *Hruschka*, GA 68, 203: soweit ersichtlich habe der BGH noch keine allgemeine Definition des Beendigungsbegriffs gegeben. Vgl. auch *Isenbeck*, NJW 65, 2326.

[2] BGHSt. 4, 132/3.

[3] *Hruschka*, GA 68, 204, Fn. 41: der BGH bestimme hier offenbar den Beendigungszeitpunkt nach dem Kriterium der — Illationstheorie —. BGH 3, 44, verwendet das Erreichen des „Ortes seiner endgültigen Bestimmung" auch als Kennzeichen der Beendigung des Bannbruchs.

[4] BGHSt. 6, 248 ff.

[5] Zustimmend dazu *Jescheck*, 460: „Beihilfe zum Diebstahl durch Gewaltanwendung gegen den Eigentümer kann noch geleistet werden, wenn die

zumindest dann noch nicht beendet, wenn der Dieb unmittelbar nach der Wegnahme der Beute flüchtet, weil er verfolgt wird.

Bei diesem Fall denkt man sogleich an die Bestimmung des § 252 StGB, den räuberischen Diebstahl, denn in diesem Tatbestand ist von der Gewaltanwendung die Rede, die in dem Zeitpunkt geleistet wird, in dem der Dieb „auf frischer Tat betroffen" wird. § 252 StGB wird jedoch vom BGH[6] deshalb abgelehnt, weil G nicht die Absicht hegen konnte, „sich im Besitze des gestohlenen Gutes zu erhalten", da er die tatsächliche Gewalt über die Beute gar nicht hatte. Auch wenn man sich dieser streng am Wortlaut bleibenden Auslegung des § 252 StGB anschließt, so zeigt doch das Vorhandensein dieser Bestimmung, daß für die Phase nach der Wegnahme die Schaffung eines selbständigen Tatbestandes vom Gesetzgeber für notwendig gehalten wurde[7]. Freilich ist damit noch nichts Entscheidendes gegen die Erfassung sonstiger Unterstützungen nach frisch begangener Tat als Beihilfe zu § 242 StGB gesagt, denn es könnte ja auch so sein, daß § 252 StGB eben nur die Unterstützungen mit Drohung und Gewalt zwecks höherer Strafwürdigkeit heraushebt.

Ein letzter, ähnlicher Sachverhalt, der dem BGH[8] zur Entscheidung vorlag, sei noch mitgeteilt: Die Dirne A zog, während sie auf dem Parkplatz mit E in dessen PkW den Geschlechtsverkehr ausführte, diesem, ihrem Freier, die Geldbörse aus der Gesäßtasche und steckte sie ein. E bemerkte den Verlust erst, nachdem die A in dem PkW ihres Beschützers G gestiegen war, und E ca. 50 m in Richtung auf die Ausfahrt des Parkplatzes gefahren war. E schnitt den Wagen des G, der gerade wegfahren wollte. Jetzt bedrohte G den E, wobei er eine Stahlrute schwang. Auch hier war der § 242 StGB durch die A bereits vollendet, da sie die volle Sachherrschaft über die Geldbörse erlangt hatte. Dennoch ist nach dem BGH der G noch Diebesgehilfe, da er half, die bereits an der Geldbörse erlangte Sachherrschaft zu festigen und den Diebstahl damit zu beenden[9].

Der BGH entscheidet hier also die Stufen des noch ungesicherten Gewahrsams (Vollendung) und des gefestigten, gesicherten Gewahr-

---

Diebe bereits auf der Flucht sind." Ebenso S. 342. Auch *Lackner*, § 49, 3 zitiert diese Entscheidung zustimmend.

[6] BGHSt. 6, 250, vgl. auch RGSt. 67, 266, BGHSt. 4, 238 f.; vgl. *Maurach*, BT, 262, *Schönke - Schröder*, § 252, 10 u. 11.

[7] Vgl. § 247 E 62: „nach einem Diebstahl." Vgl. dazu das Kapitel über die Verwirklichung qualifizierender Umstände nach der Vollendung.

[8] BGH bei *Dallinger*, MDR 67, 726.

[9] Auch lehnte der BGH die Anwendung des § 252 StGB mit dem oben wiedergegebenen Wortlautargument ab. — Dieser Rechtsprechung stimmen zu *Jescheck*, 460, *Mezger - Blei*, AT, 293, *Mayer*, AT, 162; *Lackner*, § 49, 3, zweifelnd hingegen 2 vor § 43.

sams (Beendigung). Eine gewisse Sicherung und Festigung des Gewahrsams wird meistens zur Festlegung des Beendigungszeitpunktes gefordert[10].

bb) Die Rechtsprechung des RG

Überblickt man diese Entscheidungen, so fällt zunächst auf, daß sie die Wegnahme entgegen dem Wortlaut des § 242 StGB nicht für die Festlegung des Diebstahlsabschlusses heranziehen. Der objektive Tatbestand des § 242 StGB wird nicht als taugliches Kriterium für die Bestimmung des Beendigungszeitpunktes angesehen[11], denn das Verbringen der Beute an den Bestimmungsort, das Flüchten mit der Beute, die Sicherung und Festigung der Sachherrschaft liegen jenseits des letzten Punktes der Wegnahme, der Begründung neuen, wenn auch ungesicherten Gewahrsams[12].

Die Verwirklichung der eigentlichen Tatbestandsausführungshandlung ist also nach Passieren des Vollendungszeitpunktes nicht mehr entscheidend, obwohl noch das Reichsgericht gerade auf die Dauer der Tatbestandsverwirklichung abgestellt hatte[13], und zwar auch in einem Fall[14], der dem sehr ähnlich war[15], den BGH St. 4, 132 zu entscheiden hatte: V hatte dem K geschlagenes Holz, das noch im Wald lag, verkauft und so übereignet, daß K zumindest schon Mitgewahrsam an dem Holz hatte. Einen Teil des Holzes ließ V jetzt auf seine Hofstelle bringen, einen Teil ließ er in ein Versteck im Walde fahren. Durch die Mitwirkung bei der Abfuhr auf die Hofstelle des V wurde G zum Diebstahlsgehilfen, da er noch zu einem Teilakt der Tat geholfen hatte. G half aber auch später das versteckte Holz in V's Hof zu bringen. Hier kommt für G nach dem RG nur § 257 StGB in Betracht, da § 242 StGB mit der Verbringung in das Versteck im Walde rechtlich beendet

---

10 Vgl. BGHSt. 8, 391, BGHSt. 20, 194, vgl. dazu *Isenbeck*, NJW 65, 2326. *Furtner*, MDR 65, 432 und *Hruschka*, GA 68, 204 bemerken zu Recht, daß hier das Kriterium der Ablationstheorie für die Festlegung der Beendigung benutzt wird. Vgl. BGHSt. 3, 40 ff. zur Zollhinterziehung mit den Ausdrücken: „in Sicherheit gebracht", „zur Ruhe gekommen".

11 *Hruschka*, GA 68, 203.

12 *Isenbeck*, NJW 65, 2326.

13 So auch *Hruschka*, GA 68, 203, und JZ 69, 608: Abschluß der vollen Tatbestandsverwirklichung. Auch *Furtner*, MDR 65, 432, stellt auf die Beendigung des Tatbestandsmerkmals der Wegnahme ab. Vgl. aus der älteren Literatur *M. E. Mayer*, AT, 126: für die Frage der Beihilfe sei bei § 242 die Wegnahme, also Begründung des eigenen Gewahrsams, entscheidend, hingegen liege der Zustand, in den dieses Ereignis übergehe, das Gewahrsam-Haben, jenseits des Tatbestandes.

14 RG, HRR 38, 633.

15 *Hruschka*, GA 68, 204.

war[16]. Man kann leicht ergänzen: in diesem Zeitpunkt war die Tat auch vollendet, d. h. das Holz war jetzt im Gewahrsam der V und G[17].

Auch im folgenden Fall hat RGSt 52, 202 ff. auf den Abschluß der Tatbestandsverwirklichung abgestellt: A und B waren in ein Kleiderlager eingebrochen und hatten Anzüge und Kleiderstoffe auf dem Ladentisch zusammengelegt; die Wegnahme war also vorbereitet. Die Wegnahme selbst war für das RG erst mit dem Herausbringen der Sachen aus dem Laden, dem Fortschaffen vom Tatort beendet. G, der sein Fuhrwerk für die Forschaffung der Diebesbeute zur Verfügung stellte und selbst mithalf, kann nur noch Diebesgehilfe sein, wenn seine unterstützende Tätigkeit einsetzte, als die Wegnahme noch nicht beendet war. Es wird also vom RG auf den objektiven Tatbestand des § 242 StGB abgestellt, auf den Abschluß der Wegnahme[18]. Da dies aber auch der Vollendungszeitpunkt ist, kann man hier auch von einer unproblematischen Beihilfe vor „völliger" Vollendung sprechen[19].

Auf den Bruch fremden und die Begründung eigenen Gewahrsams, also auf die Wegnahme, stellt das RG in einem Fall ab, in dem D mit einer Pistole ein aus der Koppel des E ausgebrochenes Tier erlegte. Da das Tier noch auf dem Gebiet des Gutshofs des E lag, nahm das RG[20] die Wegnahme erst durch das Fortschaffen des getöteten Tieres und dessen Verstecken im Walde als gegeben an. Da G hierbei half, wurde er als Diebesgehilfe angesehen.

Gegen diesen Vollendungszeitpunkt wendet sich Kern[21] in seiner Anmerkung: Für die Abgrenzung von Beihilfe und Begünstigung komme es auf die Begründung eigenen Gewahrsams an (insoweit übereinstimmend mit dem RG), das sei jedoch, da das Tier sich schon außerhalb der Koppel befand, mit dem Herantreten des D an das Tier anzunehmen. Daraus zieht Kern konsequent die Folgerung, daß das Mitwirken beim Fortschaffen des Tieres nicht als Diebeshilfe, sondern als Nachhandlung aufzufassen ist.

cc) Die Verwirklichung der Zueignungsabsicht als Beendigung?

Dieser Wandel der Rechtsprechung wurde vom BGH selbst wohl nicht erkannt und deshalb nicht begründet, aber es muß doch untersucht

---

16 Zustimmend *Gelbert*, DStR 43, 6.

17 *Hruschka*, GA 68, 204: Vollendung und Beendigung fallen zusammen.

18 *Isenbeck*, NJW 65, 2326: nur solange Wegnahme noch nicht vollendet.

19 *P. Merkel*, Frank-Fg., II, 153: der Gewahrsamsbruch war zwar größtenteils, aber noch nicht völlig vollendet. Bei einer später einsetzenden Unterstützung hätte das RG § 49 wohl abgelehnt.

20 RG, JW 22, 1584.

21 *Kern*, JW 22, 1584.

werden, welche Gründe für die neue BGH-Lösung sprechen. Sieht man in der Wegnahme noch nicht die eigentliche Zueignung[22], auf die gemäß § 242 StGB die Absicht des Diebes gehen muß, so liegt es nahe, diese Zueignung bzw. die Absichtsverwirklichung als Endpunkt des Diebstahls anzusetzen. Dafür spricht auch das in § 242 StGB geschützte Rechtsgut, denn das Eigentum ist erst mit der Zueignung endgültig verletzt[23].

Diese Argumentation steht auch hinter den Entscheidungen des BGH, wenn sie auch nur teilweise zum Ausdruck kommt: so etwa in BGH St. 20, 194, wo das Festigen und Sichern der soeben erlangten Herrschaft als Weiterverwirklichung der Zueignungsabsicht gedeutet wird[24]. Das führt dann in einer unveröffentlichten Entscheidung des BGH[25] soweit, daß selbst der noch Diebesgehilfe ist, der „die von Dieben gestohlenen (eßbaren) Sachen gemeinsam mit ihnen verzehrt, ..., nämlich dann, wenn die Zueignungsabsicht erst durch den Verzehr als abgeschlossen zu betrachten ist".

Selbst wenn man unterstellt, daß mit dem Verbringen der Beute an den Bestimmungsort, mit der Sicherung und Festigung des Gewahrsams noch weiter gegen das in § 242 StGB geschützte Rechtsgut verstoßen wird, die Zueignungsabsicht also weiter verwirklicht wird[26], erscheint diese Verschiebung des Abschlußzeitpunktes des Diebstahls bedenklich, da der gesetzliche Tatbestand des § 242 eben das Eigentum nur gegen das Wegnehmen schützt[27].

Dieses Bedenken könnte jedoch durch eine am Rechtsgut orientierte Zweckauslegung als bloß „formelles" zurückgewiesen werden, so daß es angebracht erscheint, mit der teleologischen Auslegungsmethode zu untersuchen, ob die Zueignungsabsicht in § 242 StGB überhaupt als

---

[22] So die wohl herrschende Lehre, vgl. *Maurach*, BT, 204, vgl. *Schaffstein*, GA 64, 105/6: die Wegnahme, die die Vollendung des § 242 bezeichne, sei materiell gesehen Versuch. Dagegen ausführlich *Maiwald*, Zueignungsbegriff, 175 ff.

[23] Hier ergeben die Theorie der Absichtsverwirklichung und die Theorie der endgültigen Rechtsgutsverletzung denselben Beendigungszeitpunkt.

[24] Vgl. aber RG, GA 61, 127: Die Absicht der rechtswidrigen Zueignung ist für die Begründung des Tatbestandes eines vollendeten Diebstahls ohne Belang, wenn sie nicht durch eine Wegnahme betätigt wird.

[25] 3. StR 493/53, mitgeteilt von *Pfeiffer*, § 49, 6.

[26] Ob hier eine Unrechtsintensivierung noch angenommen werden kann, erscheint zweifelhaft, wenn man mit *Maiwald*, 189, erkennt, daß es dem Täter, wenn er einmal die Schwelle der Wegnahme überschritten hat, in der Regel keine Schwierigkeiten mehr bereitet, die geschaffene Situation aufrechtzuerhalten.

[27] Vgl. dazu die Kritik *Isenbecks*, NJW 65, 2326 an der BGH-Rechtsprechung, vgl. *Furtner*, JR 66, 170: der BGH habe beim § 242 die Verwirklichung der verbrecherischen Absicht zu einem Zeitpunkt angenommen, wo von einer Wegnahme keine Rede mehr sein könne.

eine „überschießende Innentendenz“[28] zu verstehen ist. Denn das hätte die Konsequenz, daß die Zueignung selbst „ein der Wegnahme nachfolgender, besonderer Akt wäre[29]. Geht man davon aus, daß der Dieb nur in eine eigentümerähnliche Position gelangen kann, so liegt es nahe, sich für die Zueignung mit einer in objektiv erkennbarer Weise erfolgten Manifestation des Zueignungswillens zu begnügen[30]. Dies ist jedoch, wie Maiwald jüngst nachgewiesen hat, ein verhängnisvoller Fehlansatz[31], denn es könne nicht darauf ankommen, wie sich der Täter geriere, sondern allein darauf, welche Folgen das für den Eigentümer habe. Zu Recht führt er aus, daß Zueignung nur ein Akt sein kann, der dem Eigentümer etwas nimmt, was diesem die Eigentumsordnung garantiert[32]. Das subjektive Merkmal der Zueignungsabsicht zeigt dann nur noch an, daß dieses Nehmen einen gewissen Endgültigkeitscharakter aufweisen muß[33].

dd) Der Abschluß der Wegnahmehandlung als Beendigung

Einen solch endgültigen Sachverhalt beschreibt § 242 StGB gerade mit dem objektiven Tatbestandsmerkmal der Wegnahme[34]. Der im Strafgesetzbuch vertypte Diebstahl erfaßt demnach nur die Zueignungen durch Wegnahme[35], und diese liegt eben schon bei der Begründung neuen, wenn auch ungesicherten Gewahrsams vor.

Die Ausrichtung auf das im § 242 StGB geschützte Rechtsgut des Eigentums hin, welches in der Zueignungsabsicht angesprochen ist, kann also nichts daran ändern, daß die Zueignung bei dem Deliktstypus, der

---

[28] So *Hegler* zunächst in ZStW 36, 31 ff.; vgl. heute *Jescheck*, 180, 215, der den Diebstahl im gleichen Sinn als „verkümmert-zweiaktiges Delikt“ versteht. Vgl. zum folgenden das Kapitel über die Verwirklichung qualifizierender Merkmale nach der Vollendung.

[29] So *Welzel*, 350, der sich aber gegen diese Ansicht ausspricht und seinerseits den Diebstahl als Zueignung durch Wegnahme versteht. Vgl. *Schönke - Schröder*, § 242, 68. Mit eingehender Begründung auch *Maiwald*, Zueignungsbegriff, 172 ff., dort findet sich auch weitere Literatur.

[30] So die h. L., vgl. statt vieler *Schönke - Schröder*, § 246, 11.

[31] *Maiwald*, Zueignungsbegriff, 192 ff.

[32] *Maiwald*, Zueignungsbegriff, 194.

[33] *Maiwald*, Zueignungsbegriff, 196, vgl. *Ostheimer*, 61: da der durch die Wegnahme umschriebene Eigentumsangriff nicht das Merkmal des Dauerentzuges mitenthalte, habe der Gesetzgeber das Erfordernis der Zueignungsabsicht aufgenommen.

[34] *Maiwald*, Zueignungsbegriff, 196; auch für den Unterschlagungstatbestand komme „nur eine solche Handlung in Frage . . ., die die Endgültigkeit des Sachverlustes für den Eigentümer in gleicher Weise bewirkt wie die Wegnahmehandlung des Diebes“. Vgl. auch *Ostheimer*, 62.

[35] Vgl. dazu die Kritik *Maiwalds* an dieser Tatbestandsfassung, Zueignungsbegriff, 183 ff.

§ 242 StGB zugrunde liegt, nur durch Wegnehmen begangen werden kann. Und dieser Unrechtstypus findet auch im gesetzlichen Tatbestand des § 242 StGB hinreichend deutlichen Ausdruck[36].

Selbst wenn man diese Tatbestandsfassung korrigieren wollte, erscheint es gerechtfertigt, den, der bei der Wegnahme hilft, schwerer zu bestrafen als den, der nach Überschreiten dieser Schwelle bei der Gewahrsamssicherung und beim weiteren Abtransport der Beute hilft, denn dies bereitet in der Regel keine Schwierigkeiten mehr[37].

b) Der späteste Zeitpunkt der Beihilfe zu Betrug und Erpressung

Einen weiteren Anlaß zur Kritik bieten die hauptsächlich von der Literatur angeführten Beispielsfälle der Beihilfe zu Betrug und Erpressung, gemäß §§ 253, 263 StGB. Da ist zunächst die Gruppe von Fallgestaltungen, bei denen der Gehilfe nach Abschluß der Tätigkeit des Haupttäters hinzutritt und erst jetzt seinen den Erfolg (den Vermögensschaden) fördernden Beitrag leistet. Sax[38] bildet den Fall, daß G nach Abschluß der Täuschung seitens des Betrügers durch Entgegennahme des erschwindelten Vermögensstückes vom Betrogenen den Vermögensschaden, das Schlußstück des § 263 StGB, herbeiführen hilft. Diesen Fall kann man leicht dahin abwandeln, daß G erst nach der ersten Schädigung — also nach der Vollendung des Betruges — unterstützend hinzutritt: G holt nicht das erste Vermögensstück beim Opfer ab, sondern ist bei weiteren Schädigungen, die nach und nach eintreten[39], erst behilflich. Oder, um die Unterstützung deutlicher zu haben: G nährt den vom Betrüger beim Opfer hervorgerufenen Irrtum, woraufhin das Opfer weitere vermögensschädigende Dispositionen trifft[40].

Die Fälle einer Beihilfe nach vollendetem Betrug werden deshalb häufiger vorkommen, weil nach der herrschenden Lehre[41] ein Vermögensschaden, also die Vollendung, schon bei einer Vermögensgefähr-

---

36 Vgl. *Maiwald*, Zueignungsbegriff, 183, der jedoch zugibt, daß § 242 StGB insoweit irreführend sei, als er den Anschein erwecke, als sei die Zueignung ein späterer Akt, der bei der Wegnahme bloß beabsichtigt sein müsse.

37 Vgl. auch *Maiwald*, Zueignungsbegriff, 189, 252/3.

38 *Sax*, *Nottarp*-Fs., 136/7 Anm. 10. Denselben Fall für die Erpressung, wobei G nach der Drohung das Geld beim Opfer abholt, bildet *Baumann*, JuS 63, 54/5.

39 RGSt 62, 419, RGSt 77, 34; zur Möglichkeit des Auseinanderfallens von Vollendung und Beendigung bei sukzessivem Erfolgseintritt vgl. *Mezger*, JW 38, 496, *Winkler*, 105.

40 Diesen Fall konstruiert *Winkler*, 124. Problematisch dürfte hier aber sein, ob dieses Nähren des Irrtums nicht schon eine selbständige Täuschung durch G ist, der damit als Täter in Frage käme.

41 Vgl. zur h. L. *Schönke - Schröder*, § 263, 100 ff.

dung angenommen wird. Dann bietet sich der Eintritt des echten Schadens als Beendigungszeitpunkt an[42], bis zu dem hin noch Beihilfe geleistet werden kann.

Diese Beispielsfälle bieten jedoch nach den bisherigen Erörterungen zum spätesten Zeitpunkt einer Beihilfe keine besonderen Schwierigkeiten mehr: Der Hinzutretende fördert zwar nicht mehr die Tatbestandsausführungshandlung des Haupttäters, aber er trägt mit zur Verwirklichung des vom Täter beabsichtigten Erfolges bei. Er hilft noch zur Erfüllung des Tatbestandsmerkmals, das in §§ 253, 263 StGB den Erfolg angibt, zum Vermögensnachteil bzw. zum Vermögensschaden[43]. Wie Sax[44] richtig feststellt, fördert G damit keinen zweiten, späteren Tatakt des Täters, sondern hilft die Außenwirkung von dessen ersten und einzigem Tatakt herbeiführen. Diese Außenwirkung vollzieht sich aber in tatbestandstypischer Weise, so daß der Hinzutretende noch zur tatbestandsmäßigen Handlung hilft, die im Sinne § 49 StGB neben dem Verhalten des Haupttäters auch noch den tatbestandlich festgelegten Erfolg umfaßt[45].

aa) Die Rechtsprechung des RG

Das Reichsgericht[46] entschied denn auch einen Fall der Beihilfe zum bereits vollendeten Betrug wie folgt: B hat unter dem falschen Namen E eine Ware bei X bestellt, und X sendet das Paket an E. B und L erreichen durch falsche Angaben über die Persönlichkeit des angeblichen E vom Postzustellungsbeamten die Herausgabe des Pakets. Das RG erkennt zu Recht schon mit dem Absenden des Paketes an E das Vermögen des X als so gefährdet an, daß das einer Minderung der Vermögenslage gleichzusetzen ist. Der Betrugstatbestand ist damit samt seines Erfolges erstmals erfüllt, § 263 StGB also vollendet. Nicht jedoch ist „die konkrete Art und Weise, in welcher der Betrug verwirklicht wird“[47], abgeschlossen, denn B setzt seinen Betrug durch die weiteren Vorspiegelungen gegenüber dem Postzustellungsbeamten fort. Hieran beteiligt sich L, so daß hier sogar eine Hilfe zu einer weiteren Betrugshandlung des Haupttäters vorliegt[48], die zur endgültigen Schädi-

---

[42] Ganz allgemein als Beendigungszeitpunkt erscheint dieser Zeitpunkt bei *Winkler*, 108, vgl. auch die von *Bilda*, MDR 65, 541 gebildeten Fälle.

[43] Zur Identität beider vgl. *Cramer*, 116.

[44] *Sax*, *Nottarp*-Fs., 136/7, Fn. 11.

[45] So auch bezüglich der Betrugsbeihilfe *Sax*, *Nottarp*-Fs., 136/7, freilich nur „unter Umständen“. Vgl. *Winkler*, 125, *Gelbert*, DStR 43, 6, *Mezger*, JW 34, 837, *Baumann*, JuS 63, 54, *Maurach*, AT, 561, *Olshausen*, § 49, 3.

[46] RG, JW 34, 837.

[47] *Mezger*, JW 34, 837.

[48] So auch *Mezger*, JW 34, 837, ebenso *Gelbert*, DStR 43, 6, vgl. *Bilda*, MDR 65, 541.

gung des X durch die Aushändigung des Paketes an B führt. Aber selbst wenn B keine weiteren Betrugshandlungen nach der Vollendung mehr vorgenommen hätte, wäre L noch Gehilfe, wenn er die endgültige Schädigung des Betrogenen gefördert hätte[49].

In diese Richtung geht auch die Entscheidung RG HRR 40, Nr. 469[50]: E droht dem X und veranlaßt diesen, einen Briefumschlag mit Geld postlagernd für E aufzugeben. G holt die dem X abgenötigte Geldsendung vom Postamt ab. Mit der Aufgabe des Briefes, der abgenötigten Handlung nach Ansicht des RG, war § 253 StGB vollendet. Beendet war die Erpressung jedoch erst mit der endgültigen Schädigung, die mit dem Abholen des Geldes durch G eintrat, da vorher — laut RG — der X seine Handlung noch rückgängig machen konnte. Hier hat der E nicht erneut gedroht, aber das RG hält es für ausreichend, daß „die erpresserische Drohung insofern noch fortwirkt, als sie dem Bedrohten von der Rücknahme seiner Handlung abhält"[51]. Auf jeden Fall hat G den endgültigen, tatbestandsmäßigen Erfolg noch unterstützt, so daß er als Gehilfe zu beurteilen ist.

bb) Die Kritik der Lehre von der Absichtsverwirklichung als Beendigung

Diese Entscheidung[52] wird nun aber zum Beweis für eine sehr viel weitergehende These genommen: Bei Absichtsdelikten sei Beihilfe noch bis zur Verwirklichung, Erreichung der Verbrechensabsicht möglich[53].

---

[49] In 2 unveröffentlichten Entscheidungen hat der BGH 4. StR 398/56 und 4. StR 532/56, mitgeteilt von *Pfeiffer*, S. 161, ähnliche Fälle ebenso entschieden: „Hat der Täter sich eines Eingehungsbetruges schuldig gemacht, und setzt er danach — d. h. während der Zeit, in der er den von ihm betrügerisch eingegangenen Vertrag hätte erfüllen müssen — seine von Betrugsabsicht getragene Täuschungshandlung fort", so sei daran noch Teilnahme möglich, da die Tat noch nicht beendet sei.

[50] Der dem RG vorliegende Sachverhalt hatte nur einen Erpressungsversuch zum Gegenstand, da der Erpresste nur einen leeren Briefumschlag postlagernd aufgegeben hatte.

[51] Vgl. zur Fortwirkung der Drohung BGH, JZ 69, 606 mit Anm. von *Hruschka*, wo es jedoch um die Zurechnung eines erst nach Vollendung verwirklichten Qualifikationsmerkmals ging.

[52] Zustimmend *Olshausen*, § 49, 3; *Maurach*, AT, 569: Wer im Auftrag des Erpressers die erpresste Geldsumme vom Opfer abhole, begehe schon deshalb Beihilfe und nicht Hehlerei, weil § 253 StGB auch tatbestandstechnisch erst mit der Entstehung des Vermögensschadens „vollendet" ist. Ebenso versteht *Winkler*, 109, diese Entscheidung: „Nimmt der Erpresste unter dem Eindruck der Drohung das Geld nicht mehr zurück, so tritt die Beendigung erst mit der vollen Schädigung, d. h. dann ein, wenn der Täter das Geld in seinen Besitz genommen hat."

[53] So *Welzel*, 112, *Dreher*, § 49, 1 A, *Schönke - Schröder*, 132 zu § 263; noch weitergehend *Bilda*, MDR 65, 541: beendet sei der § 263 erst mit der Erreichung dessen, worauf es dem Täter letztlich ankomme. Das muß aber sicher immer dann unberücksichtigt bleiben, wenn es dem Täter nicht auf die Bereicherung ankommt.

Die Absicht des Betrügers gemäß § 263 StGB — gleiches gilt § 253 StGB — ist auf Bereicherung gerichtet. Da jedoch diese Bereicherung des Täters an der endgültigen Vermögensschädigung des Opfers nichts mehr ändert, gehört sie nicht mehr zum Tatbestand des § 263 StGB, der Eintritt der Bereicherung ist kein tatbestandstypischer Erfolg mehr. Auch eine konsequent vertretene Theorie der endgültigen Rechtsgutsverletzung muß diese Absichtsverwirklichung als Kriterium der Beendigung ablehnen, denn die Verletzung des in § 263 StGB geschützten Rechtsguts — Vermögen — ist „bereits durch die Schädigung endgültig verletzt“[54].

Freilich macht es Schwierigkeiten zu unterscheiden, ob ein Gehilfe, der abgeschwindeltes oder abgenötigtes Geld abholt, erst die Schädigung des Opfers zu Ende führt, oder nur noch die Bereicherung des Täters vollziehen hilft. Letzteres ist sicher dann der Fall, wenn das Geld vom Betrogenen bzw. Erpreßten so deponiert ist, daß er keinen Einfluß mehr auf dessen Verwendung nehmen kann, denn dann ist seine Schädigung endgültig. Ein jetzt den Täter unterstützender Helfer kann nicht mehr Gehilfe sein, da der letzte, noch tatbestandsmäßige Erfolg bereits eingetreten ist.

c) Der späteste Zeitpunkt der Beihilfe zur Brandstiftung

Anlaß zu zahlreichen Stellungnahmen gaben auch eine RG Entscheidung[55] und eine Entscheidung des OLG Hamm[56], die es beide mit einer etwaigen Beihilfe nach vollendeter Brandstiftung zu tun hatten. Bei der RG Entscheidung, die eine Beihilfe bis zur tatsächlichen Beendigung der Brandstiftung annimmt, muß aber beachtet werden, daß die allgemeine Aussage nur auf eine besondere Fallgestaltung gemünzt war: Zwar hatte B schon die Scheune des Gehöfts so in Brand gesetzt, daß sie selbständig weiterbrannte[57], aber die Hilfeleistung des G erfolgte, bevor die 2 Ställe, die B auch abbrennen wollte, vom Feuer ergriffen waren. Nur bezüglich dieser beiden Ställe spricht sich das RG deutlich für eine Beihilfe durch G aus[58].

---

[54] *Winkler*, 98, *Oehler*, 131, vgl. Kap. Absichtsverwirklichung.

[55] RGSt. 71, 193/4, zustimmend *Olshausen*, § 49, 3, *Gelbert*, DStR 43, 6.

[56] OLG Hamm, JZ 61, 95 mit *Stratenwerth* Anm.

[57] Dies ist die Definition für die Vollendung des § 308 nach der h. L., vgl. *Schönke - Schröder*, § 306, 1 ff.

[58] Ähnlich auch der Fall des OGHSt. 3, 3, wo es sich um eine Beteiligung durch Unterlassen in einem Zeitpunkt handelte, in dem das Feuer zwar schon das am Boden liegende Papier erfaßt hatte, aber noch nicht das Rethdach, so daß das Gebäude selbst noch nicht in Brand gesetzt war. — *Jescheck*, 460 belegt mit RGSt. 71, 194, OGHSt. 3, 3, folgende Aussage: „Nach der Inbrandsetzung eines Gebäudes ist Beihilfe noch möglich, wenn sich der Vorsatz des Brandstifters auf die Einäscherung des ganzen Gehöfts erstreckt.“

Diese Besonderheit der Fallgestaltung sieht auch das OLG Hamm, das aber selbst allgemeiner formuliert: strafbare Beteiligung an der Brandstiftung sei jedenfalls solange möglich, als der Gegenstand noch nicht völlig vom Feuer ergriffen und damit in allen seinen Teilen in Brand gesetzt ist[59].

Die Schwierigkeit dieser Fälle beruht hauptsächlich auf der Tatbestandsfassung des § 308 StGB und der an das Tatbestandsmerkmal „Inbrandsetzen" anknüpfenden Auslegung. Diese Auslegung verfolgt zwar die in diesem Begriff angelegte Vorverlegung des Vollendungszeitpunktes, aber sie tut das mit der Blickrichtung auf den Alleintäter: er soll auch dann schon mit der Vollendungsstrafe belegt werden können, wenn das in Brand gesetzte Objekt so vom Feuer ergriffen ist, daß es selbständig weiterbrennt. An denjenigen, der etwa weiteres Brennmaterial herbeischafft, mit dem der Täter „das Feuer kräftig schürt"[60], ist dabei nicht gedacht. Hier drängt sich eine Gleichbehandlung mit dem, der schon beim Anfachen des Feuers hilft, förmlich auf. Diese Überlegung wird auch durch einen Blick auf das in §§ 306 ff. geschützte Rechtsgut unterstützt: „Das Schütten des Bezins auf die Brandstätte steigert im allgemeinen auch die Gemeingefahr und damit den Angriff auf Rechtsgüter der Allgemeinheit[61]."

Die Interpretation des Tatbestandsmerkmals „in Brand gesetzt" sollte deshalb soweit ausgedehnt werden, daß sie auch noch die Phase bis zum völligen Abbrennen des angezündeten Gegenstandes umfaßt[62]. In dieser Phase kann der Täter aktiv weiterhandeln, etwa dadurch, daß er das von einem Dritten herbeigeholte Bezin selbst ins Feuer schüttet, er kann aber auch die Erfolgsabwendung lediglich unterlassen, wozu er kraft seiner vorangegangenen Handlung verpflichtet ist[63]. Entfällt auch diese Möglichkeit, so liegt die Phase reinen Kausalverlaufs vor, der

---

59 Vgl. dazu *Stratenwerth*, JZ 61, 97, der zu Recht eine Abgrenzung nach rein objektiven Maßstäben als unmöglich betrachtet. Vgl. dazu das Kap. über die natürliche Anschauung.

60 So das Beispiel *Schmidhäusers*, 456. Ist jedoch der Täter nach der Feuerlegung verschwunden, so liegt die Annahme von Täterschaft für einen Hinzutretenden näher. Vgl. *Gallas*, ZAKDR 37, 438 für den, der das erlöschende Feuer wieder anfacht oder einen Dritten am Löschen hindert.

61 *Winkler*, 125.

62 Für eine weitergehende Tatbestandsinterpretation auch *Stratenwerth*, JZ 61, 97, *Winkler*, 126. Danach könnte auch der zum Täter werden, der selbst keinen neuen Brandherd schafft. Vgl. schon *v. Bar*, II, 753: § 306 sei ein Dauerdelikt, und eine Sache könne solange in Brand gesetzt werden, wie sie noch nicht abgebrannt sei.

63 Nach *Schönke - Schröder*, § 306, 13 genügt ohnehin jede Erweiterung oder Intensivierung des Brandes, vgl. *Bruns*, DR 43, 13. Zur Brandstiftung durch Unterlassung bei einer Handlungspflicht aus Ingerenz RGSt. 60, 77, RG, HRR 34, 1172, vgl. *Schönke - Schröder*, § 306, 12.

jedoch vom Täter seine Richtung bekommen hat und deshalb auch noch zu dessen Tat gehört, soweit nicht eine erhebliche Abweichung vom vorgestellten Kausalverlauf eintritt[64].

d) Der späteste Zeitpunkt der Beihilfe zu Dauerdelikten

Während bisher nur umstrittene, problematische Fälle der Beihilfe zum noch nicht beendeten Delikt untersucht wurden, soll zum Abschluß noch auf eindeutige Fälle wie den des Dauerdelikts eingegangen werden. So häufig und selbstverständlich dieser Begriff auch in der Strafrechtsdogmatik verwendet wird, so groß ist dennoch die Unsicherheit bezüglich des maßgebenden Kriteriums, das ein Delikt zum Dauerdelikt macht[65]. Sicher ist, daß nur solche Delikte als Dauerdelikte in Frage kommen, bei denen der gesetzliche Tatbestand zu erkennen gibt, daß auch das Andauern des rechtswidrig geschaffenen Zustands noch zum strafrechtlichen Unrecht des betreffenden Delikts gehört[66].

Ein solcher Fall ist nun nach allgemeiner Ansicht die Freiheitsberaubung, was sich insbesondere am Abs. 2 des § 239 StGB erkennen läßt, der eine erhöhte Strafdrohung für den durch eine längere Aufrechterhaltung des rechtswidrigen Zustandes erhöhten Unrechtsgehalt der Tat enthält[67]. Hilft nun B dem F, der den X eingesperrt hat, dadurch diesen Zustand aufrechtzuerhalten, daß er gegenüber der den X suchenden Polizei falsche Angaben macht[68], so ist der Paradefall einer Beihilfe zur — durch Einsperrung — bereits vollendeten Freiheitsberaubung gegeben, die in der Regel erst durch die Befreiung des X beendet sein wird[69]. Dies ist deshalb folgerichtig, weil der tatbestandsmäßige Erfolg aufrechterhalten wird, und diese Aufrechterhaltung noch von § 239 StGB zur Tatbestandsverwirklichung gerechnet wird.

Deutlich wird diese Besonderheit, wenn man dem Dauerdelikt ein Delikt gegenüberstellt, bei dem mit dem Eintritt des tatbestandsmäßigen Erfolges das Unrecht des betreffenden Tatbestandes vollständig und abgeschlossen vorliegt, also ein sogenanntes Zustands-

---

[64] Damit ist noch nicht entschieden, ob etwa das Eintreten qualifizierender Umstände in dieser Phase dem Täter noch angerechnet werden können, z. B. wenn das Feuer erst jetzt ein bewohntes Haus i. S. § 306 erreicht. Vgl. Kap. über qualifizierende Umstände.

[65] Vgl. *Hruschka*, GA 68, 193 ff.

[66] Vgl. *Schmidhäuser*, 181.

[67] Vgl. *M. E. Mayer*, 126, Fn. 13.

[68] Dieses Beispiel findet sich auch bei *Baumann*, JuS 63, 55 und *Mezger - Blei*, AT, 293.

[69] So die allgemeine Ansicht vgl. *Schönke - Schröder*, § 49, 8, *Welzel*, 111, *Schmidhäuser*, 181; aus der älteren Literatur vgl. *Liszt - Schmidt*, § 51 II 4, *Frank*, § 257 II 2, *Merkel*, Frank-Fg., II, 153 ff.; aus der Rechtsprechung RGSt. 58, 13/4.

delikt[70]. Einen Beispielsfall hierfür bietet der § 169 StGB, die Verletzung des Personenstandes: Hat z. B. E sein Kind unter einem falschen Namen angemeldet, und dadurch den Personenstand des Kindes verändert, so kann sein Freund B nicht mehr dadurch Beihilfe leisten, daß er dem E bei der Taufe oder beim Eintragen ins Taufregister behilflich ist[71]. Der Personenstand ist bereits durch E so endgültig verändert worden, daß die Taufe bzw. der Eintrag ins Taufregister nichts mehr daran ändern[72], und somit die in Frage kommende Unterlassung der Berichtigung als bloße Nichtwiedergutmachung des angerichteten Schadens erscheint[73].

e) Der späteste Zeitpunkt der Beihilfe zur Unfallflucht

Es gibt jedoch auch Zweifelsfälle, bei denen die Frage, ob der andauernde Erfolg noch vom Tatbestand des Delikts umfaßt wird, schwer zu entscheiden ist. So in einem dem BGH[74] vorliegenden Fall der Verkehrsunfallflucht: B entfernt sich von der Unfallstelle, bevor die Ermittlungen abgeschlossen sind, um zu seinen Eltern zu flüchten; dabei unterstützt ihn unterwegs sein Freund F. Der BGH bejaht die Möglichkeit der Beihilfe solange, als die Flucht nach B's Vorstellung noch nicht abgeschlossen ist; — hier wäre also § 142 StGB erst mit dem Erreichen des Elternhauses beendet.

Diese Lösung muß jedoch dann als falsch erscheinen, wenn man der Ansicht[75] ist, daß der durch B mit seiner Entfernung vom Unfallort herbeigeführte Zustand durch sein weiteres Fernbleiben nicht verschlechtert wird, denn dann hätte die der Flucht nachfolgende Unterlassung der Rückkehr bloß den Charakter einer Nichtwiedergutmachung. Der von § 142 StGB gemeinte Erfolg wäre mit der vollzogenen Flucht endgültig eingetreten, so daß die unterwegs erfolgte Unterstützung durch F nur noch dem § 257 StGB subsumiert werden kann.

f) Der späteste Zeitpunkt der Beihilfe zu zweiaktigen Delikten

Bei den verkümmert zweiaktigen Delikten wie der Falschmünzerei nach § 146 StGB ist es bestritten, ob eine Unterstützung des Täters, die

---

[70] Vgl. jedoch die Kritik *Hruschkas*, GA 68, 193 ff. an diesem Begriff; er selbst bezeichnet solche Straftaten, bei denen mit der Vollendung die Tatbestandsverwirklichung abbricht, als Augenblicksstraftaten, vgl. S. 200.

[71] a. A. RGSt. 23, 292: Beihilfe zur sich fortsetzenden Veränderung des Personenstandes; dagegen zu Recht *Merkel*, *Frank*-Fg., II, 153.

[72] Dies ist das Argument *Merkels*, a.a.O., 153.

[73] So *Welp*, 21, vgl. das Kapitel ‚Eigener Ansatz'.

[74] BGH, VRS 16, 267, der Sachverhalt lag dort nur insofern anders, als die Unterstützung durch G noch fraglich war.

[75] Dieser Ansicht sind *Schröder*, NJW 66, 1002, auch in *Schönke - Schröder*, § 142, 23, und *Welp*, 20.

erst nach Abschluß des ersten Aktes (bei § 146 das Nachmachen) geleistet wird, noch als Beihilfe aufzufassen ist. Nach Schröder[76] ist dies möglich, weil „das Delikt mit der Herstellung zwar vollendet, aber ... noch nicht beendet ist". Dem ist entgegenzuhalten, daß der zweite Akt dieses verkümmert zweiaktigen Delikts vom Tatbestand nicht mehr erfaßt und mitbewertet ist[77], obwohl er die vom Tatbestand des § 146 StGB vorausgesetzte Absicht verwirklicht[78]. Anders ist dies bei der Urkundenfälschung, denn in § 267 StGB ist die Absichtsverwirklichung als Handlungsalternative in den objektiven Tatbestand aufgenommen.

3. Sukzessive Mittäterschaft bis zur Erfolgsbeendigung?

Das Institut der Mittäterschaft gemäß § 47 StGB kann hier nicht ausreichend gründlich untersucht werden, es soll aber an ihm gezeigt werden, wie bestimmte Merkmale und Voraussetzungen eines Instituts die Frage beeinflussen, bis zu welchem Zeitpunkt seine Verwirklichung noch möglich erscheint. Diese besonderen Kennzeichen können insbesondere die Frage beeinflussen, ob die Verhaltensbeendigung oder der Eintritt des letzten tatbestandsmäßigen Erfolges, den Abschlußzeitpunkt angibt.

a) Das Erfordernis des gegenseitigen Einverständnisses

Mußte bei der sukzessiven Beihilfe der späteste Zeitpunkt auf den Erfolgseintritt gelegt werden, so scheint dies bei der sukzessiven Mittäterschaft nicht möglich zu sein, da sie ein auf ein gegenseitiges Einverständnis[1] gegründetes Zusammenwirken der Beteiligten voraussetzt. Dieses Einverständnis kann zwar noch nach der Vollendung herbeigeführt werden[2], aber der danach Hinzutretende muß eine noch in Ausführung begriffene Tat vorfinden[3]. Es fragt sich jedoch, ob noch

---

[76] *Schönke - Schröder*, 9 vor § 146, so auch *Winkler*, 90.

[77] Eingehender wird zu diesen Delikten im Kapitel ‚Die Beendigung und die Konkurrenzen' Stellung genommen.

[78] Um jedoch das ungerechte Ergebnis zu vermeiden, daß dieser ‚Gehilfe' straflos bleibt, derjenige aber, der einem Täter des § 147 hilft, nach den §§ 147, 49 bestraft wird, könnte man die Strafbarkeit des ersteren wohl nur mit Hilfe eines a-maiori-Schlusses begründen.

[1] *Schönke - Schröder*, § 47, 4, *Lackner*, § 47, 2 a, BGHSt. 2, 346.

[2] *Schönke - Schröder*, § 47, 15, *Schmidhäuser*, 406, *Baumann*, JuS 63, 87, *Lackner*, § 47, 2 a: dieser späte Eintritt stehe aber regelmäßig der Annahme von Tatherrschaft entgegen.

[3] Vgl. BGH, GA 66, 210: es sei möglich, „daß sich jemand mit einem anderen, der schon in der Ausführung einer Straftat begriffen ist, vor deren Beendigung zur gemeinschaftlichen Fortsetzung des strafbaren Vorhabens verbindet, sofern er nur hierbei noch irgend einen Beitrag zur Ausführung der Tat liefert". Vgl. auch BGH bei *Dallinger*, MDR 69, 533: Soweit das tatbestandsmäßige Geschehen schon vollständig abgeschlossen sei, könne auch

ein weiteres Verhalten des Beginnenden erforderlich ist, so daß in der Phase reinen Kausalverlaufs nur noch Nebentäterschaft oder Beihilfe möglich ist[4]. Wie bei der Beihilfe ist dies auch hier keinesfalls zwingend, denn der später Eintretende kann ja gerade im Einvernehmen mit dem Beginnenden das weitere Handeln bis zum Eintritt des letzten tatbestandsmäßigen Erfolges übernehmen. Ein solch arbeitsteiliges Handeln entspricht durchaus dem Institut der Mittäterschaft, so daß dieser Gesichtspunkt zu keinem anderen Ergebnis als bei der Beihilfe zwingt.

b) Das Erfordernis der Tatherrschaft

Könnte aber nicht die damit zusammenhängende Frage, ob dem später hinzutretenden Mittäter bereits verwirklichte qualifizierende Umstände zuzurechnen sind, für die sukzessive Mittäterschaft anders als für die sukzessive Beihilfe zu entscheiden sein. Die herrschende Lehre rechnet dem später hinzutretenden Mittäter diese Umstände deshalb an, weil er auf deren Verwirklichung einverständlich aufbaue und damit die Tat bewußt und gewollt mitübernehme[5]. Jedoch könnte sich aus dem auch bei der Mittäterschaft möglicherweise entscheidenden Gedanken der Tatherrschaft das Gegenteil ergeben, denn von einer gemeinsamen Beherrschung der bereits vorliegenden Umstände kann nicht die Rede sein[6].

Die Entscheidung liegt beim Institut der Mittäterschaft, insbesondere hängt sie davon ab, ob man den Mittäter mehr für die Beherrschung des gemeinschaftlichen Handelns und dessen Folgen verantwortlich macht, oder ob man ihm auch nichtbeherrschbare Erfolge zurechnen will.

---

das Einverständnis und die Kenntnis der Umstände die strafbare Verantwortlichkeit nicht begründen.

[4] So *Winkler*, 127: „Lediglich das Erfordernis des bewußten und gewollten Zusammenwirkens führt dazu, daß in den Fällen, da sich die Tat nur mehr durch objektives Geschehen bis zur Beendigung fortsetzt, eine Beteiligung nicht mehr als Mittäterschaft qualifiziert werden kann."

[5] BGHSt. 2, 344, BGH, GA 66, 210, *Niese*, NJW 52, 1146, *Baumann*, JuS 63, 87 und AT 553, *Maurach*, AT, 560, *Jescheck*, 452, *Schönke - Schröder*, § 47, 15 vermißt aber eine klare Grenzziehung; *Lackner*, § 47, 2 a einschränkend: „soweit sie ihm bekannt sind und in der gemeinsamen Weiterführung fortwirken." Vgl. auch BGH bei *Dallinger*, MDR 69, 533: nicht bei Handlungen, die einen selbständigen Tatbestand erfüllen und bereits abgeschlossen sind.

[6] Vgl. *Roxin*, 290: „Voraussetzung dafür ist eine wechselseitige Abhängigkeit, bei der jeder nur mit den anderen zusammen handeln kann, aber kraft seiner Funktion im Rahmen des Gesamtplans seine Verwirklichung in der Hand hat. Nichts von alledem liegt hier vor, ..." So auch *Sax*, Nottarp-Fs., 136/7, vgl. auch *Schmidhäuser*, 407, der die h. L. als eine nicht sachgerechte, formale und an erfolgsstrafrechtlichem Denken festhaltende Auffassung bezeichnet. Auch *Stratenwerth*, 227, spricht sich gegen die h. L. aus, da der gemeinsame Tatentschluß nicht zurückwirken könne; er hält jedoch eine Bestrafung wegen Beihilfe zum Gesamtdelikt für sachgerecht.

4. Der früheste Zeitpunkt der Anschlußdelikte

Im vorhergehenden Kapitel wurde die Möglichkeit einer Beihilfe nach Vollendung der Haupttat aufgezeigt, und damit die Frage beantwortet, bis wann noch Teilnahme möglich ist. Dieses „bis wann" drängt die weitere Frage auf, ab „wann schon"[1] eine Anschlußtat vorliegen kann. Als Anschlußdelikte sind hier Begünstigung und Hehlerei gemeint, die im Strafgesetzbuch als selbständige Tatbestände im Besonderen Teil geregelt sind, aber dennoch in einer gewissen Beziehung zu einer Vortat stehen.

Es ist jedoch angesichts der noch ungeklärten Systematik dieser Anschlußdelikte[2] nicht von vornherein ausgemacht, daß die „letzte Möglichkeit" einer Beihilfe mit dem „frühesten Zeitpunkt"[3] einer Anschlußtat zusammenfallen muß, womit dann bereits logisch ausgeschlossen wäre, daß eine Straftat zugleich eine Haupttat für eine Beihilfe und eine Vortat für ein Anschlußdelikt abgeben könnte[4]. Dennoch erscheint die Forderung nach einer klaren Grenzlinie zwischen akzessorischer Teilnahme und selbständigen Anschlußdelikten schon aus systematischen Gründen berechtigt; — nur darf dabei die Gestaltung, die die Begünstigung und die Hehlerei im Strafgesetzbuch erhalten haben, nicht übergangen werden. Denn das Strafgesetzbuch könnte sich als weniger systematisch erweisen, als dies sich eine Strafrechtswissenschaft wünschen kann.

a) Die Strafvereitelung

Die Zusammenfassung der persönlichen Begünstigung mit der sachlichen in § 257 StGB kann nicht verdecken, daß es sich bei der persönlichen Begünstigung um eine Straftat besonderen Charakters handelt, weshalb sie im folgenden als Strafvereitelung bezeichnet wird. Diese Bezeichnung hat den Vorzug, daß sie die Funktion dieses Tatbestandes, den Schutz der Strafrechtspflege[5], deutlich anzeigt. Der Entwurf 62 regelt deshalb auch die Strafvereitelung nicht mehr im Rahmen der Vermögensdelikte, sondern als eigenständiges Delikt gegen die Rechtspflege in § 447 E 62.

Nach dem Wortlaut des § 257 StGB kann eine Strafvereitelung erst „nach Begehung eines Verbrechens oder Vergehens" begangen werden, um den Vortäter der Bestrafung zu entziehen. Die Strafvereitelung ist

---

1 Vgl. *Baumann*, JuS 63, 54.

2 Vgl. *Geerds*, Kriminologische Wegzeichen, 135 ff., *Miehe*, *Honig*-Fs., 91 ff.

3 Vgl. *Maurach*, BT, 727.

4 So aber *Geerds*, a.a.O., 155.

5 Vgl. statt vieler *Schönke - Schröder*, § 257, 1.

demnach ein sogenanntes Anschlußdelikt, da sie die Unterstützung des Täters nach begangener Tat unter Strafe stellt. Daraus kann jedoch nicht vorschnell gefolgert werden, daß § 257 StGB erst nach dem vollständigen Abschluß einer Straftat anwendbar ist, vielmehr ist zunächst mit der Rechtsprechung eine Orientierung am formellen Tatbestand der Strafvereitelung angebracht, in dessen Fassung nur auf die Möglichkeit einer Strafverfolgung abgestellt ist: „Die persönliche Begünstigung ... ergibt sich ohne weiteres aus dem Umstande, daß schon die rechtliche Vollendung und nicht erst die tatsächliche Beendigung des Vergehens die ausreichende Grundlage für eine Strafverfolgung des Täters und mithin für eine auf deren Verhinderung abzielende Handlung des Begünstigers bietet[6].“

Damit ist aber noch nicht mehr gesagt, als daß die Vollendung in der Regel[7] der Zeitpunkt sein wird, von dem ab die Strafvereitelung frühestens einsetzen kann. Es ist jedoch keine sichere Abgrenzung zur Vortatteilnahme gewonnen, denn es gibt ja auch strafbare Vorbereitungshandlungen und den strafbaren Versuch[8], so daß die Strafvereitelung auch dann schon möglich ist, wenn die Vortat in diesen Stadien der Deliktsentwicklung abbricht[9]. Und was im Rahmen dieser Untersuchung noch wichtiger ist: die Straftat kann noch nach der Vollendung fortgeführt werden, so daß ein weiterer konkurrierender Anschlußzeitpunkt, die Beendigung, auftaucht.

Die vorliegende Untersuchung der möglichen Fortführung einer Straftat über die Vollendung hinaus und deren Konsequenzen kann aus den dabei gewonnenen Ergebnissen allein noch keine eindeutige Antwort auf diese Frage geben, denn die Entscheidung liegt letztlich beim Deliktstypus der Strafvereitelung. Wir haben bisher nur festgestellt, daß eine Teilnahme i. w. S. (Mittäterschaft und Beihilfe) nicht nur bis zum Abschluß des strafbaren Verhaltens (Tuns oder Unterlassens) des Haupttäters möglich ist, auch daß diese Möglichkeit nicht beim Eintritt des ersten tatbestandsmäßigen Erfolges, also im Zeitpunkt der Vollendung, endet, sondern daß solange noch teilgenommen werden kann, bis der letzte noch tatbestandsmäßige Erfolg, der auf das strafbare Verhalten des Haupttäters zurückgeführt werden kann, eintritt, das Delikt somit beendet ist. Wie die Beispielsfälle gezeigt haben, ist der letzte Zeitpunkt einer Teilnahme aufgrund dieses Beendigungszeitpunktes weit nach hinten verlegt, weshalb zu vermuten ist, daß es zu Über-

---

6 RGSt. 58, 14.

7 So *Winkler*, 130.

8 Ein solches Beispiel enthält RGSt. 63, 373.

9 *Baumann*, JuS 63, 54, *Furtner*, MDR 65, 432, *Jagusch*, LK, § 257, 2 a, *Lackner*, § 257, 2 a, *Maurach*, BT, 727 und 730.

schneidungen mit dem Bereich der sogenannten Anschlußdelikte kommen könnte.

Aus der Hervorhebung dieser Delikte als selbständige Straftatbestände[10] läßt sich für den Interpreten oder Anwender dieser Bestimmungen die Forderung ableiten, eine möglichst klare Abgrenzung dieser Anschlußdelikte von den Fällen der Teilnahme an der Vortat zu suchen. Unter diese Forderung aus systematischen Gründen stellt sich auch die Rechtsprechung[11], wenn sie darauf achtet, daß der Bereich der Vortatteilnahme nicht zu weit in den Bereich hinaus ausgedehnt wird, für den vom Strafgesetzbuch die Anschlußdelikte vorgesehen sind.

aa) Die Rechtsprechung zur möglichen Überschneidung mit der Vortatteilnahme

Betrachtet man jedoch den Wortlaut des §§ 257 ff. StGB bezüglich der Strafvereitelung, so sieht man, daß die äußere Handlung farblos[12] als Beistandsleistung umschrieben ist. Eine Abgrenzung zur Hilfeleistung i. S. von § 49 StGB ist damit objektiv unmöglich, jedoch kennzeichnet § 257 StGB die Beistandsleistung im subjektiven Tatbestand genauer dahin, daß sie erfolgt sein muß, um den Vortäter der Bestrafung zu entziehen.

Aus diesem eindeutigen Wortlaut folgert die ständige Rechtsprechung des RG[13] und des BGH[14], daß der Begünstiger die Absicht haben müsse, den Vortäter der Bestrafung zu entziehen. Damit ist eine Abgrenzung zur Vortatbeihilfe gewonnen[15], die ja gemäß § 49 StGB nur wissentlich, also vorsätzlich geleistet werden muß[16]. Aber auch dann, wenn die Beihilfe absichtlich begangen wird, ist eine Unterscheidung möglich, da das Ziel dieser Hilfe nicht die Strafvereitelung, sondern die Förderung der Haupttat ist. Diese spezielle subjektive Färbung der Strafvereitelung wird auch im Schrifttum[17] überwiegend anerkannt, lediglich Schröder[18]

---

[10] Besonders hervorgehoben in der Rechtsprechung in RGSt. 17, 229; 63, 373. Im Schrifttum von *Baumann*, JuS 63, 54: Ob der Vortatteilnehmer noch Anschlußtäter sein könne, hänge davon ab, wie stark man die Verselbständigung der Anschlußtatbestände werte.

[11] BGHSt. 8, 390; 14, 45.

[12] *Schönke - Schröder*, § 257, 20.

[13] RGSt. 58, 292; 73, 333; 76, 31 und 123.

[14] BGHSt. 4, 107; 9, 144; 16, 4.

[15] Vgl. RGSt. 73, 333: Die persönliche Begünstigung unterscheide sich von der Teilnehmerhandlung sehr deutlich dadurch, daß sie mindestens darauf ausgehe, die staatliche Rechtspflege zu hemmen.

[16] Auch bedingter Vorsatz genügt nach der herrschenden Lehre, *Schönke - Schröder*, § 49, 14 mit weiteren Nachweisen.

[17] *Miehe*, *Honig*-Fs., 108/9 mit einer Zusammenstellung der Literatur.

[18] *Schröder*, NJW 62, 1040, *Schönke - Schröder*, § 257, 34.

läßt auch hier Vorsatz genügen, weshalb er die Strafvereitelung auch im subjektiven Bereich nicht von der Teilnehmerhandlung unterscheiden kann.

Eine Strafvereitelung, bei der es dem Täter darauf ankommt, einen anderen der Bestrafung zu entziehen, wird sich während des Deliktsverlaufs der Vortat immer von dem Zeitpunkt an feststellen lassen, von dem ab der andere mit Strafe belegt werden kann. Tritt also im Zeitraum zwischen Vollendung und Beendigung einer Straftat ein Hilfe- bzw. Beistandsleistender hinzu, so kann nach der herrschenden Meinung die Frage, ob er Teilnehmer oder Begünstiger ist, nach seiner Willensrichtung beantwortet werden[19].

Da das Auseinanderfallen von Vollendung und Beendigung am deutlichsten bei den Dauerdelikten in Erscheinung tritt, ist es auch nicht erstaunlich, daß gerade an einem Dauerdelikt wie der Fahnenflucht die Frage auftauchte, ob die Unterstützung des Deserteurs noch Beihilfe oder bereits Strafvereitelung oder beides zugleich sei[20]. RG St 50, 219 nahm in einem Fall, in dem die Fahnenflucht durch die Entfernung von der Truppe durch A bereits vollendet war, eine Strafvereitelung für B an, dem es darauf ankam, den noch fahnenflüchtigen A vor seiner Entdeckung durch die Militärpolizei zu schützen. Zur Begründung wird vorgetragen, daß von dem Zeitpunkt der Vollendung an bereits der Strafanspruch des Staates entstanden sei, der durch eine persönliche Begünstigung vereitelt werden könne. Da es sich aber um ein noch fortdauerndes Delikt des A handele, das noch nicht beendet sei, komme für B auch noch eine Beihilfe zur Fahnenflucht in Frage. Damit ist schon eine etwaige Konkurrenz von Beihilfe zur Vortat und Strafvereitelung in Betracht gezogen, ohne daß auf die Art des Zusammentreffens näher eingegangen wurde.

Solche näheren Ausführungen fehlen auch in der Entscheidung RGSt. 58, 13, die ebenfalls ein Dauerdelikt (unerlaubter Waffenbesitz) zum Gegenstand hatte, aber es ist in ihr zu erkennen, daß die Möglichkeit einer Idealkonkurrenz erwogen wurde[21]. Die Unterstützungshandlung des T bestand darin, daß er für P, dem sein unerlaubter Waffenbesitz

---

[19] BGHSt. 4, 133, zur h. L. vgl. *Kohlrausch - Lange*, § 257 IV.

[20] Vgl. § 15 WStG, dazu den Kommentar von *Dreher - Lackner - Schwalm*, § 15, 14: beendet sei die Fahnenflucht durch die räumliche Eingliederung in den Verband seiner Truppe, Anm. 37: sowohl Beihilfe als auch persönliche Begünstigung sei möglich, dann auch Idealkonkurrenz, vgl. § 16, 23: Fahnenflucht sei ein Dauerdelikt. Vgl. auch *Erbs - Kohlhaas*, § 15 WStG, Anm. 12.

[21] Vgl. RGSt. 58, 13: der nach der Vollendung geleistete Beistand könne neben einer Strafvereitelung mit einer Hemmung der Rechtspflege „zugleich die Wirkung haben, die fernere Durchführung des Vergehens zu fördern, und sie stellt sich alsdann, wenn diese Wirkung vom Beistandsleistenden gewollt ist, zugleich als eine Beihilfe i. S. § 49 StGB dar".

zu gefährlich wurde, jemanden ermittelte, der die Waffen fortschaffen und die Verwahrung übernehmen könne. Da T also durch ein und dieselbe Handlung, die sowohl die Strafverfolgung des T erschweren, als auch die fernere Durchführung seines unerlaubten Waffenbesitzes fördern wollte, zugleich den Tatbestand der Beihilfe zum Vergehen des unerlaubten Waffenbesitzes und den der Strafvereitelung erfüllt hat, ist hier Idealkonkurrenz deshalb möglich, weil sich beide Tatbestandsausführungshandlungen decken. Fehlt es an dieser Deckung und liegt nicht einmal eine zeitliche Überschneidung der Ausführungshandlungen vor, so entfällt die Möglichkeit der Idealkonkurrenz, und es ist Realkonkurrenz möglich[22].

Diese Konkurrenzmöglichkeiten sind, insbesondere nach der Rechtsprechung des BGH[23], aber nicht auf die Teilnahme an und die Strafvereitelung während eines Dauerdelikts beschränkt, sondern eröffnen sich bei allen Delikten, die nicht schon im Zeitpunkt der Vollendung abbrechen. Nach BGH St 4, 133 ist auch bei einem Diebstahl, der durch die Entfernung und das Verstecken des Diebesgutes vollendet wurde, schon Begünstigung möglich, auch wenn der § 242 StGB erst dadurch beendet wird, daß die Beute an ihren Bestimmungsort gebracht wird: „denn eine Begünstigung kann auch schon vor Beendigung der Haupttat begangen werden[24].“ Die Kritik dieser Rechtsprechung wird im folgenden Abschnitt zur sachlichen Begünstigung geleistet.

bb) Der Versuch einer klaren zeitlichen Trennung

Eine eindeutigere Abgrenzung der Vortatteilnahme von der Strafvereitelung ließe sich dadurch erreichen, daß man den formellen Tatbestand des § 257 StGB, für dessen Erfüllung dem Wortlaut nach nur eine mögliche Strafverfolgung vorausgesetzt ist, materiell so begrenzt, daß er erst dann verwirklicht werden kann, wenn die Vortat endgültig zum Abschluß gekommen ist. Diese Auffassung hat Geerds[25] in einer neueren Untersuchung zum Deliktstypus der Strafvereitelung vertreten. die sich sowohl mit der gegenwärtigen Regelung als auch deren Ge-

[22] Vgl. dazu das Kapitel über die Konkurrenzen. Nach der Rechtsprechung bestände auch die Möglichkeit, § 73 StGB dann anzuwenden, wenn eine natürliche Handlungseinheit vorliegt. Zur Kritik dieser „Billigkeitshandlungseinheit“ am Schluß des Konkurrenzkapitels. ... Nach *Miehe, Honig*-Fs., 112, sind die §§ 73, 74 StGB anwendbar, weil er der Strafvereitelung eine selbständige Schutzfunktion derart zuschreibt, daß sie einen mittelbaren Rechtsgüterschutz darstellt.

[23] Vgl. hingegen RGSt. 63, 373: die Vortat müsse tatsächlich abgeschlossen sein.

[24] *Furtner*, MDR 65, 433 bildet den Fall um, so daß eine Strafvereitelung möglich wird.

[25] *Geerds*, v. Hentig-Fs., 135 ff.

schichte befaßt, ihr Schwergewicht aber in der kriminal-phänomenologischen Untersuchung der einzelnen Erscheinungsformen der Strafvereitelung hat. Er stellt dabei ähnlich wie die Rechtsprechung auf den selbständigen Charakter der Strafvereitelung gegenüber der Beihilfe, aber auch gegenüber der Begünstigung, ab, kommt jedoch zu einem anderen Ergebnis: „tatbestandsmäßig i. S. § 257 StGB kann erst dann gehandelt werden, wenn nach tatsächlicher Beendigung der sonst als Haupttat zu wertenden Vortat eine Teilnahme formell nicht mehr möglich ist."

cc) Die besondere Schutzrichtung der Strafvereitelung

Diese Auffassung hat zwar Schwierigkeiten mit dem Wortlaut des § 257, wird von diesem jedoch nicht als mögliche Auslegung ausgeschlossen („... nach Begehung eines Verbrechens oder Vergehens"), so daß sie aus systematischen Gründen den Vorzug verdienen könnte. Die Strafvereitelung wäre damit klar von der Vortatbeihilfe abgegrenzt, da sie erst nach dem vollständigen Abschluß (der Beendigung) der Vortat begangen werden könnte. Sie ließe aber unberücksichtigt, daß die Straftatvereitelung einen völlig anderen Schutzzweck und damit auch einen anderen Unrechtsgehalt als die Vortaten hat.

Hält man damit eine teilweise Deckung der Ausführungshandlungen von Vortatteilnahme und Strafvereitelung für möglich, so könnte die damit eröffnete Möglichkeit von Idealkonkurrenz, ebenso wie die der Realkonkurrenz aus Gesichtspunkten der Gesetzeskonkurrenz verdrängt werden, weil der Unrechts- und Schuldgehalt der Handlungen des Unterstützenden durch die Teilnehmerstrafe voll erfaßt ist. Eine solche Verdrängung nimmt die Rechtsprechung aber nicht an, weil sie die Begünstigung als „eigenartigen und selbständigen Straftatbestand"[26] auffaßt, und die Strafvereitelung durch den Angriff auf die Strafrechtspflege ein besonderes Rechtsgut verletze[27].

Diesem Ergebnis und auch seiner Begründung schließt sich nur ein Teil des Schrifttums an[28], während andere Autoren für eine Gesetzeskonkurrenz eintreten. Nach Maurach[29] tritt der Sondertatbestand des § 257 StGB nach allgemeinen Grundsätzen gegenüber der Teilnahme zurück, aber eine genauere Begründung dafür wird nicht gegeben. Eine

---

[26] RGSt. 63, 373; BGHSt. 19, 30: die Begünstigung sei wie die Hehlerei keine Teilnahme an der Vortat, sie schließe sich nur selbständig an diese an.

[27] RGSt. 76, 123; BGHSt. 2, 363.

[28] *Furtner*, MDR 65, 433, *Winkler*, 134: da die Strafvereitelung kein echtes „auxilium post delictum" sei. *Baumann*, 604, der auf den selbständigen Charakter des § 257 StGB abstellt. Vgl. *Kohlrausch - Lange*, § 257 III.

[29] *Maurach*, BT, 725.

solche findet sich aber bei Lenckner[30], der den Beweis für diese Auffassung in § 257 Abs. 3 StGB sieht, denn danach wird der Mittäter, Anstifter oder Gehilfe der Vortat für eine vorher zugesagte Begünstigung nicht aus § 257 StGB, sondern allein als Gehilfe an der Vortat bestraft. Diese Gehilfenstrafe geht beim Mittäter bzw. Anstifter in der Täterschaft bzw. Anstiftung auf, beim Vortatgehilfen bleibt es bei der Strafbarkeit wegen Beihilfe. Da aber nicht einzusehen ist, warum dies ohne vorherige Zusage anders sein soll, wird daraus ganz allgemein der Schluß gezogen, daß auch dann jede Form der Beteiligung an der Vortat eine Strafbarkeit nach § 257 StGB ausschließt[31].

Der Entwurf 62 hat hingegen in § 447 Abs. 5 nur vorgesehen, daß der Vortatteilnehmer, der durch die Tat zugleich ganz oder zum Teil vereiteln will, daß er selbst wegen Beteiligung an der Vortat bestraft wird, nicht wegen Strafvereitelung bestraft werden kann. In der Begründung S. 631 wird hervorgehoben, daß damit der Rechtsprechung gefolgt werden soll, die grundsätzlich den Vortatteilnehmer auch noch wegen Strafvereitelung bestraft. Diese Auffassung kann zwar den zusätzlichen Verstoß gegen das Rechtsgut der Strafrechtspflege erfassen; dies ist jedoch angesichts der geringen Strafdrohung[32] der Strafvereitelung gegenüber der Vortatteilnahme nicht von Gewicht.

b) Die sachliche Begünstigung

aa) Die Erlangung von Vorteilen

Auch die sachliche Begünstigung ist nach der Fassung des § 257 StGB eine Anschlußtat, da sie erst „nach Begehung eines Verbrechens oder Vergehens“ verübt werden kann. Der Begünstiger leistet ebenso wie der Gehilfe oder Strafvereiteler einem anderen Hilfe und ist von diesen nur dadurch zu unterscheiden, daß er in der Absicht hilft, dem Vortäter die Vorteile seiner Straftat zu sichern[33]. Eine solche Vorteilssicherung kann frühestens dann geleistet werden, wenn dem Vortäter Vorteile[34] aus

[30] JuS 62, 304/5.

[31] *Schönke - Schröder*, § 257, 2 und 43, ebenso grundsätzlich *Jagusch*, LK, § 257, 4, der aber auch Idealkonkurrenz für möglich hält. Nach *Frank*, § 257 IV 2 konsumiert Teilnahme die persönliche Begünstigung.

[32] Vgl. § 447 Abs. 3: die Strafe darf nach Art und Maß nicht schwerer sein, als die für die Vortat angedrohte. Vgl. *Furtner*, MDR 65, 433, der dennoch Idealkonkurrenz annimmt.

[33] Vgl. die Zusammenstellung der herrschenden Meinung bei *Miehe, Honig-Fs.*, 108, aus der neueren Rechtsprechung BGHSt. 4, 107; 9, 144; 16, 4. a. A. *Schönke - Schröder*, § 257, 36, wonach ‚Wissentlichkeit‘ genügt.

[34] Vorteile sind nach BGHSt. 4, 124 nicht schlechthin mit der Sache gleichzusetzen, auf die sich die Vortat bezog; es gehe nicht so sehr um die Sicherung des Sachbesitzes, sondern vor allem um die der Eigentümerstellung. Vgl. auch RGSt. 76, 31.

seiner Tat bereits zugeflossen sind, die gesichert werden können. Darauf stellt auch RG St 58, 14 allein ab: „Denn sobald mit der rechtlichen Vollendung des Dauervergehens dem Täter irgendwelche Vorteile seiner Straftat zugefallen sind, die ihm ihrer Natur nach wieder entzogen werden können, ist auch Raum für eine Handlung, die ihm diese bereits erlangten Vorteile für die Zukunft sichern soll."

Wenn die herrschende Meinung[35] eine Begünstigung dann für möglich hält, wenn die Vortat vollendet ist, so kann das nur so verstanden werden, daß in der Regel zu diesem Zeitpunkt der Täter bereits Vorteile aus seiner Straftat erlangt hat. Zu dieser Regel gehören aber auch Ausnahmen, denn es sind Fälle denkbar, bei denen dem Täter schon durch den Versuch einer Straftat Vorteile zugeflossen sind[36]. Und häufiger wird es so sein, daß der Täter mit der Vollendung der Tat zwar schon einen Vorteil erlangt hat, er aber seine strafbare Handlung fortsetzt und dabei weitere Vorteile bis zum endgültigen Abschluß seiner Tat für sich herausholt.

bb) Zeitliche Trennung durch Begrenzung des Tatbestandes der Vortat

Da wir jedoch festgestellt haben, daß eine Teilnahme (Mittäterschaft und Beihilfe) noch bis zum Eintritt des letzten tatbestandsmäßigen Erfolges, also bis zur Beendigung möglich ist, werden sich zeitliche Überschneidungen von Teilnahme und Begünstigung in der Phase zwischen Vollendung und Beendigung ergeben, so daß Konkurrenzerörterungen angestellt werden müssen.

Solche Überschneidungen wurden auch in der Rechtsprechung zu Fällen der sachlichen Begünstigung, insbesondere während des Verlaufs von Dauerdelikten[37], festgestellt, da hier das Auseinanderfallen von Vollendung und Beendigung allgemein anerkannt ist, und es sich auch

---

[35] RGSt. 58, 14, BGHSt. 4, 133, *Maurach*, BT, 727, *Schönke - Schröder*, § 257, 2, *Dreher*, § 257, 2 c, *Jagusch*, LK, § 257, 3 a, *Mezger - Blei*, BT, 288.

[36] *Maurach*, BT, 727, *Lackner*, § 257, 2 a. Dies wird wohl nur dann gelten, wenn die Tat in diesem Stadium abbricht, nicht jedoch, wenn sie nahtlos bis zur Vollendung durchgeführt wird, denn dann wird von einer Vorteilssicherung „nach Begehung eines Verbrechens oder Vergehens" erst zu diesem Zeitpunkt die Rede sein können. Vgl. dazu den Abschnitt zur Hehlerei.

[37] RGSt. 50, 219; 58, 14. Noch deutlicher bei der fortgesetzten Tat, da hier für den Teilnehmer oder Begünstiger die Einzelakte selbständig zu werten sind, RGSt. 17, 229; 34, 7; RG, GA 48, 350; RG, BayZ 21 (1925), 197: Begünstigung in bezug auf abgeschlossene Einzelakte und Beihilfe zu den folgenden; erfolge beides in einer Handlung, so sei ein rechtliches Zusammentreffen gem. 73 StGB anzunehmen. Anders RGSt. 17, 29, da die Hilfe während zeitlich getrennter Einzelakte der fortgesetzten Tat geleistet wurde und einmal als Beihilfe, später als Begünstigung zu werten war. Vgl. RG, HRR 37, 1474, bejahend zur Möglichkeit der Idealkonkurrenz.

leicht veranschaulichen läßt, daß dem Täter während seiner Dauerstraftat immer mehr Vorteile zufließen.

α) Der Diebstahl als Vortat

Doch läßt sich ein solches Zusammentreffen auch während des Verlaufs all der Delikte feststellen, die noch über die Vollendung hinaus fortgesetzt werden können. Dies trifft nach der Rechtsprechung des BGH beispielsweise für den Diebstahl zu, der zwar mit der Begründung neuen, wenn auch ungesicherten Gewahrsams vollendet sei, jedoch erst durch eine gewisse Gewahrsamssicherung beendet werde. Sieht man in der Erlangung neuen, noch ungesicherten Gewahrsams bereits einen Vorteil i. S. des § 257 StGB, so kann derjenige, der dem Dieb bei der endgültigen Sicherung seines Gewahrsams hilft, sowohl Begünstiger als auch Diebesgehilfe sein[38]. Die Willensrichtung des Helfenden wird in diesen Fällen regelmäßig so gestaltet sein, daß beide Tatbestände auch in ihrem subjektiven Teil erfüllt sind, da für die Beihilfe nur Wissentlichkeit bzgl. der sichernden Handlung erforderlich ist, und der Helfende meist auch die Absicht haben wird, dem Dieb die Vorteile seiner Tat zu sichern[39].

Stellt man jedoch wie hier auf den Abschluß der Wegnahme als den entscheidenden Beendigungszeitpunkt beim Diebstahl ab, so sind alle Unterstützungshandlungen nach der Begründung neuen Gewahrsams, also nach Abschluß der Wegnahme allenfalls noch Begünstigungshandlungen, so daß die Frage nach der Konkurrenz zur Vortatteilnahme entfällt[40].

In diese Richtung ging auch die Rechtsprechung des Reichsgerichts, dem dabei schon die Erwägung, die der Bundesgerichtshof heute anstellt, bekannt waren. In RG St 8, 177 entwendete W in Säcken verpackte Gerste aus der Scheune seines Vaters und wollte sie zwecks Verkaufs zu K bringen. Unterwegs half ihm A dadurch, daß er mehrere junge Leute abwimmelte, die sich W in den Weg gestellt hatten. Das Landgericht verurteilte den A wegen Begünstigung, da der Diebstahl des W vollendet gewesen sei, als A helfend hinzugetreten sei. Demgegenüber war die Staatsanwaltschaft für eine Verurteilung wegen Beihilfe zum

38 Vgl. BGHSt. 4, 133; 11, 316, wo der BGH nur noch Begünstigung für möglich hielt, da der Diebstahl des Schrotts vollendet gewesen sei, als B ihn am Bergungsort abgeholt habe. Vgl. RG, HRR 38, 633, BGH, LM, Nr. 15 zu 242, die ebenfalls die Hilfe durch Abholen aus einem Versteck betreffen. Nach RG ist § 257 anwendbar, da § 242 vollendet sei, nach dem BGH nur dann, wenn die Abfuhr ohne Hindernisse erfolgen kann.

39 Vgl. *Furtner*, MDR 65, 432, auch eine Strafvereitelung könne noch hinzutreten.

40 Vgl. *Isenbeck*, NJW 65, 2328: Weitere Sicherung und Festigung des Gewahrsams sei nur noch Begünstigung oder Hehlerei.

Diebstahl, da der Diebstahl „in der faktischen Art" ins Auge zu fassen sei. Dagegen führt das Reichsgericht aus: „Es kann sich in dem Falle, wenn die Thatbestandsmerkmale dieses Verbrechens oder Vergehens schon ins Leben getreten sind, wenn das betreffende Delikt sonach zur Vollendung gelangt ist und nicht etwa der Fall der Fortdauer oder der Wiederholung des Delikts zutrifft, die der Vollendung nachfolgende Handlung eines Dritten, durch welche dem Thäter Beistand geleistet wird ... sich nicht als Beihilfe darstellen, selbst dann nicht, wenn der Thäter mit der Vollendung des Delikts sein Handeln insofern noch nicht abgeschlossen hat, als er in ununterbrochener Thätigkeit noch bemüht ist, sich die von ihm bezweckten materiellen, nicht zum Thatbestande des betreffenden Delikts gehörigen Vorteile zu sichern, und wenn ihm hierbei von einem Dritten Beistand geleistet wird[41]." Eine Unterstützung bei der Sicherung des bereits erlangten Gewahrsams kann danach nur noch eine Begünstigung sein.

β) Die Jagdwilderei als Vortat

Auch bei der Jagdwilderei gem. § 292 StGB bereitet es Schwierigkeiten, den Zeitpunkt anzugeben, bis zu dem noch Beihilfe und von dem ab Begünstigung möglich ist. Sowohl die Rechtsprechung[42] wie das Schrifttum[43] arbeiten hier wieder mit den Begriffen Vollendung und Beendigung, und zwar gerade auch in den Fällen, in denen die Jagdwilderei in der Handlungsalternative des Sichzueignens begangen wird. Da nach den bisherigen Ausführungen zu Diebstahl und Unterschlagung klar wurde, daß die Zueignung bzgl. einer Sache ein einmaliger Akt ist, muß auch hier davon ausgegangen werden. Nur bis zur ersten Zueignung, sei es durch Wegnahme oder sonstige Handlungen, kann also noch i. S. von § 49 StGB Hilfe geleistet werden. Eine Begünstigung kommt hingegen erst in Betracht, wenn die Entziehungsseite der Zueignung verwirklicht ist und dem Wilderer dadurch Vorteile zugeflossen sind, die der Begünstiger sichern helfen kann.

Dieser Zeitpunkt ist sicher dann erreicht, wenn der Wilderer das Wild aus dem Gebiet des Jagdberechtigten geschafft hat[44], denn damit

---

[41] Vgl. dazu *Olshausen*, § 257, 33: die vorläufige Beute sollte in eine definitive verwandelt werden.

[42] RG, Rspr. 9, 502, RGSt. 12, 306.

[43] *Dreher*, § 292, 2 A b, *Jagusch*, LK, § 292, 7 u. 8.

[44] Vgl. *Frank*, § 292, II 4: „Nachdem das Gebiet des Berechtigten verlassen worden ist, wird freilich das Mitschleppen regelmäßig zur Begünstigung." *Olshausen*, § 292, 13: „Das Fortschaffen der Jagdbeute, nachdem der Wilderer das Wild in seine ausschließliche Gewalt gebracht hat, stellt keine Beihilfe mehr dar, sondern Begünstigung." Vgl. *Jagusch*, LK, § 292, 8: wenn Aneignung beendet, dann § 257 StGB. Nach *Dreher*, § 292, 2 ist die Tat damit erst vollendet.

ist ein Zustand hergestellt, der für den Jagdberechtigten einer völligen Entziehung seines Aneignungsrechts gleichkommt, und in dem der Wilderer durch den Besitz des Wildes unter Ausschluß des Berechtigten bereits handgreifliche Vorteile erlangt hat, gegen deren Entziehung ihm ein Dritter i. S. des § 257 StGB helfen kann. Hilft demnach ein Dritter dem Wilderer, der das Wild aus fremdem Jagdrevier wegschafft, bei der weiteren Bergung der Beute, so kann nur § 257 StGB Anwendung finden, und es kommt zu keiner zeitlichen Überschneidung mit der Beihilfe zu § 292 StGB[45].

Zeitliche Überschneidungen sind allenfalls dann denkbar, wenn man die Möglichkeit einer Begünstigung schon vor der Entfernung des Wildes aus dem fremden Jagdrevier für möglich hält. In einem dem RG[46] vorliegenden Sachverhalt hatte der A fremdes Wild geschossen und auf dem fremden Jagdgebiet versteckt, um es abends mit B abzuholen. Während hier die Revision des B für eine Begünstigung plädierte, da er nach Begehung der Jagdwilderei geholfen habe, entschied sich das Reichsgericht für eine Teilnahme (Mittäterschaft oder Beihilfe) zu § 292 StGB, da B an der Ausführung der Jagdwilderei beteiligt gewesen sei: die Okkupation des erlegten Wildes sei trotz der Vollendung des § 292 StGB durch das Nachstellen noch nicht zum Abschluß gebracht, bevor der Wilderer eigene Verfügungsgewalt über das Wild begründet habe. Dies entspricht der herrschenden Lehre zum Diebstahl[47], die bei vom Dieb bereits versteckten, jedoch schwer transportablen Gegenständen eine Wegnahme erst dann annimmt, wenn der Gegenstand aus dem Herrschaftsbereich des Eigentümers entfernt ist. Ebenso entscheidet die herrschende Lehre zu § 292 StGB[48].

Doch damit ist nur die Möglichkeit einer Teilnahme des B begründet, nicht jedoch ausgeschlossen, daß B durch dieselbe Handlung zugleich eine Begünstigung begangen hat, denn nach dem formellen Tatbestand des § 257 StGB kommt es nur darauf an, daß A durch seine bisherige strafbare Handlung bereits Vorteile erlangt hat. Ein solcher Vorteil könnte darin liegen, daß A durch die Wahl eines günstigen Versteckes, das dem Jagdberechtigten die Ausübung seines Gewahrsams nahezu unmöglich macht, bereits vor dem Abholen eine große Chance hat, das

---

[45] a. A. *Furtner*, JR 66, 169, JR 62, 414, nach dem Jagdwilderei auch noch außerhalb des fremden Jagdreviers möglich ist. Vgl. *Dreher*, § 292, 2, der je nach der Willensrichtung auch Beihilfe für möglich hält, wenn die Tat noch nicht beendet ist.

[46] RG, GA 50, 132.

[47] *Schönke - Schröder*, § 242, 33 mit weiteren Hinweisen.

[48] *Frank*, § 292, II 4, *Olshausen*, § 292, 13, *Dreher*, § 292, 2 A b unter Anführung von RG 1 D 828/28: das Fortschleppen innerhalb des fremden Reviers sei noch Fortsetzung der Wilderei. Ebenso *Jagusch*, LK, § 292, 7 .

Wild endgültig an sich zu bringen. Hat B dann die Absicht der Vorteilssicherung und weiß er zudem, daß er den Abschluß der Wilderei fördert, so könnte das zur Annahme von Idealkonkurrenz zwischen Beihilfe zur Wilderei und Begünstigung führen, sofern nicht eine Form der Gesetzeskonkurrenz eingreift.

Zu diesem Ergebnis müßte die herrschende Meinung ähnlich wie beim Diebstahl kommen, denn hier ist die Jagdwilderei durch Zueignung schon vollendet, aber da der Gewahrsam des Wilderers noch ungesichert ist, noch nicht beendet.

Nach der hier zur Zueignung vertretenen Ansicht wäre in dieser Fallgestaltung die Zueignung des fremden Wildes vollzogen, so daß eine weitere Zueignung durch die endgültige Sicherung des Gewahrsams ausgeschlossen ist. Derjenige, der durch die Entfernung des versteckten Wildes aus dem fremden Jagdrevier hilft, kann nur noch Begünstiger sein.

Doch zurück zu den Fällen der Zueignung durch Wegnahme, zu § 242 StGB. Mit dem Abschluß der Wegnahme ist zwar eine klare Grenze[49] zwischen Diebstahl und sachlicher Begünstigung aufgezeigt, so daß sich die Konkurrenzfrage zwischen §§ 242, 257 StGB nur noch für die Fälle stellt, in denen der Unterstützende im Verlauf mehrerer Wegnahmen so hilft, daß er dem Dieb aus den schon begangenen Diebstählen die Vorteile sichert und ihm für die noch folgenden Beistand leistet. Jedoch erscheint diese Abgrenzung dadurch in Frage gestellt, daß die weiteren Handlungen, die der Dieb nach seiner Zueignung durch Wegnahme an der Beute vornimmt, als „weitere Äußerungen seines Herrschaftswillens“[50] aufgefaßt werden. Diese Äußerungen könnten dann auch als Unterschlagung dem § 246 StGB subsumiert werden, womit sich die Möglichkeit einer Beihilfe zur Unterschlagung in dem Stadium ergibt, in dem bisher allein noch Begünstigung in Frage kam.

γ) Die mehrfache Zueignung einer Sache

Die Befürchtung, daß dann „der Anwendbarkeit des § 257 StGB wesentlich engere Grenzen gesetzt“ wären, „als ersichtlich vom Gesetz gewollt“, mit der Konsequenz der strengeren Strafdrohung aus §§ 246, 49 StGB, war deshalb auch ein Grund für den BGH[51], sich mit der Möglichkeit mehrfacher Zueignung einer Sache auseinanderzusetzen. Diese

---

[49] So auch *Isenbeck*, NJW 65, 2327: die Grenze sei einfach zu ziehen, denn Hilfeleistung zur Wegnahme sei Beihilfe, Unterstützung der Gewahrsamssicherung dagegen Begünstigung.

[50] *Paulus*, 193.

[51] BGHSt. 14, 45: „...; insbesondere wären die mit Vorbedacht gewählten engeren Voraussetzungen des inneren Tatbestandes ausgeschaltet.“ *Bockelmann*, JZ 60, 624 bezeichnet den Hinweis auf dieses unbillige Ergebnis als eindrucksvoll.

berühmte Entscheidung ist so häufig gewürdigt worden[52], daß es angebracht erscheint, nur den — freilich nicht deutlich zum Ausdruck gekommenen — Kerngedanken der Entscheidung zu untersuchen, den Maiwald[53] klar herausgearbeitet hat: „Der Dieb, der die Sache durch Wegnahme in seinen Gewahrsam gebracht hat, der Unterschlagende, der den Gewahrsam anders als durch Wegnahme erworben hat, können sich die Sache, solange der Gewahrsam besteht, nicht mehr zueignen, wenn einmal feststeht, daß ein Diebstahls- oder Unterschlagungsakt stattgefunden hat."

Ein Blick auf die Entstehungsgeschichte des Unterschlagungstatbestandes zeigt, daß er gerade in Abgrenzung zum Diebstahl konzipiert war: Unterschlagen konnte man nur Sachen, die man nicht durch Diebstahl erlangt hatte[54]. Doch hat diese Begrenzung im Gesetzeswortlaut des § 246 StGB keinen erkennbaren Ausdruck gefunden[55], so daß die Tatbestandsmäßigkeit weiterer Betätigungen des Herrschaftswillens nach der Wegnahme erst ausgeschlossen werden kann, wenn eine Analyse des Zueignungsbegriffes[56] ergibt, daß diese bezüglich einer Sache ein einmaliges Ereignis ist.

Sowohl der Dieb als auch der Unterschlagende bewirken für den Eigentümer den „totalen Sachverlust", oder schaffen doch zumindest eine „Gefahr, die dem Sachverlust praktisch gleichkommt"[57]. Es wird der Eigentümerwille ausgeschaltet[58], dennoch geht unsere Rechtsordnung davon aus, daß der Geschädigte Eigentümer bleibt, und stellt deshalb das Gebot[59] auf, fremdes Eigentum trotz der schlechten faktischen Wiedererlangungschancen des Eigentümers zu respektieren. Dieses Gebot ist auch sinnvoll, da der eingetretene Zustand noch reparabel ist, nur verliert sich dieser Sinn, wenn man das Gebot gerade an den richtet, der sich die fremde Sache zugeeignet hat. Der Dieb ist gerade derjenige, „der durch den erneuten Zugriff das Gegenteil jenes moralischen Anstoßes realisiert, durch den der erste Sacheingriff allein reparabel wäre"[60]. Die weiteren Handlungen des Diebes nach seiner Zueignung

---

52 Vgl. die weitere Literatur bei *Maiwald*, Zueignungsbegriff, 262 ff., *Paulus*, 192 ff., *Fulst*, Zur Tatbestandsmäßigkeit mehrfach vorgenommener Zueignungshandlungen, Diss. Köln 1966.

53 *Maiwald*, Zueignungsbegriff, 262.

54 *Maiwald*, Zueignungsbegriff, 221, 263, *Schünemann*, JuS 68, 117.

55 *Paulus*, 193.

56 Wenn man wie *Maiwald*, Zueignungsbegriff, 263, die Problematik historisch aufgelöst hat, geht die weitere Frage nach dem sachlichen Grund, der zu der Regelung durch den historischen Gesetzgeber geführt hat.

57 *Maiwald*, Zueignungsbegriff, 263.

59 *Maiwald*, Zueignungsbegriff, 264, vgl. auch *Schönke - Schröder*, § 246, 34.

60 *Maiwald*, Zueignungsbegriff, 264: „Der Täter ist gleichsam aus dem Kreis der Adressaten für das Verbot der Eigentumsverletzung hinsichtlich

durch Wegnahme sind „tatbestandsindifferent", „weil sie materiell keinen Unrechts- und Schuldunwert mehr" aufweisen[61]. Auch etwaige Verschlechterungen der Wiedererlangungschancen für den Eigentümer durch den Dieb ändern daran nichts, weil dies kein Zueignungsunrecht mehr ist[62].

Ist damit ein sachlicher Grund für die Regelung des historischen Gesetzgebers aufgefunden, die § 246 StGB auf die erstmalige Zueignung beschränkt, so kann die richtige These von BGH 14, 39 ff. nicht, wie Schröder und Maurach[63] dies tun, mit der kriminalpolitischen Forderung umgestoßen werden, daß eine Bestrafung des Teilnehmers einer Verwertungshandlung auch aus § 246 StGB möglich sein muß. Dies geht eben wegen mangelnder Tatbestandsmäßigkeit der weiteren Handlungen des Diebes, also mangels einer Haupttat, nicht mehr, so daß die Konstruktion des Gesetzes konsequent ist, wenn es hierfür nur noch Anschlußtatbestände bereitstellt, wie etwa §§ 257, 259 StGB[64]. Vorausgesetzt ist dabei aber eine gewisse Ähnlichkeit der Schutzfunktion von § 246 StGB und den Anschlußtatbeständen[65].

Eine sachliche Berechtigung hat dies bezüglich der Begünstigung[66] mit ihrer geringen Strafdrohung deshalb, weil die kritische Schwelle der

---

der konkreten Sache ausgeschieden, weil er die Nehmerseite der Zueignung nicht mehr realisieren kann."

[61] *Maiwald,* Zueignungsbegriff, 265, Fn. 117. Einen weiteren Hinweis für die Richtigkeit dieses Ergebnisses sieht Maiwald darin, daß die Zufälligkeit, ob der Dieb die Sache später für die eigene hält, nicht über die Tatbestandsmäßigkeit seiner weiteren Handlungen entscheiden könne. Vgl. *Paulus,* 195: der Täter könne nur einmal unter Offenbarung und Betätigung seines Eigentümerwillens eine eigentumsgleiche Relation zum Zueignungsobjekt begründen, weitere Manifestationen des Zueignungswillens könnten nur noch das Bestehen dieses Pseudo-Eigentümerverhältnisses kundtun, nicht mehr dessen Herstellung.

[62] Vgl. *Maiwald,* Zueignungsbegriff, 165, *Paulus,* 196, *Schünemann,* JuS 68, 118: auf diese Verschlechterung käme es nicht an, die Verschiebung, durch die der Täter die Sache als eigene beanspruche, sei nicht wiederholbar; dies gegen *Bockelmann,* JZ 60, 623.

[63] *Schönke - Schröder,* § 246, 34, *Maurach,* BT, 240, allgemein zur Teilnahme an der straflosen Nachtat *Maurach,* AT, 662.

[64] Vgl. *Maiwald,* Zueignungsbegriff, 268: „Nach dem Willen des Gesetzes sind für solche Fälle vielmehr die Tatbestände der Hehlerei und der Begünstigung vorgesehen." *Schünemann,* JuS 68, 119: „Dabei liegt der Gedanke, daß in §§ 257/9 StGB die strafbare Teilnahme nach der Tat abschließend umschrieben werden sollte, ... außerordentlich nahe."

[65] Vgl. *Miehe,* Honig-Fs., 129: diese Begründung von BGH 14, 46 ließe sich nur vertreten, wenn § 246 und § 257 die gleiche oder doch ähnliche Funktion im System des strafrechtlichen Rechtsgüterschutzes zu erfüllen hätten. Nur dann könnte man beanstanden, daß die Auslegung des einen Tatbestandes die Grenze aufweiche, die der andere Tatbestand diesem Schutz bewußt ziehe.

[66] Die Hehlereistrafdrohung hingegen ist aus ihren besonderen Handlungsmodalitäten zu erklären.

Zueignung überschritten ist, und an diesem Zeitpunkt das Unrecht der Eigentumsverletzung kulminierte[67], um dann wieder abzunehmen. Dieses Hauptbeispiel einer angeblichen Konkurrenz von Beihilfe und Begünstigung im Stadium zwischen Vollendung und Beendigung zeigt, daß diese Annahme durch eine richtige Festlegung des Beendigungszeitpunkts der Vortat überflüssig wird. Nur weil hier von der herrschenden Meinung die Beendigung in den Bereich, der eigentlich der Begünstigung vorbehalten erscheint, verlegt wird, wird die Konkurrenzfrage dringlich. Es liegt nahe, aus dem Vorliegen eines solchen Anschlußdeliktes mit seinen engeren Anforderungen im subjektiven Tatbestand[68] einen Umkehrschluß dahingehend zu ziehen, daß in diesem Bereich Beihilfe keinen Platz mehr habe[69]. Zumindest läßt sich aus der Begünstigungsvorschrift ein Indiz dafür entnehmen, daß das weite Hinausschieben des Beendigungszeitpunktes durch die herrschende Lehre nicht der Systematik des Strafgesetzbuches entspricht[70].

δ) Die Fälle des Sparbuchdiebstahls

Wie entscheidend die richtige Begrenzung des Tatbestandes des Vordelikts ist, zeigt eine weitere Fallgruppe. Bei den sog. Sparbuchdiebstählen (-unterschlagungen) wird die Frage, ab wann eine sachliche Begünstigung einsetzen kann, häufig mit den Begriffen Vollendung bzw. Beendigung (vollständiger Abschluß)[71] beantwortet. Doch auch hier führt die Betrachtung, die darauf abstellt, ab wann dem Vortäter aus seiner Straftat Vorteile zugeflossen sind, zu sichereren Ergebnissen. Für die jetzt zu behandelnde Fallgruppe kommt es demnach darauf an, wann die Zueignung eines Sparbuchs anzunehmen ist; sei es die Zueignung durch Wegnahme beim Sparbuchdiebstahl, oder die Zueignung durch sonstige Handlungen bei der Unterschlagung eines Sparbuchs.

---

67 Vgl. *Maiwald*, Zueignungsbegriff, 263/4, der dafür auch auf die psychische Realität beim Täter hinweist. Vgl. *Bockelmann*, JZ 60, 625: das kriminelle Schwergewicht liege in der Regel bei der Verschaffungs-, nicht bei der Verwertungshandlung, weshalb es für die strafrechtliche Beurteilung allein auf die Verschaffungshandlung ankomme.

68 So BGHSt. 14, 45, vgl. *Mayer*, AT, 162.

69 So *Hruschka*, GA 68, 205, Fn. 43: Aus den §§ 257 ff., 259 ff. ergebe sich, „daß das Gesetz nicht alle Förderungshandlungen im Anschluß an eine Tatbestandsverwirklichung bestraft, und damit wiederum ein Umkehrschluß, aus dem die Unzulässigkeit einer Ausdehnung des Endstadiums einer Tat folgt, wenn damit die Erfassung sonst nicht erfaßter oder doch wenigstens nicht mit der Täter- oder Gehilfenstrafe bedrohter Fälle erreicht werden soll".

70 Vgl. BGH, VRS 16, 267, wo die Konkurrenz von Beihilfe und Begünstigung nur deshalb für möglich gehalten wird, weil das Ende der Unfallflucht so weit hinausgeschoben wurde, wie noch eine Rückkehrpflicht vorliege. Vgl. *Schönke - Schröder*, § 142, 23, *Welp*, 20: bloße Pflicht zur Wiedergutmachung.

71 Vgl. RGSt. 22, 4; 39, 243.

In einem dem Reichsgericht[72] vorliegenden Sachverhalt hatte der A ein Sparbuch aus dem Gewahrsam seiner Eltern an sich gebracht und später den B beauftragt, einen Teilbetrag für ihn abzuheben. Nach dem RG kommt hier eine Beihilfe des B nicht mehr in Betracht, sondern B könnte möglicherweise Begünstiger des A sein, weil der Diebstahl des A zur Zeit des Tatbeitrags des B schon „juristisch vollendet"[73] gewesen sei. Die Vollendung wird in der „in Absicht rechtswidriger Zueignung ausgeführten und vollzogenen Wegnahme des Sparkassenbuchs aus dem Gewahrsam der Eltern" gesehen, die Wegnahme sei bereits vollständig abgeschlossen gewesen, als A den B beauftragte. Folglich hatte sich A das Sparbuch davor auch schon zugeeignet[74].

Eine Teilnahme des B käme jedoch dann in Betracht, wenn auch noch im Abheben vom gestohlenen Sparbuch eine strafbare Handlung läge. Diese Annahme wehrt jedoch das RG ab: Die Erhebung der Geldsumme bei der Sparkassenverwaltung bilde keine zur Vollendung des Diebstahls erforderliche Handlung[75].

In einer späteren Entscheidung stellt das RG[76] jedoch fest, daß eine Begünstigung dann ausscheide, wenn man, wie der Vorderrichter, eine einheitliche Handlung zwischen dem Diebstahl durch Wegnahme des Sparbuchs und dem Betrug durch Abheben vom Sparbuch annehme, denn dann sei in dem Zeitpunkt, in dem die Begünstigung durch Abheben erfolgt sein soll, die Straftat noch nicht vollendet[77]. Das RG selbst kann jedoch eine Begünstigungshandlung in dem Abheben sehen, denn nach seiner Konstruktion war der Diebstahl mit der Wegnahme aus dem Gewahrsam des Sparbuchinhabers vollendet[78]. Insofern wiederholt das RG seine in der zuvor erwähnten Entscheidung schon zitierte Argumentation, es geht jedoch hier darüber hinaus, indem es konkret angibt, welche Nachteile den Eigentümer schon jetzt treffen: mit der Wegnahme aus fremden Gewahrsam sei" die von A erstrebte Beschädigung des Vermögens ... eingetreten, die Sparkassenbücher mit den ihnen eigentümlichen Werten waren seinem (des Eigentümers) Vermögen bereits entzogen"[79]. Der Dieb hat sich also schon die eigen-

---

[72] RGSt. 22, 2 ff.

[73] RGSt. 22, 3 und 4.

[74] Vgl. aus der gegenwärtigen Literatur *Schönke - Schröder*, § 242, 48 mit weiteren Hinweisen.

[75] RGSt. 22, 3.

[76] RGSt. 39, 239 ff.

[77] RGSt. 39, 244, genauer im Leitsatz: „. . ., wo zwar der Diebstahl, aber noch nicht der Betrug vollendet ist."

[78] RGSt. 39, 243.

[79] RGSt. 26, 151; 39, 243, vgl. *Maiwald*, Zueignungsbegriff, 55, vgl. auch RG, LZ 9 (1915), 383 für den Fall, daß B im Auftrag des A einen von diesem

tümlichen Vorteile eines Sparbuchs verschafft, deren Sicherung durch einen Begünstiger mittels Abhebens möglich wird[80].

Eine Teilnahme am Diebstahl wäre nach dieser Konstruktion nur dann denkbar, wenn das Abheben vom Sparbuch sog. straflose Nachtat des Diebstahls wäre, denn nach herrschender Meinung[81] kann zu einer solchen noch Beihilfe geleistet werden. Das RG scheint zunächst dieser Auffassung zuzuneigen[82], erklärt dann jedoch, daß für die nochmalige Zueignung der Sache, die sich der Täter schon durch den Diebstahl zu eigen gemacht habe, kein Raum sei[83].

Fehlt es jedoch beim Sparbuchdiebstahl schon an der negativen Seite der Zueignung, so kommt auch eine Vorteilssicherung durch Abheben mangels eines erlangten Vorteils nicht in Betracht. Diese Ansicht vertritt jüngst Maiwald[84]: danach besteht die negative Seite der Zueignung darin, daß dem Eigentümer durch die eigentumsverletzende Handlung Möglichkeiten genommen werden, die ihm die Sache bietet[85]. Wer ein fremdes Sparbuch wegnimmt, erlangt damit zwar die tatsächliche Chance[86], später auch zu Geld zu kommen, nach Maiwald liegt jedoch der Sachwert des Sparbuchs nur in der Funktion, die ihm die Rechtsordnung zuweist[87]. Da aufgrund der Legitimationsklausel, anders als bei Inhaberpapieren[88], gerade nicht jeder Inhaber die Leistung erhalten solle, hafte dem Sparbuch die Funktion, zur Leistung zu führen, nicht

---

gestohlenen Pfandschein einlöst. B verhindere, „daß die durch den Besitz des Pfandscheins geschaffene Möglichkeit der Verfügung über die Uhr wieder verloren ging". Vgl. RGSt. 50, 255 f., wo für Inhaberpapiere ebenso entschieden wird, anders jedoch für ‚Bons', da deren Entwendung die ausgebende Firma noch nicht endgültig schädigt.

80 Vgl. *Frank,* § 257 V 2.

81 Vgl. *Schönke - Schröder,* Vorb. 72 vor § 73, vgl. RGSt. 57, 43; 67, 77.

82 RGSt. 39, 243: „ein fortgesetzter, aber bereits durch die Bestrafung wegen Diebstahls zur Sühne gebrachter Eingriff in fremdes Vermögen." Ebenso RGSt. 49, 407, vgl. RG, DStrZ 5 (1918), 307, wo das Abheben der Einlage nach einem Sparbuchdiebstahl als straflose Nachtat bezeichnet wird. Vgl. *Dreher,* § 242, 3 A a: mitbestrafte Nachtat, *Frank,* § 74 V 3 a: vorbestrafte Nachtat. a. A. *Honig,* VuN, 101: es fehle an der Tatbestandsmäßigkeit der Handlung, so auch *Maiwald,* Zueignung, 265.

83 RGSt. 39, 244, vgl. RMG 16, 107.

84 *Maiwald,* Zueignungsbegriff, 162 ff.

85 *Maiwald,* Zueignungsbegriff, 164.

86 Darauf stellt die Rechtsprechung ab, vgl. RG, LZ 9 (1915), 383, dazu *Frank,* § 257 V 2, da die Entziehung der Vorteile des Vordelikts erschwert werde.

87 *Maiwald,* Zueignungsbegriff, 165/6.

88 Anders *Jagusch,* LK, D V 2 aa vor § 242, wonach Sparbücher echten Inhaberpapieren gewohnheitsrechtlich gleichstehen. Vgl. aber RG St. 61, 126, wo zunächst zwischen Legitimations- und Inhaberpapieren unterschieden wird, dann aber auch für das Legitimationspapier zwischen dem Verhältnis von Gläubiger und Sparkasse und den Vorgängen innerhalb der Sparkasse. BGH, NJW 69, 1261 nimmt Betrug bei der Vorlegung eines Postschecks an,

an sich an. In der Entwendung eines fremden Sparbuchs liegt also noch keine Zueignung durch Wegnahme im Sinne des § 242 StGB, so daß eine Vorteilssicherung mangels strafbarer Vortat ausscheidet.

Geht man mit Maiwald[89] von der Möglichkeit eines Betrugs durch Abheben aus, so kommt für jeden, der sich daran beteiligt, Mittäterschaft oder Beihilfe zu § 263 StGB in Betracht. Hält man das Abheben nicht für tatbestandsmäßig, weil schon in der Entwendung des Sparbuchs ein Diebstahl gesehen wurde, so kann darin nur eine Begünstigung liegen. Hält man nur das Abheben für strafbar, so scheidet § 257 StGB mangels einer Vortat aus. Lediglich bei der Konstruktion, die im Abheben eine straflose Nachtat sieht, kann neben eine Begünstigung noch eine Teilnahme treten. Welche Art von Konkurrenz dabei vorliegt, soll am Ende dieses Abschnitts erörtert werden[90].

cc) Die materielle Korrektur des Begünstigungstatbestandes

Die Möglichkeit einer Begünstigung hängt also sehr davon ab, wie das die „Vortat" bildende Geschehen strafrechtlich gewertet wird. Läßt sich aber die Überschneidung von Vortatteilnahme und Begünstigung durch eine Begrenzung des Tatbestandes der Vortat nicht verhindern, so könnte dasselbe Ergebnis dadurch erreicht werden, daß man den Tatbestand der Begünstigung materiell so begrenzt, daß er erst eingreifen kann, wenn die Vortat endgültig zum Abschluß gekommen ist. Eine solche materielle Korrektur des Begünstigungstatbestandes wird zwar von der Rechtsprechung nicht ausdrücklich vorgenommen, aber der Beendigungszeitpunkt wird häufig ohne Begründung als Abgrenzung von Vortatteilnahme und Begünstigung genannt[91].

α) Die Rechtsprechung zu Konterbande, Bannbruch und Zollhinterziehung

So grenzt nach feststehender Rechtsprechung des RG sowie des BGH der Beendigungsbegriff beim Vergehen der Konterbande gemäß § 396

---

da die Postbeamten eine Prüfungspflicht nach § 6 Abs. 4 Postscheckordnung unterliegen; dennoch hält der BGH eine vorherige Zueignung des Postschecks durch Wegnahme dann für möglich, wenn der Scheck schon alle nötigen Angaben enthielt und von einer dazu befugten Person unterschrieben war.

89 *Maiwald*, Zueignungsbegriff, 167.

90 Nach *Pfeiffer*, § 242, 24 nimmt auch BGH 1 StR 259/57 nicht Betrug, sondern mitbestrafte Nachtat an.

91 RGSt. 63, 147/8; 76, 316: hier hatte B Wertgegenstände von A in Verwahrung genommen, zu deren Ablieferung A verpflichtet war. Das Unterlassen der Ablieferung durch A sei zwar schon vorher (zum Zeitpunkt des Ablaufs der Ablieferungspflicht) vollendet gewesen, aber da die Pflicht noch weiter bestanden habe, noch nicht beendet gewesen, weshalb für B nicht Begünstigung, sondern nur Beihilfe in Frage käme.

AbgO[92] den letzten Zeitpunkt einer Teilnahme von dem frühesten Zeitpunkt der Begünstigung ab. Auf eine ständige Rechtsprechung konnte sich schon RG St 49, 209 bei der Entscheidung folgenden Falles berufen: A veranlaßte den K, aus der Schweiz Süßstoff einzuschmuggeln, den R annehmen sollte, um ihn nach V zu schaffen. A selbst wollte dann das Schmuggelgut von V zu sich nach H mitnehmen. Das RG betrachtet den R noch als Teilnehmer (Mittäter oder Gehilfe), da „das Unternehmen der Konterbande durch die Verbringung der Bannware über die Grenze zwar vollendet, aber nicht beendet" ist; es könne im Inland noch bis zur Ankunft der Ware „am Ort der endgültigen Bestimmung" fortgesetzt werden.

Selbst für A käme noch eine Beteiligung in Betracht, denn seine (beabsichtigten) Handlungen ließen sich ebenso „als Fortsetzung und Beendigung, als der Schlußabschnitt des bis dahin noch nicht beendigten Schmuggelunternehmens auffassen"[93]. Die Möglichkeit einer etwa zur Teilnahme hinzutretenden Begünstigung[94] wurde nicht einmal erwogen, obwohl durch das Verbringen der Schmuggelware über die Grenze doch schon eine gewisse Sicherung des Erfolges des Schmuggelunternehmens eingetreten ist.

Ebenso setzt RG St 67, 348 den Beendigungszeitpunkt in dem Fall fest, in dem A per Post Codein aus dem Ausland trotz eines Einfuhrverbotes bezog und infolge falscher Kennzeichnung zu wenig Zoll bezahlte: „Beendet ist die Einfuhr nach feststehender Rechtsprechung, wenn die Ware den Ort ihrer endgültigen Bestimmung erreicht hat." Dieser sei erst erreicht, wenn die Ware sich in den Geschäftsräumen des Angeklagten befände, während der Hauptbahnhof und das Zollamt nur Durchgangsstellen des Beförderungsweges gewesen seien.

Hätte hier ein Dritter, B, dem A dadurch geholfen, daß er das Codein vom Bahnhof abgeholt hätte, so käme nach dieser Rechtsprechung nur eine Teilnahme des B in Betracht, während eine Begünstigung nicht erwogen werden müßte. Aber auch hier scheint eine Vorteilssicherung zumindest von dem Zeitpunkt an möglich, als die Ware das Zollamt passiert hatte, so daß die Erwägung des RG zu kurz greift, wonach bei der Ankunft am Hauptbahnhof, also die Sendung noch nicht einmal zoll-

---

[92] Die im folgenden angeführten Entscheidungen ergingen noch zu § 401 a AbgO alter Fassung, oder zu sonstigen Verordnungen, die die Einfuhr bestimmter Waren verboten, oder zu §§ 134, 135 Vereinszollgesetz.

[93] RGSt. 49, 210: Fortsetzung der verbotenen Einfuhr, vgl. auch RGSt. 48, 107; 51, 402; 52, 26 und 236; 74, 163, RG, BayZ 14 (1918), 226. Es geht also nicht um das ebenfalls tatbestandsmäßige Durchführen, worauf wohl *Winkler*, 109, abstellt, wenn er meint, daß dieses objektive Merkmal eine Trennung von Vollendung und Beendigung fordere. Vgl. *Franzen - Gast*, § 396, 6 zur Durchfuhr.

[94] RGSt. 55, 227: erst nach Beendigung.

amtlich untersucht war, der unberechtigte Eingang über die Grenze noch in keiner Weise gesichert gewesen sei[95].

Dieser RG-Rechtsprechung schloß sich BGH St 3, 33 an: „Beim Bannbruch liegt besonders klar zutage, daß die unerlaubte Einfuhr im allgemeinen erst dann abgeschlossen sein wird, wenn das Gut am Orte seiner endgültigen Bestimmung angelangt, dort zur Ruhe gekommen ist." Dem BGH ist wie dem RG darin zuzustimmen, daß erst dann das geschmuggelte Gut endgültig „in Sicherheit gebracht" ist, doch schließt das gerade nicht eine vorher zu leistende Vorteilssicherung aus, wenn man einen solchen Vorteil schon darin sieht, daß die Ware dem Zugriff des Zolls an der Grenze entgangen ist. Damit ist die schwierigste Klippe[96] des Schmuggelunternehmens genommen, auch wenn noch weiterhin ein Zugriff der Zollfahndung möglich bleibt.

Der BGH hält aber eine Begünstigung erst von dem eben gekennzeichneten Zeitpunkt der Beendigung an für möglich[97], eine Teilnahme sei aber ebenso wie beim Dauerdelikt[98] bis zur Beendigung des Bannbruchs möglich. Der Bannbruch ist damit zwar dem Dauerdelikt bezüglich des letzten Zeitpunkts einer Teilnahme gleichgestellt, nicht jedoch bezüglich eines etwaigen Hinzutretens einer Begünstigung.

Dieselben Erwägungen finden sich in der Rechtsprechung zum Vergehen der Zollhinterziehung gemäß § 392 AbgO (396 AbgO a. F. bzw. § 135 VZG)[99]. Das RG beruft sich in RG St 67, 358 bei der Festlegung des Beendigungszeitpunktes auf die früher zur verbotenen Einfuhr ergangenen aber „entsprechend anwendbaren Entscheidungen" des Reichsgerichts. In diesem Fall hat A zwei Rassepferde, die ein Holländer nach einer nicht fern von der holländischen Grenze gelegenen Gastwirtschaft in Deutschland verbracht hatte, von diesem Gasthaus abgeholt und in Richtung X-Stadt weggebracht. Auch hier wird die Beendigung erst angenommen, wenn die eingeführten Gegenstände „zur Ruhe gekommen, an den Ort der endgültigen Bestimmung gelangt, in Sicherheit gebracht worden sind". Solange sei noch Teilnahme möglich, danach erst

[95] Vgl. RGSt. 55, 226, dort hatte ein Gewerbetreibender unerlaubt eingeführte Waren zum Vertrieb in seinem Kundenkreis eingekauft; hier ist nach dem RG die Einfuhr beendet, da die Ware ungefährdet in Verkehr geleitet werden könne. Es komme nur noch Begünstigung in Frage.

[96] Vgl. RGSt. 51, 405: gefährlichster Teil in der Kette der Einfuhrhandlungen.

[97] BGHSt. 3, 43, zust. *Franzen - Gast,* § 396, 32, ebenso *Erbs - Kohlhaas,* § 396, 4; 398, 2 unter Anführung von BGH 1. StR 648/54.

[98] Ob der Bannbruch ein Dauerdelikt ist, wird nicht gesagt. Nach h. L. ist jedoch die Schiffsgefährdung durch Konterbande gem. § 297 StGB ein Dauerdelikt, das mit der ‚Anbordnahme' vollendet ist, aber solange begangen wird, als der Gegenstand an Bord verbleibt. Vgl. *Frank,* § 297 III, *Olshausen,* § 297, 5, *Jagusch,* LK, § 297, 2 u. 6, *Dreher,* § 297, 2 A.

[99] RGSt. 35, 13 ff.; RG Rspr. 6, 377; BGHSt. 7, 292, vgl. *Hartung,* 90.

Begünstigung[100]. Habe A die Pferde erst nach der Grenzüberschreitung gekauft, so spräche viel für eine vorherige Beendigung der Zollhinterziehung, anders jedoch, wenn A erst durch den Erwerb und die Weiterbeförderung „die Sicherung der eingeführten Pferde vor dem Zugriff der Zollbehörde“ bewirkt hätte.

Aber auch hier fragt es sich, ob nicht mit dem Grenzübertritt dem Schmuggler bereits solche Vorteile zugeflossen sind[101], die gemäß § 257 gesichert werden können. Diese Möglichkeit hält BGH St 3, 44 dann für gegeben, wenn das Schmuggelgut durch Täuschung unverzollt oder zu gering verzollt abgefertigt wurde. Dann sei das Unternehmen erfolgreich abgeschlossen, denn der Täter werde im allgemeinen keinen Zugriff der Zollbehörde zu befürchten haben[102]. Ob der Täter, der die Zollstelle umgeht, aber einen solchen Zugriff eher zu gewärtigen hat, erscheint zumindest nach einer gewissen Entfernung von der Grenze fraglich.

Obwohl bei den Vergehen des Bannbruchs und der Zollhinterziehung eine zeitliche Überschneidung von Teilnahme und Begünstigung deshalb möglich scheint, weil schon mit der Vollendung dieser Vergehen dem Vortäter Vorteile aus seiner Tat zugeflossen sein können, wird stets erst ab Beendigung der Vergehen eine Begünstigung für möglich gehalten. Dies ist um so erstaunlicher, als von der Rechtsprechung bei Dauerdelikten eine Konkurrenz von Teilnahme und Begünstigung vor Beendigung deshalb angenommen wird, weil der Täter schon durch die Vollendung des Dauerdelikts einen Vorteil i. S. des § 257 StGB erlangt hat.

β) Der Schutzzweck der Begünstigung

Da der Wortlaut der Begünstigung (nach Begehung eines Verbrechens oder Vergehens) auch hier die Auslegung, die eine Begünstigung erst

---

100 Vgl. zustimmend *Franzen - Gast*, § 394, 3; 398, 13, ebenso *Erbs - Kohlhaas*, § 393, 3, vgl. RGSt. 64, 158, wo der Ankauf als Steuerhehlerei behandelt wurde.

101 In RGSt. 35, 14 wird aus dem Urteil des Instanzgerichtes folgender Satz zitiert: „die Defraudation erreichte ihren Höhepunkt, als die Waren bei dem Durchgange durch R. ohne spezielle Deklaration als Massengüter als ‚Teer‘ bezeichnet und infolgedessen zollfrei abgelassen wurden, sie setzte sich fort ...“ Wenn die Tat schon ihren Höhepunkt erreicht hat, so spricht viel dafür, daß von diesem Zeitpunkt ab schon von Vorteilen für den Schmuggler gesprochen werden kann. Das RGSt. 35, 15 nimmt in dem Fall, wo die Ware an die Firma S als Empfänger gelangt war, und die Angestellten dieser Firma an der Zollstätte die Ware abfertigen ließen, sogar an, daß die Zollhinterziehung beendet sei. Wenn nun die Sache an X weitergeleitet werde, so könne darin höchstens die Sicherung des bereits eingetretenen Erfolges der Defraudation gesehen werden. Also scheint Begünstigung möglich.

102 So auch schon RGSt. 35, 15, zustimmend *Erbs - Kohlhaas*, § 393, 3, *Hartung*, 91 u. 119.

nach vollständigem Abschluß, der Beendigung, des Vordelikts für möglich hält, nicht ausschließt, erscheint eine solche materielle Korrektur des Begünstigungstatbestandes aus systematischen Gründen einer klaren Abgrenzung zur Vortatteilnahme angebracht[103]. Dieses systematische Interesse wird bei der sachlichen Begünstigung dann von einem weiteren Argument gestützt, wenn der Schutzzweck der Begünstigung dem der Vortaten zumindest ähnlich wäre.

Das Rechtsgut der Begünstigung ist jedoch heftig umstritten[104]. Die Rechtsprechung[105] bestimmt die Schutzfunktion der Begünstigung einheitlich mit der der Strafvereitelung: beide stellen danach eine Hemmung der Rechtspflege dar, wobei es dem Begünstiger darum gehe, die materielle Restitution zu vereiteln. Diese Regelung hat einen beachtlichen Grund darin, daß sie die Regelung des § 257, der Strafvereitelung und Begünstigung in einer Vorschrift erfaßt, erklären kann. Doch wird gerade diese gemeinsame Regelung im Entwurf 62 aufgegeben: dort wird die Begünstigung im Rahmen der Straftaten gegen das Vermögen geregelt. Der Entwurf folgt damit der Meinung eines Teils des Schrifttums[106], der trotz der Regelung des § 257 die sachliche Begünstigung schon immer als ein Vermögensdelikt angesehen hat. Dieser Auffassung neigt auch der 2. Senat des BGH[107] zu, wenn er ausführt, daß durch die Begünstigung etwa des Diebes der von diesem angerichtete Vermögensschaden unmittelbar verstärkt und vertieft werde.

Bestimmt man dem folgend die Begünstigung als Vermögensdelikt, so erscheint es naheliegend, sie erst ab Beendigung der Vortat für möglich zu halten. Denn dann wäre es folgerichtig, wenn das Gesetz bestimmte Phasen der Vermögensschädigung klar voneinander abgrenzt und also die Begünstigung erst nach Abschluß der Phase der Teilnahme an der Vortat als möglich anbietet[108].

---

103 Vgl. *Sturm*, Nied., 6, 105: „Dabei ist zunächst davon auszugehen, daß nicht sachliche Begünstigung, sondern Beihilfe vorliegt, wenn der Täter zwar nach Vollendung, aber vor ihrer materiellen Beendigung tätig wird." Vgl. auch *Mayer*, LB, 345; AT, 162.

104 *Miehe, Honig*-Fs., 91 ff., *Schönke - Schröder*, § 257, 1.

105 RGSt. 54, 134; 76, 32; BGHSt. 2, 363; zust. *Kohlrausch - Lange*, § 257 II, *Schönke - Schröder*, § 257, 1, *Maurach*, BT, 728.

106 *Bockelmann*, NJW 51, 621, *Welzel*, 393. Nach *Otto*, 247, geht es bei der Begünstigung um Beistandsleistungen zur Sicherung von Vermögensvorteilen aus Vermögensdelikten; sie ist demnach wie die Hehlerei ein Perpetuierungsdelikt. — Nach *Frank*, § 257 I verletzt der Begünstiger dasselbe Rechtsgut, gegen das die Vortat gerichtet war, ähnlich auch E 62 in der Begründung S. 460.

107 BGHSt. 23, 360/1.

108 Das gilt erst recht, wenn man der Ansicht *Franks* folgt, denn dann würden sich Vortatgehilfe und Begünstigter an derselben Rechtsgutsverlet-

dd) Die Lösung durch Konkurrenzerwägungen

Hält man eine solche Tatbestandsbeschränkung jedoch nicht für begründet, so bleibt es bei der Möglichkeit von Überschneidungen in den Tatbestandsausführungshandlungen.

Konnte bei Diebstahl, Unterschlagung und der Jagdwilderei durch die richtige Auslegung dieser Vorschriften eine Überschneidung des Bereichs der Teilnahme zu diesen Straftaten mit dem Bereich der Begünstigung verhindert werden, erreichte die Rechtsprechung bei Bannbruch und Zollhinterziehung dasselbe Ergebnis durch das Abstellen auf die Beendigung dieser Delikte, so können sich die folgenden Konkurrenzerörterungen, soweit es sich um ein zeitliches Zusammentreffen von Teilnahme und Begünstigung handelt, fast auf Dauerdelikte beschränken. Erfolgt jedoch die Begünstigungshandlung durch den Vortatteilnehmer erst nach Abschluß der Vortat, so fragt es sich, ob die Folge des § 74 StGB durch den Gesichtspunkt der straflosen Nachtat ausgeschlossen werden kann.

Auch hier stehen sich die Meinungen ähnlich wie bei der Konkurrenz von Strafvereitelung und Vortatteilnahme gegenüber. Die Rechtsprechung[109] und ein Teil des Schrifttums[110] nehmen bei mindestens teilweiser Deckung der Tatbestandsausführungshandlungen Idealkonkurrenz an, sonst Realkonkurrenz. Die Begründung wird auch hier im selbständigen Charakter des Anschlußdelikts ‚Begünstigung' gesehen[111], und es wird auch auf das besondere Rechtsgut der Begünstigung hingewiesen. Folgt man jedoch wie oben der Ansicht, die in der Begünstigung ein Vermögensdelikt sieht, so ist damit auch das Zurücktreten des § 257 StGB hinter jegliche Form von Vortatteilnahme begründet[112]. Diese Möglichkeit hat auch E 62 gewählt, der in § 298 Abs. 3 eine Subsidiaritätsklausel enthält.

---

zung ‚beteiligen', was eine zeitliche Abgrenzung beider ‚Beteiligungen' schon wegen der unterschiedlichen Strafdrohungen erfordern würde. Vgl. zu dieser Ansicht *Otto*, 246.

[109] RG, Rspr. 9, 195: § 257 sei ein formell selbständiges Delikt, aber materiell akzessorischer Natur, dennoch enthalte er keine Teilnahmevorschrift; die Möglichkeit der Idealkonkurrenz sei deshalb angezeigt, Realkonkurrenz aber nicht ausgeschlossen. Vgl. RGSt. 50, 220; 58, 14; RG, HRR 37, 1474; BGHSt. 4, 133.

[110] *Furtner*, MDR 65, 433, *Kohlrausch - Lange*, § 257 III, *Baumann*, 604, *Welzel*, 394.

[111] Die Begünstigung ist zwar als selbständiges Delikt im StGB geregelt, doch wird auch heute noch die Ansicht vertreten, ihr hafte der Charakter einer Beihilfe nach der Tat an, vgl. *Bockelmann*, Nied., 6, 108, dagegen *Gallas*, Nied., 6, 108. Vgl. *Miehe*, *Honig*-Fs., 125, der E 62 deshalb kritisiert, weil er Begünstigung als Beteiligung nach der Tat mit Teilnahme an der Vortat gleichschalte.

[112] *Miehe*, Honig-Fs., 128 fordert eine allgemeine Subsidiaritätsklausel, *Frank*, § 257 IV 2: Konsumtion.

Zur Frage des Ausschlusses der Realkonkurrenz wird im Schrifttum insbesondere der Gesichtspunkt der straflosen Nachtat angeführt, wobei zur Begründung wie bei der Strafvereitelung auf § 257 Abs. 3 StGB hingewiesen wird, außerdem darauf, daß der Gehilfe, der dem Vortäter zunächst geholfen hat, die Verbrechensvorteile zu erlangen, später dann dabei, sie zu behalten, ebenso straflos sein müsse wie der Vortäter, der seine Beute verteidigt[113].

Die Diskussion um die Schutzfunktion der Begünstigung erscheint jedoch noch nicht so abgeklärt, daß die hier vertretene Ansicht oder die Meinung, die auf Gesichtspunkte der Gesetzeskonkurrenz abstellt, als gefestigt angesehen werden können. Gerade die jüngste Untersuchung zur Schutzfunktion der Anschlußdelikte von Miehe[114] kommt auch bezüglich der Begünstigung zu der Ansicht, daß sie ein gegenüber den Vermögensdelikten anderes und selbständiges Rechtsgut schütze. Und zwar handle es sich um einen mittelbaren Rechtsgüterschutz, denn es gehe darum, die Unterstützung des Täters nach der Tat durch eine Intensivierung der generalpräventiven Wirkung der Strafdrohungen zu verhindern, weshalb durch die Begünstigungsvorschrift alle Rechtsgüter geschützt werden sollten, die der Staat durch das Strafrecht zu sichern suche[115]. Wegen dieser selbständigen Schutzfunktion der Begünstigung eröffnet sich die Möglichkeit, sie neben den Vermögensdelikten anzuwenden[116], so daß der Vortatteilnehmer auch noch Begünstiger sein kann und die §§ 73, 74 StGB anzuwenden wären.

c) Die Hehlerei

Als letztes der sogenannten Anschlußdelikte soll die Hehlerei gemäß § 259 StGB daraufhin untersucht werden, ob sie erst dann tatbestandsmäßig verwirklicht werden kann, wenn die Vortat beendet ist, ob zeitliche Überschneidungen mit der Teilnahme an der Vortat möglich sind, die dann Konkurrenzerwägungen erfordern, auch ob der Gesichtspunkt der straflosen Nachtat dann eingreift, wenn die Hehlerhandlung der Teilnehmerhandlung zeitlich nachfolgt.

aa) Die Selbständigkeit der Hehlerei

Die Hehlerei wird im Strafgesetzbuch als besonderes Delikt in § 259 StGB geregelt[117]. Ihre Selbständigkeit wird im Gegensatz zur Strafver-

113 *Lenckner*, JuS 62, 304, *Schönke - Schröder*, § 257, 43.

114 *Miehe*, *Honig*-Fs., 91 ff.

115 *Miehe*, Honig-Fs., 105.

116 *Miehe*, Honig-Fs., 125.

117 Dies betont RGSt. 5, 282: selbständiges Delikt im System des Strafgesetzbuchs, vgl. BGHSt. 19, 30. Aus dem Schrifttum vgl. *Otto*, 237.

eitelung und Begünstigung schon durch den objektiven Tatbestand deutlich hervorgehoben, wonach nur bestimmte Handlungsmodalitäten wie Ansichbringen, Verheimlichen und Absatzhilfe zu einer Strafbarkeit wegen Hehlerei führen können. Doch knüpft auch die Hehlerei an eine Vortat an[118]: Die Handlungen des Hehlers müssen sich auf Sachen beziehen, „die mittels einer strafbaren Handlung erlangt sind". Die Bemühungen um eine zeitliche Abgrenzung zur Teilnahme an der Vortat[119] müssen sich nach dieser Tatbestandsfassung an dem Merkmal ‚erlangt'[120] orientieren.

Wenn als Zeitpunkt dieser Erlangung die Vollendung der Vortat[121] angegeben wird, so trifft das wiederum nur den Regelfall[122], denn auch hier sind Fallgestaltungen möglich, bei denen der Vortäter Sachen erlangt, obwohl seine Tat nur bis ins Versuchsstadium gediehen ist[123]. Entgegen RG GA 61, 126, das einen solchen Ausnahmefall nur dann für möglich hielt, wenn sich die Vortat in den Grenzen des Versuchs gehalten habe, will das OLG Braunschweig NJW 49, 477[124] den Zeitpunkt des Anfangs der Ausführung auch für entscheidend ansehen, wenn die Vortat anschließend vollendet wird. Da auch hier die Sache mittels einer

---

[118] *Maurach*, BT, 364, spricht von einer Belastung mit der Hypothek der Teilnahme post factum.

[119] Der Vortäter selbst kann nicht Hehler sein, da § 259 StGB ein Zusammenwirken von Vortäter und Hehler erfordert, so BGHSt. 7, 137, *Bockelmann*, NJW 50, 852, *Schönke - Schröder*, § 259, 57.

[120] Nach *Welzel*, 400, führt diese Orientierung zu einer unangebrachten reinen Wortauslegung.

[121] Vgl. etwa RGSt. 17, 59; 67, 72; RG HRR 39, 351 und 595; BGHSt. 13, 405; BGH, NJW 59, 1377. *Maurach*, JZ 60, 290 spricht sogar von einer ‚Vollendungstheorie', in BT, 369, fordert er eine tatbestandlich abgeschlossene Vortat.

[122] Vgl. *Jagusch*, LK, § 259, 3 c: in der Regel wird die Vortat vollendet sein. Ebenso *Olshausen*, § 259, 6.

[123] Vgl. den Fall des OLG Braunschweig, HESt. 2, 320, das sich auf RG, GA 61, 126 berufen konnte, wo festgestellt wurde, daß § 259 nicht ausschließe, daß die Vortat sich in den Grenzen des Versuchs halte, sofern dieser schon zur Erlangung der Sache geführt habe. Nach *Pfeiffer*, § 259, 3, auch BGH 4. StR 290/58. Zustimmend *Jagusch*, LK, § 259, 3 c, *Maurach*, JZ 60, 290.

[124] Die Entscheidung bezieht sich auf den problematischen Fall der Unterschlagung als Vortat: der Vortäter habe die Zueignung durch das Vorlegen der Sachen zur Auswahl begangen und dann bestimmte Sachen verkauft, die der Täter gleichzeitig an sich gebracht habe. Nach *Mittelbach*, JR 59, 468 ist ein Versuch bei Erlangung der Sache eine „vollendete Vortat" i. S. des § 259. Die sonstige Rechtsprechung kommt zu demselben Ergebnis durch Vorverlegung des Vollendungszeitpunktes, vgl. BGH, NJW 59, 1377. Die meisten Entscheidungen, in denen der Vollendungsbegriff verwendet wird, ergingen zu der problematischen Fallgestaltung einer Unterschlagung als Vortat, problematisch, weil hier der Täter schon Gewahrsam an der Sache hat. Vgl. RGSt. 2, 69; 17, 29; 57, 42; 58, 230; 67, 72; 72, 328; OLG Braunschweig, NJW 49, 109 u. 477, OLG Stuttgart, JZ 60, 289.

strafbaren Vortat (des Versuchs) erlangt wurde, handelt es sich um dasselbe Problem, wie wenn der Vortäter die Sache zwar erst mit der Vollendung der Vortat erlangt, er aber seine strafbare Handlung bis zur Beendigung fortsetzt.

bb) Die abgeschlossene Vortat

Es finden sich aber in der Rechtsprechung keine Fälle, in denen während der Phase zwischen Vollendung und Beendigung eine Vortatteilnahme und eine Hehlereihandlung durch den Vortatteilnehmer zusammentreffen. Ein solcher Fall ließe sich aber nach der BGH-Rechtsprechung zur Beendigung des Diebstahls so konstruieren: der Diebesgehilfe hilft dem Dieb, der bereits Gewahrsam — wenn auch noch ungesicherten — an dem Diebesgut erlangt hat bei der Sicherung der Beute dadurch, daß er das Diebesgut an sich bringt.

Der BGH trennt jedoch aus systematischen Gründen einer klaren Abgrenzung die Diebeshilfe zeitlich von der Hehlerei. In dem dem BGH St 8, 390 vorliegenden Fall hatte S dem Dieb F zugesagt, die Rinder, nachdem diese in F's Scheune gebracht worden waren, zu schlachten, und er hat dies auch gehalten. Während die Strafkammer in dem Schlachten noch Handlungen sah, die zur materiellen Beendigung des Diebstahls des F führten, sieht der BGH eine gewisse Sicherung des Gewahrsams des F, die zur Beendigung des Diebstahls erforderlich sei, schon in dem Verbringen der Sache in eigene Räume des Diebes. Zur Begründung dieses frühen Beendigungszeitpunktes[125] führt der BGH aus: „... der Zeitpunkt der Beendigung des Diebstahls darf gerade mit Rücksicht darauf, daß Diebstahl und Hehlerei möglichst scharf voneinander abgegrenzt werden müssen, nicht zu weit hinausgeschoben werden." Dementsprechend schließt BGH 1 StR 269/53 eine teilweise Deckung von Diebeshilfe und Hehlerei aus: „Da die Hehlerei eine abgeschlossene Vortat voraussetzt, können die Angeklagten mit der Ausführung der Hehlerei erst begonnen haben, nachdem die Diebstähle, zu denen sie Beihilfe geleistet haben sollen, abgeschlossen waren." — Dem BGH St 13, 403 ff. lagen mehrere Diebstahlskonstellationen im Sachverhalt vor, aber auch hier wurde jeweils der vorherige Abschluß der Vortat gefordert, der sowohl mit dem Begriff Vollendung als auch mit dem Begriff Beendigung bezeichnet wurde. Die kritischste Diebstahlskonstellation war dabei die, daß der H, der sonst nur seinen PkW zum Abtransport zur Verfügung gestellt, oder vor dem Fabrikhof, in dem die fremden Sachen lagen,

---

125 Der Abschluß des Diebstahls liegt nach der hier mehrfach begründeten Ansicht noch früher: im Zeitpunkt der Wegnahme. So auch RGSt. 21, 18: mit der Entnahme der Sachen aus dem Warenlager war der Diebstahl vollendet, so daß der Käufer im Laden nur noch Hehlerei begehen konnte. Vgl. BayObLGSt. 19 (1920) 97, 99, OLG Dresden, LZ 19 (1925) 220.

gewartet hatte, beim Aufladen der fremden Sachen im Fabrikhof den Dieben half. Nach dem BGH hat der H vor Beendigung des Diebstahls, also auf dem Fabrikhof, noch keine eigene Herrschaftsmacht über die Sachen als Hehler, diese erlangt H erst, „wenn die für ihn fremde und allein der Tatherrschaft der Vorträger unterliegende Diebstahlstat vollendet ist". Dieser Zeitpunkt sei erst mit dem Verlassen des Fabrikhofs erreicht. Ob hier eine zeitliche Trennung zwischen Diebeshilfe bis zum Verlassen des Fabrikhofs und Hehlerei ab Verlassen des Fabrikhofs möglich ist, oder ob nicht doch eine zeitliche Überschneidung denkbar ist, hat der BGH nicht entschieden. Er läßt vielmehr ausdrücklich die Frage nach der Tateinheit[126] von §§ 242, 49 StGB und § 259 StGB offen, obwohl er einen engen zeitlichen Zusammenhang zwischen der Vollendung des Diebstahls und dem Ansichbringen durch den Hehler sieht.

Dieser enge zeitliche Zusammenhang ist aber nicht als zeitliche Überschneidung gemeint, die dann zu einer Idealkonkurrenz wegen teilweiser Deckung der Tatbestandsausführungshandlungen führen könnte. Die Anwendung des § 73 StGB hält der BGH allerdings dann für möglich, wenn eine sogenannte ‚natürliche Handlungseinheit' anzunehmen wäre[127]. Das ist jedoch nach der herrschenden Meinung wegen der Verletzung verschiedener Tatbestände ausgeschlossen[128]. Festgehalten wurde aber in BGH St 22, 208 daran, daß erst vom Zeitpunkt der Beendigung der Haupttat an, die ein Diebstahl war, zu dem der „Hehler" angestiftet hatte[129], Hehlereihandlungen einsetzen können.

Fordert demnach die Rechtsprechung für den Beginn der Hehlerhandlung das Vorliegen einer abgeschlossenen Vortat, so ist das im Falle der Fortführung der Vortat über die Vollendung hinaus der Beendigungszeitpunkt[130], wird jedoch die Vortat bereits im Versuchsstadium oder mit der Vollendung abgebrochen, so kann auch dann schon eine Hehlerhandlung einsetzen, sofern der Vortäter durch sein strafbares Verhalten bereits Sachen erlangt hat.

---

126 Kritisch zur Möglichkeit von Tateinheit *Lackner*, § 259, 7, da § 259 eine abgeschlossene Vortat voraussetze.

127 So BGHSt. 22, 209, nach BGH 1. StR 532/56 soll sogar regelmäßig Tateinheit vorliegen. Vgl. RGSt. 32, 394, RG, BayZ 14 (1918) 256, zustimmend *Welzel*, 399.

128 Vgl. *Maiwald*, He, 114, *Schmitt*, ZStW 75, 57 ff.

129 Die Anstifterhandlung war aber in diesem Falle schon vor Beginn der Vortat abgeschlossen, aber der BGH führt dennoch aus, daß die Anstiftung jedenfalls dann beendet sei, wenn auch die Haupttat beendet vorliege. Vgl. *Honig*, Studien, 55: Die Anstiftung zum strafbaren Vorerwerb verwirkliche, vom Standpunkt des § 259 aus gesehen, noch keinen Teil der Ausführung desselben.

130 Vgl. OLG Hamburg, NJW 66, 2227. Zust. *Franzen - Gast*, § 398, 8 zur Steuerhehlerei, auch *Winkler*, 137.

cc) Realkonkurrenz von Vortatteilnahme und Hehlerei

Bringt aber der Vortatteilnehmer vom Vortäter erlangte Sachen nach Abschluß der Vortat an sich, so fragt es sich, ob er auch noch wegen Hehlerei bestraft werden kann, da gemäß § 74 StGB Realkonkurrenz vorliegt.

Diese Ansicht vertritt nun wieder[131] der BGH seit der Entscheidung des Großen Senats in BGH St 7, 134 ff., nachdem er zuvor die Strafbarkeit wegen Hehlerei als einer Verwertungstat dann ablehnte, wenn es der Vortatteilnehmer von vornherein auf einen Beuteanteil abgesehen hatte[132]. Dabei wird zwar eingeräumt, daß bei einem Vermögensdelikt als Vortat sich die Hehlerei gegen dieselbe Sache und dasselbe Rechtsgut[133] wie die Vortat richte, doch werde der Unrechts- und Schuldgehalt der Hehlerei nicht durch die Strafe für die Teilnahme abgegolten. Ob dies zutrifft, kann hier nicht weiter untersucht werden[134].

dd) Die Schutzrichtung der Hehlerei

Die Möglichkeit einer Idealkonkurrenz von Vortatteilnahme und Hehlerei wegen einer teilweisen Deckung der Tatbestandsausführungshandlungen ist jedoch ausgeschieden, wenn man der Rechtsprechung folgt. Sie ist aus systematischen Gründen für eine zeitliche Abgrenzung von Vortatteilnahme und Hehlerei. Hinzukommt, daß die Hehlerei ein Vermögensdelikt ist, das sich nach der herrschenden Perpetuierungstheorie gegen die Aufrechterhaltung der durch die Vortat geschaffenen rechtswidrigen Vermögenslage wendet[135]. Folgt man ihr, so muß die Vortat vor Beginn der Hehlerei beendet sein, da eine Perpetuierungshandlung erst nach Abschluß des vorhergehenden Vermögensdelikts einsetzen kann[136].

---

[131] So auch schon die RG-Rechtsprechung, RGSt. 8, 372. Nach *Maurach*, BT, 377 die herrschende Meinung, so auch *Welzel*, 399, vgl. *Schröder*, JZ 69, 32: zu Recht werde in der Regel Tatmehrheit angenommen, da keine zeitliche Überschneidung vorliege.

[132] BGHSt. 2, 315; 4, 43; 5, 379, anders nur, wenn sich der Diebesgehilfe durch seine Unterstützung des Diebstahls lediglich einen späteren abgeleiteten Erwerb vom Dieb ermöglichen will.

[133] So die hL, RGSt. 50, 30; BGHSt. 1, 50; 12, 388; 21, 152. *Bockelmann*, NJW 50, 852, *Kohlrausch - Lange*, § 259 I, *Jagusch*, LK, § 259 I. Vgl. jedoch *Miehe, Honig*-Fs., 123, der auch der Hehlerei nur mittelbaren Rechtsgüterschutz zuschreibt und sie deshalb neben den Vermögensdelikten angewendet wissen will.

[134] Vgl. dazu *Mayer*, JZ 53, 86, *Jescheck*, GA 55, 104, *Geerds*, GA 58, 142, *Stree*, JuS 63, 431, *Oeller*, GA 67, 5, *Miehe, Honig*-Fs., 124 f.

[135] Vgl. *Lackner*, § 259, 1, gründlich jetzt *Otto*, 237 ff., 242 ff., der insbes. den Gegensatz zwischen Vermögensentziehung und Perpetuierung betont.

[136] Vgl. *Otto*, 327: rechtlich abgeschlossene Vortat.

II. Die Verwirklichung qualifizierender Umstände nach der Vollendung

Die meisten höchstrichterlichen Entscheidungen der letzen Jahre, die sich mit dem Auseinanderfallen von Vollendung und Beendigung beschäftigen, fragen nach der Bedeutung eines der beiden Zeitpunkte für die Verwirklichung qualifizierender Umstände[1]. Dabei ist es problematisch, ob auch solche qualifizierende Umstände, die nach der ersten tatbestandsmäßigen Vollendung vom Täter verwirklicht werden, ihm noch angerechnet werden können.

1. Die Rechtsprechung zu Diebstahl und Raub und ihr Verhältnis zum räuberischen Diebstahl

Der BGH entwickelte seine Lösungen insbesondere an den Diebstahl- und Raubqualifizierungen der §§ 244, 250 StGB, und es lohnt sich, diese Entwicklung zunächst nachzuzeichnen, weil erst dann die verschiedenen Lösungen des BGH erkannt und unterschiedlich kritisiert werden können. Daß es gerade die Diebstahl- und Raubtatbestände sind, an denen sich die Meinungsverschiedenheiten entzünden, liegt nicht zuletzt an der Vorschrift des § 252 StGB, dem räuberischen Diebstahl. Diese Vorschrift zwingt den Systematiker, sich zu überlegen, wie man den räuberischen Diebstahl zeitlich von Diebstahl und Raub abgrenzt.

Die Forderung nach einer zeitlichen Abgrenzung ergibt sich schon aus der Formulierung des § 252 StGB „bei einem Diebstahl auf frischer Tat betroffen“, noch dringlicher wird sie angesichts der Fassung, die der räuberische Diebstahl in § 247 E 62 erhalten hat: „nach einem Diebstahl oder einer Entwendung auf frischer Tat betroffen[2].“

Die Abgrenzung zum Diebstahl wird schon durch den Gesetzeswortlaut verlangt, jedoch wird nach der herrschenden Lehre[3] auch ein Raub als mögliche Vortat des § 252 StGB angesehen. Ein Bedürfnis für diese Auslegung des § 252 StGB ergibt sich nur dann, wenn der Täter erst nach dem vollständigen Abschluß des Raubes eine Qualifizierung des § 250 StGB verwirklicht, der dann eben nur noch über § 252 StGB angewendet werden kann. Die Anwendung des § 250 StGB über § 252 StGB müßte nach der wörtlichen Fassung des Gesetzes schon erfolgen, wenn es sich bei der Vortat nur um einen Diebstahl gehandelt hätte, so daß im Falle

---

[1] Vgl. *Schönke - Schröder,* 2 b vor § 43, *Lackner,* 2 vor § 43.

[2] Vgl. die Begründung im Entwurf 62, S. 418: „Doch sollen die Worte ‚nach einem Diebstahl oder nach einer Entwendung‘ an Stelle des in früheren Entwürfen verwendeten Ausdrucks ‚bei einem Diebstahl‘ verdeutlichen, daß die Vortat vollendet sein muß. Die Vortat darf nicht nur vollendet, sie muß auch im rechtlichen Sinne beendet sein.“

[3] BGHSt. 21, 379, *Schönke - Schröder,* § 252, 2, *Lackner,* § 252, 2, *Mezger - Blei,* BT, 157, *Dreher,* § 252, 1 B.

des schweren Verbrechens des Raubes als Vortat „es unverständlich und ungerecht" erschiene, „wenn auf den Täter nicht auch diese Strafbestimmungen angewendet würden, obwohl er mit seiner Vortat, dem Raub, zugleich den Tatbestand des Diebstahls erfüllt hat, wenn dieser auch mit dem Raub in Gesetzeseinheit steht (BGH St 20, 235)"[4]. Sowohl der Diebstahl als auch der Raub geben im objektiven Tatbestand als Tathandlung das Wegnehmen an, so daß die Erwägungen zur zeitlichen Abgrenzung gegenüber dem räuberischen Diebstahl sich zunächst an diesem gemeinsamen Tatbestandsmerkmal orientieren können.

Die Wegnahme einer fremden, beweglichen Sache liegt nach allgemeiner Meinung mit dem Bruch fremden und der Begründung neuen, wenn auch noch ungesicherten Gewahrsams vor, womit der Diebstahl vollendet ist[5]. Ob dieser Zeitpunkt Raub und Diebstahl auch vom räuberischen Diebstahl abgrenzt, hingegen ist umstritten.

Betrachten wir zunächst den Fall, der BGH St 20, 194 ff. vorlag: A schloß ein älteres Bauernehepaar in dessen Keller ein, um dann in Ruhe Bargeld aus dem Schlafzimmer der Eheleute in seine Rocktasche zu stecken. Auf dem Flur begegnete er den beiden, die sich wieder befreit hatten, und schlug mit einem Spielzeugrevolver auf den Bauern ein. Der 1. Strafsenat des BGH kommt zu dem Ergebnis, daß möglicherweise die Wegnahme nach der Gewaltanwendung durch das Einsperren (§ 249 StGB) trotz des noch ungesicherten Gewahrsams des A im Flur bereits vollendet war, glaubt aber, diese Frage nicht entscheiden zu müssen, da die Straftat zumindest in diesem Zeitpunkt noch nicht beendet gewesen sei[6]. Mit diesem Begriff wird jedoch die weitere Argumentation widersprüchlich, denn es wird einerseits ausgeführt, daß „die gewaltsame Wegnahme des fremden Geldes noch nicht abgeschlossen" sei, dann aber soll A seine „soeben erlangte Herrschaft an dem Geld festigen und sichern und so seine Zueignungsabsicht weiter verwirklichen". Die ‚erlangte Herrschaft' wird nur verständlich, wenn man — wie auch der BGH in dieser Entscheidung weiter oben — auch in der Begründung noch ungesicherten Gewahrsams durch A eine vollendete Wegnahme sieht[7]. Damit ist aber auch nach der herrschenden Lehre das Tatbestandsmerkmal der Wegnahme erfüllt, und die festigenden und sichernden Handlungen können allenfalls als „weitere Verwirklichung der Zueignungsabsicht" angesehen werden, nicht aber mehr als Wegnehmen.

---

[4] BGHSt. 21, 379 in Abweichung von RG, GA, Bd. 48, 355, so auch 5. StR 17/67.

[5] BGHSt. 16, 272 ff., *Schönke - Schröder*, § 242, 27 ff., *Dreher*, § 242, 2.

[6] BGHSt. 20, 196.

[7] Vgl. dazu BGHSt. 16, 272 ff., BGH, JZ 69, 115, BGH, GA 69, 347.

Das Festigen und Sichern des noch ungesicherten Gewahrsams, die Bergung der Beute, das Verbringen der Beute an ihren Bestimmungsort sind aber nach der Rechtsprechung des BGH Handlungen, die zur Beendigung des Diebstahls führen. Wird erst in dieser Phase eine Waffe im Sinne § 250 I StGB gebraucht, so soll nach BGH St 20, 197 auch § 250 StGB noch unmittelbar anwendbar sein, da „unter Tathergang ... nicht nur die Verwirklichung der Tatbestandsmerkmale bis zur Vollendung des Raubes, sondern das ganze Geschehen bis zu dessen tatsächlicher Beendigung zu verstehen" sei[8]. Begründet wird diese Meinung hauptsächlich mit einem teleologischen Argument: „Nur diese weite Auffassung wird dem Zweck des § 250 I 1 StGB gerecht[9]."

Dasselbe gilt dann auch für den Diebstahl mit Waffen, ehemals § 243 I Ziff. 5, jetzt § 244 I Ziff. 1 und 2 StGB, wie eine neuere, unveröffentlichte Entscheidung des BGH zeigt[10]: Dort hatte der Dieb fremde Kraftfahrzeuge erbrochen, dabei jedoch seine Schußwaffe in seinem eigenen PkW abgelegt. Für den BGH genügte es jedoch, „daß er sie ... bei dem der Aneignung unmittelbar folgenden Wegbringen der gestohlenen Sachen mit sich führte"[11]. Trotz bereits erfolgter Aneignung soll also noch ein Diebstahl vorliegen, damit dem Dieb auch noch die Qualifikation angerechnet werden kann. Und dies ist möglich, weil nach der Ansicht des BGH der Diebstahl bzw. Raub noch nicht endgültig abgeschlossen, d. h. noch nicht tatsächlich beendet ist[12].

---

[8] Dem schließen sich an: *Dreher*, § 252, 1 B: „Beendeter Diebstahl muß vorliegen; ist er noch nicht beendet, so können §§ 249 ff. StGB unmittelbar zur Anwendung kommen ..., Konsequenz aus BGHSt. 20, 194." *Olshausen*, § 252, 3, *Maurach*, BT, 253.

[9] BGHSt. 20, 197: denn es mache für die Gefährlichkeit des Räubers — der Strafgrund der Qualifizierung — keinen Unterschied, ob er die Waffe bei der Wegnahme oder erst bei der weiteren Verwirklichung der Zueignungsabsicht bei sich führe.

[10] BGH 2. StR 202, 64 noch zu § 243 I Z. 5 StGB.

[11] Zustimmend *Dreher*, § 244, 2 D mit weiteren, älteren Entscheidungen, vgl. auch *Pfeiffer*, § 243, 30. In seiner Entscheidung beruft sich der BGH insbesondere auf RG, HRR 35, 632, wo sich das RG der Entscheidung RG, Rspr. 5, 558 anschloß, die ein Wegschaffen der Beute in unmittelbarem Zusammenhang mit dem Akt der Aneignung noch als Begehung des Diebstahls angesehen hatte. In seiner eigenen Entscheidung hingegen lehnte RG, HRR 35, 632 die Anwendung des § 243 StGB deshalb ab, weil „zwischen dem Akt der Wegnahme und der nachts gegen 24 Uhr erfolgten Abholung der Beute die 600 m entfernt von diesem Grundstück in einer Kartoffelmiete versteckt war, lag ein Zeitraum von 4 Stunden und ein so erheblicher räumlicher Abstand, daß man von einem unmittelbaren Zusammenhang der Aneignung mit der Wegschaffung und einer äußerlich ungetrennten Tat nicht sprechen kann". Vgl. dazu *Schönke - Schröder*, § 244, 7. Angesichts der Entscheidung BGHSt. 4, 132, die einen ähnlichen Fall betraf, wird man wohl daran zweifeln müssen, ob auch der BGH hier schon einen beendeten Diebstahl angenommen hätte.

[12] Die unmittelbare Anwendung des § 250 StGB lehnte BGHSt. 21, 377 ff. in einem Fall des BGHSt. 20, 194 ähnlichen Fall ab, „denn der Angeklagte

Die Einwendungen der Literatur gegen diese Rechtsprechung beziehen sich zunächst auf das teleologische Argument, das insbesondere von BGH St 20, 194 so vorgetragen wurde, daß es den Hinweis auf § 252 StGB direkt provozierte. Gerade wenn man auf den Zweck der Strafschärfung in §§ 244, 250 StGB abstelle, um die Qualifikation auch noch auf Fälle der Sicherung und Festigung des noch ungesicherten, aber bereits neu begründeten Gewahrsams anwenden zu können, muß man sich entgegen halten lassen, daß dieser Zweck auch durch die Anwendung des § 252 StGB zu erreichen ist[13]. Die herrschende Lehre ist ihrerseits der Meinung daß die Abgrenzung zwischen Diebstahl/Raub und räuberischem Diebstahl „offensichtlich auf der Vollendung des Diebstahls"[14] aufbaue, so daß das „hauptsächliche und dogmatisch unbestrittene Anwendungsfeld dieser Bestimmung (§ 252 StGB) ... gerade bei den Fällen vollendeter aber noch nicht beendeter Wegnahme" liege[15].

Erstaunlicherweise wendet nun auch der BGH trotz der oben angeführten Entscheidungen den § 252 StGB in der Phase zwischen Vollendung und Beendigung des Diebstahls bzw. Raubs an. Dem BGH GA 68, 339 lag folgender Fall zugrunde: A und B wollten in eine Lagerhalle einbrechen. A stieg durch ein Fenster ein, ergriff 2 Ledertaschen und reichte sie dem B, der auf dem Dach stehen geblieben war und die Beute in den mitgebrachten Sack steckte. A nahm 2 Ferngläser an sich und schlang deren Tragriemen um seine Hand. Jetzt wurde A vom Nachtwärter überrascht und drohte mit seinem Revolver. — Der BGH erwägt hier ganz im Sinne der herrschenden Lehre, „ob im gegebenen Fall die Tat rechtlich als räuberischer Diebstahl oder als Raub

---

wohnte in demselben Hause, in dem er den Raub beging, so daß dieser nicht nur vollendet, sondern auch beendet war, als der A sich mit dem geraubten Geldbetrag in sein Zimmer begab" (S. 378). Es wird § 252 StGB angewendet. Das OLG Hamm, MDR 69, 238 lehnte die Anwendung des § 252 StGB mit der Begründung ab, daß der Dieb seine Beute bereits an einem sicheren Ort hatte und also nach der Beendigung nicht mehr „auf frischer Tat betroffen" wurde. Letzteres Merkmal wird in BGHSt. 21, 377 überhaupt nicht geprüft.

[13] *Schönke - Schröder*, § 250, 2 c: „über § 252 wäre der BGH zum gleichen Ergebnis gekommen." Vgl. auch *Isenbeck*, NJW 65, 2326, *Furtner*, JR 66, 169, *Hruschka*, JZ 69, 608. *v. Weber*, JZ 65, 418, in seiner Anmerkung zu BGHSt. 20, 194: „Dies um so mehr, als sich der Satz, ‚Für die Gefährlichkeit eines Räubers macht es nämlich keinen Unterschied, ob er eine Waffe bei der Wegnahme selbst oder erst bei der mit ihr in unmittelbarem örtlichen und zeitlichen Zusammenhang stehenden Verwirklichung seiner Zueignungsabsicht', wie eine klassische Begründung für die Unerläßlichkeit des § 252 StGB liest, wenn es darum geht, Fälle wie den vorliegenden ohne Zuflucht zu einer unnötig weiten ‚Auslegung' der §§ 249, 250 StGB befriedigend zu lösen."

[14] *Schönke - Schröder*, § 250, 2 c und § 252, 3, *Lackner*, § 252, 2, *Welzel*, 356. 360, *Maurach*, BT, 262.

[15] *v. Weber*, JZ 65, 418.

zu werten ist, hängt davon ab, ob die Wegnahme der Sachen im Augenblick der Drohung mit dem Revolver bereits vollendet, der Gewahrsam des früheren Inhabers gebrochen und eigener Gewahrsam der Täter begründet war“[16]. Da A eigenen Gewahrsam an den Gegenständen begründet habe sei § 252 StGB anzuwenden.

Auf dieser Linie liegen auch weitere neuere Entscheidungen des BGH, in denen jeweils die Anwendung des § 252 davon abhängig gemacht wird, ob der Diebstahl vollendet war, d. h. die Wegnahme durch Bruch fremden und Begründung neuen Gewahrsams schon vorlag[17].

Da aber nach Ansicht des BGH der Diebstahl bzw. Raub mit der Wegnahme, der Begründung noch ungesicherten Gewahrsams, noch nicht abgeschlossen ist, vielmehr die Sicherung und Festigung des Gewahrsams erst zur Beendigung führen soll, kann der BGH auch in der Phase zwischen Vollendung und Beendigung verwirklichte Qualifizierungen unmittelbar durch die §§ 244, 250 StGB erfassen[18]. Es scheint wieder das teleologische Argument zu sein, daß diese doppelte Möglichkeit der Anrechnung nach der Vollendung verwirklichter Qualifizierungen rechtfertigt[19]. Und dieses Argument wird durch den Hinweis, daß § 252 doch für diese Fälle ausreiche, nicht vollständig entkräftet, denn es sind Fallkonstellationen denkbar, in denen der Täter nach Vollendung des Diebstahls bzw. Raubes beispielsweise eine Schußwaffe mit sich führt, aber diese nicht im Sinne § 252 StGB verwenden muß.

Dennoch erscheint der Gedanke, daß der Zweck der Strafschärfung in §§ 244, 250 StGB — die erhöhte Gefährlichkeit des Diebes bzw. Räubers durch das Ergreifen einer Schußwaffe etwa — ein Hinausschie-

---

[16] BGH bei *Dallinger*, MDR 67, 896. Als weiteres Argument wird die Formel „auf frischer Tat betroffen“ so verstanden, daß sie anzeige, daß der Diebstahl noch nicht beendet zu sein brauche, um § 252 anwenden zu können. Der BGH kann sich dabei auf höchstrichterliche Entscheidungen des RG berufen, vgl. etwa RGSt. 73, 343; BGHSt. 9, 255. Vgl. *Dallinger*, MDR 67, 897, der die Entscheidung voll billigt und als entscheidenden Zeitpunkt die tatbestandsmäßige Vollendung des § 242 angibt. Wenig überzeugend bleibt hingegen, wie er den Gegensatz zu BGHSt. 20, 194 dadurch aufheben zu können glaubt, daß in dem dortigen Fall auch schon vor der Wegnahme Gewalt angewendet wurde. Entweder wird die Vollendung i. S. voller Tatbestandsverwirklichung zum Kriterium der Anwendung des § 252 oder nicht. Gegen *Dallinger* auch *Hruschka*, GA 68, 205, Fn. 43.

[17] Deutlich im Fall des BGH bei *Dallinger*, MDR 69, 359, wo P nach Ablehnung seines Darlehnsgesuches in die Kasse des Kreditbüros griff, ein Bündel Geldscheine packte und am Ausgang des Büros Gewalt gegen die Angestellten des Kaufhauses anwendete. Da P schon eigenen Gewahrsam begründet habe, als er gewalttätig wurde, sei § 252 StGB anzuwenden. Vgl. auch BGH, MDR 67, 727, BGH, GA 69, 347, BGH, JZ 69, 115.

[18] So auch *Maurach*, BT, 253, zweifelnd aber im Nachtrag vom 1. 4. 70, S. 27.

[19] Vgl. BGH, GA 69, 348, wo ausgeführt wird, daß bei gleich schweren Tatbegehungen „kein Bedürfnis zur Anwendung des § 252 StGB“ bestehe. Vgl. auch BGHSt. 21, 379.

ben des Abschlußzeitpunktes von Diebstahl und Raub erfordere, angesichts der Vorschrift über den räuberischen Diebstahl nicht zwingend. Gerade eine solche Bestimmung, die die Verwirklichung qualifizierender Umstände nach einer Tatbestandsverwirklichung noch zu berücksichtigen erlaubt, könnte den Charakter einer Ausnahmebestimmung haben. Daraus könnte sich der Umkehrschluß ergeben, „daß die Verwirklichung qualifizierender Umstände nach einer Tatbestandsverwirklichung in anderen Fällen nicht als straferschwerend anzusehen ist“[20].

Doch auch dieser mögliche Umkehrschluß beweist nicht abschließend, daß die weite Interpretation der §§ 242, 249 StGB durch § 252 StGB ausgeschlossen ist, denn es hieße das Systemdenken des Gesetzgebers überfordern, wollte man unterstellen, daß durch das bloße Vorhandensein der Bestimmung über den räuberischen Diebstahl der Interpretation des Diebstahls bzw. Raubes Grenzen gesetzt werden sollten[21].

2. Die Kritik dieser Rechtsprechung

Es müßte vielmehr gezeigt werden[22], daß eine derart extensive Interpretation der §§ 242, 249 StGB in Wahrheit neue Tatbestände schafft. Letzteres verbietet Art. 103 II GG, und so ist es naheliegend, daß sich die Kritiker der Beendigungslehre des BGH auf den Grundsatz ‚nullum crimen sine lege scripta‘ berufen[23]. Da die Gesetze im Strafrecht jeweils typische Handlungsabläufe umschreiben, muß dieser so umschriebene gesetzliche Tatbestand die Grenze der Auslegung sein.

Die Tatbestände des Diebstahls und Raubes fordern zu ihrer Verwirklichung im objektiven Tatbestand das Wegnehmen einer fremden Sache. Legt man nun — mit dem BGH und der herrschenden Lehre[24] — den Zeitpunkt der Wegnahme nach dem Bruch fremden auf die Begründung neuen, wenn auch ungesicherten Gewahrsams fest, so erscheinen

---

[20] So *Hruschka*, GA 68, 205, Fn. 43. Er leitet daraus das „Verbot ab, den Beendigungszeitpunkt über das Ende der Tatbestandsverwirklichung zu dem Zweck hinauszuschieben, solche späteren Umstände doch noch als straferhöhende Umstände erfassen zu können“.

[21] Es wäre auch denkbar, daß der Gesetzgeber eben nur die Verwirklichung der Zueignungsabsicht, die mittels Gewalt und Drohung durchgeführt werden, zwecks höherer Strafdrohung herausheben wollte.

[22] Die allgemeinen Vorarbeiten zu einer solchen Kritik sind im 1. Hauptteil zum formellen und materiellen Tatbestand geleistet.

[23] Zuletzt *Hruschka*, JZ 69, 609, vgl. *Isenbeck*, NJW 65, 2327.

[24] Vgl. aber *Maiwald*, Zueignungsbegriff, 187, Fn. 62, der die Auslegung des Wortes ‚wegnehmen‘ als Bruch fremden und Begründung neuen Gewahrsams nicht für zwingend hält, denn man könnte ‚wegnehmen‘ auch als ‚aus fremden Gewahrsam bringen‘ verstehen. Aber auch Maiwald anerkennt trotz dieses möglichen Wortsinnes die herrschende Auslegung, nicht zuletzt wegen der in den Motiven deutlich zum Ausdruck gekommenen Vorstellungen des Gesetzgebers. So auch *Lampe*, GA 66, 233 gegen *Mayer*, JZ 62, 617.

die Handlungen, die der Sicherung und Festigung des Gewahrsams, oder gar der Bergung der Beute dienen, nicht mehr als Wegnahmehandlungen[25].

Freilich unterliegt auch der Diebstahl, wie jeder andere Tatbestand der teleologischen Auslegung, d. h. der Interpretation, die von dem im betreffenden Tatbestand geschützten Rechtsgut ausgeht. Durch § 242 StGB wird das Eigentum geschützt, und so könnte durch die Zueignungsabsicht auf einen späteren Zeitpunkt verwiesen sein, nämlich auf den ihrer Verwirklichung.

Die Theorie der Absichtsverwirklichung würde damit denselben Zeitpunkt als Beendigung angeben, wie die Theorie der endgültigen Rechtsgutsverletzung, denn die Zueignungsabsicht wird von der herrschenden Meinung so verstanden, daß sie auf einen der Wegnahme nachfolgenden Zeitpunkt, den der endgültigen Eigentumsverletzung hinziele. Sie sei eine überschießende Innentendenz[26], die sich auf das im betreffenden Tatbestand geschützte Rechtsgut ausrichte[27]. Damit wird § 242 StGB wörtlich verstanden als „Wegnahme in Zueignungsabsicht", ohne daß die durch die Tatbestandsfassung nicht ausgeschlossene Möglichkeit erwogen wird, ob nicht die Wegnahme ein Zueignungsakt sei, und zwar der für den Diebstahl allein entscheidende.

Gründlich erörtert wird das Problem, „ob im Diebstahlstatbestand wirklich die Wegnahme in bloßer Zueignungsabsicht unter Strafe gestellt sei, oder ob sich hinter dieser sprachlichen Formulierung nicht in Wahrheit der Wille des Gesetzgebers verberge, mit § 242 StGB einen Zueignungsakt selbst zu erfassen, wenn er durch Wegnahme verwirklicht werde"[28], in Maiwalds Untersuchung zum Zueignungsbegriff. Er wendet sich dabei insbesondere gegen Schaffstein[29], nach dem die materielle Vollendung des Diebstahls nicht schon in der bloßen Wegnahme liegt, vielmehr werde der Eigentümer faktisch über die Weg-

---

[25] Vgl. *Isenbeck*, NJW 65, 2327: „Denn die Festigung und Sicherung der Sachherrschaft an dem Diebesgut, Beutesicherung ist nicht mehr Wegnahme." Vgl. *Furtner*, JR 66, 170.

[26] Vgl. *Hegler*, ZStW 36, 31 ff. Später verbannte *Hegler* jedoch den Diebstahl aus dem Kreis der Delikte mit überschießender Innentendenz, und verstand § 242 als den Tatbestand einer Zueignung durch Wegnahme; die Zueignungsabsicht wurde zu der, der Wegnahme sinngebenden Absicht, vgl. *Frank*-Fg., I, 310, vgl. dazu auch *Maiwald*, Zueignungsbegriff, 173. Vgl. *Jescheck*, 180, 215, der § 242 als unvollkommen zweiaktiges Delikt bezeichnet, bei dem die Absicht genüge, die zweite Handlung später vorzunehmen.

[27] Vgl. zum Diebstahl als Zieldelikt *Schmidhäuser*, 179.

[28] *Maiwald*, Zueignungsbegriff, 172.

[29] *Schaffstein*, GA 64, 97 ff., insb. 105: Die formelle Vollendung des § 242 sei materiell gesehen Versuch. Vgl. *Lampe*, GA 66, 231, ebenso *Maurach*, AT, 203, *Mayer*, LB, 277.

nahme hinaus bis zur „endgültigen Rechtsgutsverletzung" weiter beeinträchtigt.

Dieser Ansatz ist, wie Maiwald[30] zeigt, nicht haltbar, denn worin soll etwa die endgültige Rechtsgutsverletzung in dem Fall liegen, in dem der „Täter die Sache wegnimmt, um sie für immer zu behalten"? Eine Unrechtsintensivierung liegt immer dann nicht in der Absichtsverwirklichung, „wenn dadurch die Chance der Wiedererlangung der Sache für den Eigentümer gar nicht mehr verringert"[31] wird.

Maiwald stellt nach einer Analyse des Zueignungsbegriffs zu Recht fest, daß die Wegnahme der Sache eine Modalität sei, dem Eigentümer die mit der Sache verbundenen Möglichkeiten endgültig zu nehmen[32]. Er schließt sich deshalb im Ergebnis der Meinung an, die im Diebstahl eine Zueignung durch Wegnahme sieht[33], wobei die Wegnahme die „Entziehungsseite des Diebstahls"[34] objektiv kennzeichne. Die Zueignungsabsicht ist dann nur noch ein zusätzliches subjektives Erfordernis, das anzeigt, ob die Wegnahme auch ein Zueignungsakt von Dauer ist[35]. Die Wegnahme ist dann ein Akt der Zueignung, „wenn der Täter mit der weggenommenen Sache (egoistische) Absichten verfolgt, die den

---

30 *Maiwald*, Zueignungsbegriff, 175, richtet im weiteren an *Schaffstein* die Frage: „... worin soll bei der Wegnahme in Behaltensabsicht strukturell ein Unterschied bestehen zum Ableugnen des Besitzes einer Sache in gleicher Absicht — ein Sachverhalt, der nach jeder Ansicht selbst schon ein Zueignungsakt, nicht erst der Versuch eines solchen ist?" Des weiteren führt er die Fälle der Wegnahme zum Zwecke des Verkaufs, zum Zwecke der Weitergabe an Dritte oder des Wegwerfens nach Gebrauch gegen *Schaffstein* an; vgl. *Maiwald*, Zueignungsbegriff, 249, Fn. 79. Vgl. auch *Welzel*, 350: Die Zueignung sei kein der Wegnahme nachfolgender Akt.

31 *Maiwald*, Zueignungsbegriff, 176, vgl. auch 189: Wenn der Täter die Schwelle der Wegnahme überschritten habe, bereite ihm die Aufrechterhaltung der geschaffenen Situation in der Regel keine Schwierigkeiten mehr.

32 *Maiwald*, Zueignungsbegriff, 172.

33 Vgl. etwa *Welzel*, 344/5, 350, *Schönke - Schröder*, § 242, 68: Wegnahme und Zueignung fielen beim Diebstahl zusammen. Vgl. *Maiwald*, Zueignungsbegriff, 177. Er selbst möchte, S. 190, die Zueignung unter Bruch fremden Gewahrsams als Diebstahl kodifiziert sehen, damit soll das Zueignen und nicht mehr das Wegnehmen der Ausführungsakt sein; vgl. S. 184, denn der Wegnahmebegriff mit dem Erfordernis der Begründung neuen Gewahrsams sei ein Relikt des gemeinrechtlichen Streites um die Vollendung des Diebstahls. Vgl. S. 189: der Wegnahmeakt für sich beantworte nicht die Frage, ob dem Opfer das genommen ist, was der Unrechtstypus des Diebstahls ihm erhalten wolle.

34 *Maiwald*, Zueignungsbegriff, 172, 177, zur positiven Seite vgl. S. 230. Vgl. auch *Ostheimer*, Ist der Gewahrsam ein Rechtsgut des § 242?, 62: die Wegnahme beschreibe den Eigentumsangriff in objektiver Hinsicht.

35 Vgl. *Maiwald*, Zueignungsbegriff, 183; er gibt jedoch zu, daß die Fassung des § 242 irreführend sei, weil sie den Anschein erwecke, als stelle sie eine Wegnahme unter Strafe, bei der die Zueignung als ein späterer Akt beabsichtigt sei. Vgl. auch *Ostheimer*, a.a.O., 61.

Verlust der Sache für den Eigentümer der Sache wahrscheinlich machen“[36].

Eine ähnliche Gegenposition wie Schaffstein vertrat früher schon Honig[37], der von der auch heute noch vertretenen Meinung ausging, Schutzgut des § 242 StGB seien Gewahrsam und Eigentum[38]. Auf diese Position soll deshalb noch kurz eingegangen werden, weil sich auch an ihr der Fehlansatz der noch herrschenden Meinung, und die Richtigkeit der hier vertretenen Ansicht nachweisen läßt.

Honig leitet aus dieser angeblich doppelten Schutzfunktion zwei verschiedene Zeitpunkte im Deliktsverlauf ab: Mit der Wegnahme, d. h. dem Bruch fremden und der Begründung neuen Gewahrsams, wobei kein gesicherter Gewahrsam vorausgesetzt werde, sei § 242 StGB vollendet, jedoch sei der Diebstahl erst beendet, wenn die Gefahr der endgültigen Eigentumsschädigung sich realisiert habe, wofür die Wegnahme nur ein Indiz sei.

Diese Argumentation geht von einer falschen Voraussetzung aus, da, wie die neueren Arbeiten Ostheimers[39] und Maiwalds[40] gezeigt haben, der Diebstahl nur die Herrschaftsbeziehung des Eigentümers zur Sache schützen will. Unter diesem Gesichtspunkt erscheint der Gewahrsambruch nur als „besondere Angriffsform“[41], nicht als selbständige Rechtsgutsverletzung neben der Eigentumsverletzung: „Der Diebstahl erhält seinen gegenüber der Zueignung ohne Gewahrsamsbruch erhöhten Unwertakzent nur daraus, daß in der Wegnahme eine besonders grobe Mißachtung des Eigentümerswillens, und d. h.: der Person des Eigentümers, zum Ausdruck gebracht wird[42].“

Kann die Wegnahme demnach nur als ein Zueignungsakt verstanden werden, so ist sie und nicht die Zueignung die für die jetzige Unrechtstypisierung in § 242 StGB entscheidende Ausführungshandlung, wonach also nur Zueignungen durch Wegnahme erfaßt werden. Und dieser Wegnahmebegriff enthält als zeitliche Begrenzung das Erfordernis der Begründung neuen, wenn auch noch ungesicherten Gewahrsams. Spätere Zueignungsakte werden nicht mehr durch § 242 StGB erfaßt.

---

36 *Maiwald,* Zueignungsbegriff, 180, vgl. auch 178/9.

37 *Honig,* JW 21, 35.

38 Vgl. etwa *Kohlrausch - Lange,* I vor § 242: neben dem materiellen Rechtswert des Eigentums schüze § 242 auch die Rechtsordnung, die hier im Gewahrsam verkörpert sei. Vgl. dazu *Ostheimers* Untersuchungen.

39 *Ostheimer,* a.a.O., passim.

40 *Maiwald,* Zueignungsbegriff, 203 ff.

41 Vgl. auch *Schönke - Schröder,* § 242, 1, *Maiwald,* Zueignungsbegriff, 208, *Ostheimer,* a.a.O., 64, *Cramer,* 94.

42 *Maiwald,* Zueignungsbegriff, 208.

Der Dieb kann nur eine „Quasi-Eigentümerherrschaft“[43] erlangen und diese verschafft er sich nach § 242 StGB eben durch die Wegnahme[44]. Der dem § 242 StGB zugrunde liegende Typus des Diebstahls erfaßt eben nur Wegnahmen als Zueignung[45], und so führt auch die materielle Tatbestandsbetrachtung zum gleichen Ergebnis wie schon die formelle Betrachtung, die den Gesetzestatbestand in seiner wörtlichen Fassung als Kriterium hat[46].

Nun ist aber zu beachten, daß die Vollendung des Diebstahls zwar schon bei der ersten Erfüllung sämtlicher Tatbestandsmerkmale vorliegt, es aber sehr wohl möglich ist, daß der Dieb auch danach noch wegnimmt, d. h. sich aktiv tatbestandstypisch verhält. Man könnte sagen, der Dieb führt die Tat über den Vollendungszeitpunkt hinaus fort, und man bezeichnet dann die Tat erst mit dem letzten Wegnahmeakt als beendet. Die Konsequenz für die Anwendung der Qualifikationen in §§ 244, 250 StGB liegt auf der Hand: sie sind unmittelbar anzuwenden[47], da es sich eben nur um mehrere Teilakte einer Tat handelt, wovon schon der erste die Vollendung herbeigeführt hat[48].

3. Die Fortführung der Tat durch Unterlassen

Problematischer sind auch hier wieder die Fälle, in denen der vorher aktive Täter nach der Vollendung nur noch durch Unterlassen weiter den Tatbestand verwirklicht. Da die Unterlassungsphase schon vom beendeten Versuch an beginnen kann, läßt sich auch ein Mordfall als Beispiel der Verwirklichung eines Qualifikationsmerkmals in der Unterlassungsphase bilden[49]: Der Neffe N will in der Dunkelheit seinen Feind F töten und verletzt den vor ihm Stehenden lebensgefährlich; jetzt erst erkennt er das Opfer als seinen Erbonkel und unterläßt aus

---

43 *Welzel*, 344.

44 *Welzel*, 345: Zueignung durch Wegnahme.

45 *Schönke - Schröder*, § 242, 68, *Hruschka*, JZ 69, 608, besonders Fn. 8: bei 242/9 StGB fielen Tatvollendung und Abschluß der Tatbestandsverwirklichung stets zusammen. Das stimmt dann, wenn man wie Hruschka eine Weiterführung der Tat in der Vollendung kennt.

46 Vgl. die Kritik an dieser Tatbestandsfassung des § 242 durch *Maiwald*, Zueignungsbegriff, 183 ff.: „Aber weil damit auch nicht jede Zueignung einer in fremden Gewahrsam befindlichen Sache unter Strafe gestellt ist, sondern eben nur eine solche, die durch ‚Davontragen‘ realsiert wird, bleibt ein unbefriedigender Rest. Wer einen anderen aus Egoismus um das Seine bringt, ohne gerade den Sachkörper wegzutragen, bleibt straflos.“

47 *Isenbeck*, NJW 65, 2329: §§ 250, 243 StGB seien anwendbar, „solange der Täter tatbestandsmäßig handelt, beim § 242 StGB nur, solange die Wegnahme noch nicht hinsichtlich des ganzen Diebesgutes vollendet ist“.

48 *Schönke - Schröder*, § 250, 2 c; 2 a vor § 43.

49 So *Welp*, 337.

Habgier, ihm zu helfen. Hier bietet nur das nachfolgende Unterlassen „die Basis für eine Anwendung des § 211 StGB“[50].

a) Beim Dauerdelikt

Aber auch nach der Vollendung kann in der Unterlassungsphase ein qualifizierendes Merkmal verwirklicht werden, wie sich an einem Dauerdelikt zeigen läßt: Der gewaltsam Eingedrungene verweilt im fremden Haus und ergreift erst jetzt eine Waffe, „um sich in dem durch das Eindringen ermöglichten unberechtigten Verweilen zu erhalten“[51]. Das RG entschied zu Recht[52], daß auch hier noch § 123 Abs. 2 StGB anzuwenden sei, da der Hausfriedensbruch solange andauerte, wie der Eindringling verweilte, d. h. aber wie er zu gehen unterließ. Auch hier zeigt sich wieder, daß die Typizität des nachfolgenden Unterlassens angesichts der vorhergehenden typischen Aktivität nicht gesondert zu prüfen ist, wobei allerdings wieder fraglich ist, wieviel an subjektiven Elementen vorhanden sein muß, um von einem Eindringen sprechen zu können[53].

b) Bei der Erpressung

Einen schwierigen Fall der Tatfortführung nach der ersten Tatbestandsverwirklichung, wobei der Täter erst jetzt ein qualifizierendes Merkmal verwirklichte, hatte der BGH[54] zu entscheiden. Dieser Fall ist zunächst deshalb interessant, weil der BGH hier versucht, seine an Diebstahl und Raub gewonnene Beendigungslehre auf die Erpressung zu übertragen. A und B hatten X in dessen PkW auf einem Privatweg durch Drohung veranlaßt, ihnen sein Geld und seine Taschen herauszugeben. Daraufhin zwangen sie X mit vorgehaltener Pistole, auf die öffentliche Straße zuzusteuern und auf dieser wegzufahren. A und B hatten mit ihren Handlungen auf dem Privatweg den § 255 StGB vollständig erfüllt, „als der Bedrohte Geld und Tasche ausgehändigt hatte“[55]. Jedoch meint der BGH, die Tat sei erst dann beendet gewesen,

---

[50] *Welp*, 337, vgl. Fn. 59 zur Gleichwertigkeit: bei der Qualifikationsgruppe der Beweggründe ergebe sich ein dem qualifizierten Tun entsprechender Unwert, wenn das betreffende Motiv den Rettungsentschluß verhindert habe.

[51] So als Frage über RGSt. 12, 183, damals noch zu § 123 Abs. 3 StGB.

[52] Zustimmend zitiert bei *Schönke - Schröder*, § 123, 27, *v. Weber*, JZ 65, 418.

[53] Die wohl herrschende Meinung verlangt kein vorsätzliches Handeln, vgl. *Schröder*, NJW 66, 1001, *Hruschka*, GA 68, 199, Fn. 24. Vgl. dazu den ersten Hauptteil am Schluß.

[54] BGHSt. 22, 227 mit Anmerkung von *Hruschka* in JZ 69, 607.

[55] BGHSt. 22, 227.

als der Erpreßte weggefahren war[56]. Die räuberische Erpressung wurde demzufolge auch noch auf einer ‚öffentlichen Straße' begangen, so daß die Qualifizierung des § 250 I 3 StGB noch angewendet werden konnte. Schwierigkeiten macht dieser Fall zunächst deshalb, weil hier Tätigkeits- und Unterlassungsphase kaum unterschieden werden können, denn es ist gerade für eine Drohung typisch, daß sie zwar nur einmal ausgesprochen werden muß, aber in ihrer Wirkung etwa durch eine vorgehaltene Pistole längere Zeit aufrechterhalten werden kann[57]. Man kann mit der gleichen Berechtigung sagen: der Täter droht weiter, wie auch: der Täter unterläßt es, seine Drohung zurückzunehmen[58].

Das Entscheidende der Drohung im Sinne § 255 StGB ist jedoch, daß sie dazu eingesetzt wird, den Bedrohten zu einer Vermögensverfügung und damit zu einer Selbstschädigung zu veranlassen. Dies war aber hier schon auf dem Privatweg geschehen, so daß man der Meinung sein kann, die weiteren Drohungen bzw. das Unterlassen der Rücknahme der Drohung hätte nur noch den Zweck, den schon erreichten Erfolg der Tat sicherzustellen[59]. Und weiter könnte man argumentieren, im Rahmen der Erpressungsdelikte fehle eben ein dem § 252 StGB entsprechender Anschlußtatbestand, so daß nach der Vollendung verwirklichte Qualifizierungen eben nicht mehr angerechnet werden können.

Aber auch hier ist diese Argumentation — wie schon beim Umkehrschluß aus § 252 StGB — nicht zwingend, denn möglicherweise dauerte hier die Tatbestandsverwirklichung des § 255 StGB noch an[60]. Zu dieser Annahme ist man aber noch nicht berechtigt, wenn man eine weitere Drohung nach der Vollendung nachgewiesen hat, vielmehr müßte eine weitere schädigende Vermögensverfügung durch die Drohung aus-

---

[56] BGHSt. 22, 227. Auch hier verwendet der BGH wieder das Kriterium der „natürlichen Betrachtungsweise", für die sich das gesamte Geschehen als „einheitlicher Lebensvorgang" darstelle.

[57] Vgl. *Arzt*, MDR 65, 345, der von einer „Dauerwirkung" spricht.

[58] Der BGH nimmt eine Fortsetzung der Nötigung durch Drohung an; vgl. *Hruschka*, GA 68, 199 zum Fall RG, HRR 40, 469, wo der Bedrohte das Geld postlagernd hinterlegt hatte; der Erpresser habe es unterlassen, die für die Gefahr der endgültigen Vermögensschädigung ursächliche Drohung zurückzunehmen. Vgl. zum vorliegenden Fall *Hruschka*, JZ 69, 607: Das Opfer sei noch im Wirkungsbereich des Drohmittels, und der Täter beziehe sich in seinem Tun und Unterlassen erkennbar darauf.

[59] Dieser Gedanke findet sich auch in der BGHSt. 22, 227 Entscheidung, jedoch wird er vom BGH gerade zur Begründung der entgegengesetzten Konsequenz verwendet: Die Sicherstellung gehöre noch zum Delikt.

[60] Nach *Hruschka*, JZ 69, 607 könnte dieser Fall unter die Fallgruppe der Tatbestandsverwirklichungen fallen, bei denen „nach Eintritt der Tatvollendung die Tat in der Vollendung weitergeführt wird, d. h. wenn der einmal erreichte Zustand der vollen Erfüllung des Tatbestandes in seinen strafrechtlich wesentlichen Zügen ungebrochen aufrechterhalten bleibt".

gewiesen werden. Dies sieht auch Hruschka[61] und konstruiert deshalb so: „Die Schädigung war nicht etwa mit der Übergabe des Geldes abgeschlossen, sondern im Schwinden der tatsächlichen Möglichkeit, von den noch greifbaren Tätern das Geld zurückzuverlangen, entstand für die Opfer ein weiterer Nachteil[62]."

Diese Konstruktion erscheint künstlich[63], denn hier wurde nicht der Schaden, der mit der Erlangung der Verfügungsgewalt über das Geld und die Taschen durch A und B eingetreten war, vergrößert, sondern der Erpreßte versuchte nur nicht, die Schädigung rückgängig zu machen. Die weitere Drohung bzw. das Unterlassen ihrer Rücknahme führte hier nicht zu einer Intensivierung der Schädigung des Opfers; der Erpresser seinerseits verhinderte nur, daß er um den Erfolg seiner Tat gebracht wurde. Die Vermögensverschiebung hat damit auf dem Privatweg stattgefunden, so daß § 250 I 3 StGB nicht über § 255 StGB angewendet werden kann. Anders wäre dies möglicherweise dann, wenn der X auf der öffentlichen Straße versucht hätte, sein verlorenes Geld zurückzugewinnen, A und B jedoch diesen Versuch mit Gewalt oder Drohung vereitelt hätten. Darin könnte eine weitere Erpresserhandlung gesehen werden.

4. Ergebnis

Der rechtsgutsbezogene Beendigungsbegriff führt auch bei der Anrechnung solcher qualifizierender Merkmale, die erst nach der Vollendung verwirklicht werden oder eintreten, zu einer einseitigen Erfolgsorientierung. Der Blick auf den Täter und sein Verhalten im Verlaufe der Deliktsbegehung führt auch hier zu sachgerechten Ergebnissen, denn die Basis für die Anrechnung qualifizierender Umstände kann nur in seinem Tun oder Unterlassen liegen. Muß der Täter bestimmte Qualifizierungen selbst verwirklichen, so kann er das in der Regel ohnehin nur durch aktives Tun; aber selbst wenn es nach dem betreffenden Tatbestand ausreicht, daß qualifizierende Umstände während des Deliktsverlaufs eintreten, kann dies dem Täter nur angerechnet werden, wenn er sich noch tatbestandstypisch verhält. Er muß das Grunddelikt noch durch weiteres Tun oder Unterlassen nach der Vollendung

---

[61] *Hruschka*, JZ 69, 608.

[62] Dieser Meinung ist wohl auch der BGHSt. 22, 227, denn auch dort taucht der Gedanke auf, der Erpresste hätte dem Erpresser das Geld wieder abnehmen können. Andererseits stellt der BGH fest, der Erpresser habe sich den Erfolg seiner Tat nur sichern wollen, was doch nahelegt, daß es sich beim Weiterhandeln des Erpressers nur noch um ein Ausnutzen des durch seine Erpressung geschaffenen Zustandes gehandelt hat.

[63] Ebenso künstlich ist die Konstruktion einer weiteren Vermögensverfügung durch Unterlassen von Hilferufen oder des Wiederabnehmens des Geldes, so aber *Hruschka*, JZ 69, 607/8.

verwirklichen, denn nur solange hat er noch Einfluß auf die Tat. Treten in der Phase reinen Kausalverlaufs solche Umstände ein, so ist das vom Täter aus gesehen nur zufällig und gehört nicht zu seiner Tat[64].

III. Die Gegenwärtigkeit des Angriffs bei der Notwehr

Das Begriffspaar ‚Vollendung' und ‚Beendigung' taucht auch im Rahmen der Notwehrproblematik allenthalben auf[1]. Es geht dabei um die Frage, welcher der beiden Begriffe geeignet ist, Aufschluß über die Gegenwärtigkeit des Angriffs zu geben; — genauer will man wissen, wie lange ein Angriff noch als gegenwärtiger angesehen werden muß.

Der Rechtfertigungsgrund der Notwehr ist, wie die meisten Rechtfertigungsgründe, nicht auf das Gebiet des Strafrechts beschränkt, was schon die gleichlautenden Vorschriften der §§ 227 BGB, 53 StGB erkennen lassen. Das hat unter anderem auch die Konsequenz, daß der in § 53 StGB vorausgesetzte Angriff nicht notwendig in straftatbestandlicher Form durchgeführt werden muß. Ein Angriff ist auch in solchen Beeinträchtigungen von Rechtsgütern zu sehen, die nicht einem Deliktstypus des Strafgesetzbuches unterfallen, z. B. in einem Gebrauchsdiebstahl[2].

Da sich nun aber die Begriffe Vollendung und Beendigung auf Straftaten beziehen, können sie bei der Beantwortung der Frage, wie lange ein Angriff noch gegenwärtig ist, nur dann Bedeutung gewinnen, wenn dieser Angriff zunächst bis zur Vollendung in tatbestandstypischer Form durchgeführt wird, was freilich häufig der Fall sein wird[3].

Zugleich ergibt sich aus der Unabhängigkeit des Angriffsbegriffs von straftatbestandlicher Erfassung, daß die Vollendung nicht geeignet sein kann, ein Kriterium für die Gegenwärtigkeit des Angriffs abzugeben, denn sie ist ja gerade auf den Zeitpunkt der vollständigen Erfüllung des Tatbestandes festgelegt. Hat ein Täter ein bestimmtes Delikt voll-

---

64 Ein solcher Fall ließe sich bei der Brandstiftung denken, wenn der Täter ein unbewohntes Gebäude in Brand setzt, daraufhin die Erfolgsabwendungsmöglichkeit verliert, und erst jetzt das Feuer auf ein bewohntes Gebäude i. S. § 306 StGB übergreift. Vgl. *Schönke - Schröder*, § 306, 11 zur Brandstiftung bei „gemischt genutzten Gebäuden".

1 Vgl. RGSt. 55, 84: „Der Angriff braucht trotz der Vollendung des Verbrechens nicht beendet zu sein." *Gelbert*, DStR 43, 9: „Die Vollendung der Straftat ist nicht mit der Beendigung des Angriffs gleichzusetzen." *Mayer*, Lb., 203, AT, 99, *Jagusch*, LK, § 53, 2 e, *Jescheck*, 229, *Baumann*, 290, *Welzel*, 85, *Schmidhäuser*, 270, *Mezger - Blei*, AT, 130, *Wessels*, 49.

2 Vgl. *Maurach*, AT, 264 mit weiteren Beispielen, *Schmidhäuser*, 269: der Begriff des Angriffs sei ganz unabhängig von jeder straftatbestandlichen Erfassung, so auch *Jagusch*, § 53, 2, *Liszt - Schmidt*, 186.

3 So auch *Schmidhäuser*, 269.

endet, so steht damit lediglich fest, daß er mit der Vollendungsstrafe belegt werden kann, nicht jedoch, daß er sich weiterer Angriffe auf das im betreffenden Tatbestand geschützte Rechtsgut enthalten wird. Diese möglichen weiteren Angriffe auf das im betreffenden Tatbestand geschützte Rechtsgut werden ihrerseits nicht notwendig in tatbestandstypischer Form erfolgen. Eine solche Typizität des Verhaltens wiederum ist Voraussetzung für den Eintritt der Vollendung. Es ist deshalb auch allgemeine Ansicht, daß Angriffe, die gleichzeitig Straftaten sind, nicht schon mit der Vollendung der jeweiligen Straftat abgeschlossen sind[4]. Ein Angriff ist nach herrschender Ansicht vielmehr auch dann noch gegenwärtig, wenn nach der Vollendung der Straftat das im betreffenden Tatbestand geschützte Rechtsgut noch weiter verletzt oder gefährdet wird.

Immer wiederkehrendes Beispiel ist dabei der Fall, daß sich die Obstdiebe mit dem gestohlenen Obst auf die Flucht begeben und jetzt oder erst während der unmittelbar anschließenden Verfolgung vom Eigentümer angeschossen werden. Der Diebstahl gem. § 242 StGB ist zwar mit der Begründung neuen, wenn auch noch ungesicherten Gewahrsams vollendet und, wenn keine weiteren Wegnahmehandlungen mehr erfolgen, auch beendet[5], so daß alle weiteren Handlungen zur Sicherung und Bergung der Beute mangels Deliktstypizität nicht mehr als Fortsetzung des Diebstahls erscheinen. Doch ist eben damit nicht die Möglichkeit abgeschnitten, daß diese Nachhandlungen noch als gegenwärtiger Angriff auf das Eigentum den Eigentümer zur Notwehr berechtigen, denn dieses Abwehrrecht hat man auch gegen nichttatbestandsmäßige Angriffe auf geschützte Rechtsgüter[6].

Damit ist freilich noch nicht die Richtigkeit der Lösung dieses Falles durch die herrschende Meinung erwiesen, denn es wurde bisher nur zugegeben, daß beim Angriff im Sinne § 53 StGB die Berufung auf mangelnde Typizität nach der Vollendung der Straftat nicht zieht. Zu leicht macht man sich jedenfalls die Lösung dieses Falles, wenn man mit der herrschenden Meinung die Berechtigung zur Notwehr damit begründet, daß der Diebstahl erst mit der Begründung sicheren Gewahrsams beendet und solange eben Notwehr zulässig sei[7].

---

[4] RGSt. 55, 84, RGZ 111, 371, *Honig*, JW 21, 34/5, *v. Hippel*, JW 24, 1931, *Liszt - Schmidt*, 186, *Jescheck*, 229, *Welzel*, 85, *Schmidhäuser*, 270, *Kohlrausch - Lange*, § 53 IV.

[5] Dies ist freilich nicht die herrschende Meinung.

[6] Vgl. *v. Hippel*, JW 24, 1930/1, der die Notwehr gegen den mit der Beute fliehenden Dieb trotz Vollendung des § 242 StGB zuläßt, weil der Angriff im Sinne § 53 StGB überhaupt kein strafbarer zu sein brauche, es genüge vielmehr jeder Eingriff in rechtlich geschützte Interessen. Vgl. auch *v. Hippel* zu den sehr weitgehenden Abwehrrechten gegen Eingriffe in das Jagdrecht.

[7] RGSt. 55, 84, deutlich RGZ 111, 371: „Solange er bestrebt war, sich die Diebesbeute zu sichern, dauerte sein gegenwärtiger rechtswidriger Angriff

Denn es ist nicht zu leugnen, daß der eigentliche Angriff auf das fremde Eigentum durch die Wegnahme bereits abgeschlossen ist, und die Abwehrhandlung erst „im unmittelbaren Anschluß an den Angriff“[8] einsetzt. Es ist deshalb angemessener, hier von einer „Notwehr in unmittelbarer Verfolgung“[9] zu sprechen, oder das eigentliche Kriterium der Gegenwärtigkeit in der „noch gleichen Situation“[10] zu sehen. Ein zeitlich naher Zusammenhang mit dem eigentlichen Angriff, der Wegnahme, muß zumindest gefordert werden[11].

1. Die Verwendung des rechtsgutsbezogenen Beendigungsbegriffs

Entschließt man sich zu einer so weitgehenden Zulassung des Notwehrrechts, dann bietet sich der Beendigungsbegriff der herrschenden Lehre[12] als ein mögliches Kriterium zur Bestimmung der Gegenwärtigkeit des Angriffs an. Seine Verwendung ist bei Angriffen in strafbarer Form plausibel, weil der Beendigungsbegriff den Zeitpunkt angibt, an dem das verbrecherische Geschehen sein Ende findet. Da die herrschende Lehre[13] diesen Zeitpunkt gerade ohne Rücksicht auf die weitere Erfüllung von Tatbestandsmerkmalen nach der Vollendung bestimmt, ist auch insoweit eine Übereinstimmung mit dem Angriffsbegriff festzustellen.

---

gegen das Eigentum noch an.“ Vgl. *v. Hippel*, JW 24, 1930, der es ausreichen läßt, daß „es dem Dieb gelungen ist, die Sachen mindestens zeitweilig ungestört zu besitzen“. Vgl. *Larenz*, AT, 277: wenigstens vorläufig in Sicherheit gebracht. Gegen das Hinausschieben des Beendigungszeitpunktes bei Diebstahl und Raub mit der Begründung, daß gegen den fliehenden Dieb noch Notwehr zulässig sein müsse, z. B. *Hruschka*, GA 68, 206, Fn. 43. Er übersieht aber, daß die Forderung nach weiterer Tatbestandsverwirklichung auch noch nach der Vollendung hier nicht angebracht ist, da ein Angriff i. S. § 53 StGB eben gar nicht tatbestandsmäßig zu sein braucht.

[8] *Jescheck*, 229, dessen Lösung aber widerspruchsvoll erscheint, denn er bezeichnet einen Angriff dann als fortdauernd, „wenn die Verletzung des geschützten Rechtsguts zwar schon stattgefunden hat, aber in unmittelbarem Anschluß an den Angriff“ noch etwas zu retten sei. Entweder war der Angriff vorbei, oder er ist noch fortdauernd. Ähnlich wie *Jescheck* argumentiert schon RGSt. 55, 84: „... in unmittelbarem Anschluß an die widerrechtlichen Eingriffe in den Gewahrsam“ werde der Angriff „ohne Zeitverlust“ fortgesetzt.

[9] So *Schönke - Schröder*, § 53, 14.

[10] Dieses Kriterium gibt *Baumann*, 290 an; es taucht auch schon beiläufig bei *Maurach*, AT, 266 auf.

[11] Zweifel an der Lösung der herrschenden Meinung hat auch *Lehmann - Hübner*, 121, nach dem „an der Notwendigkeit eines unmittelbaren Zusammenhanges mit der Entwendung festzuhalten“ ist. Als weitere Verfolgungsrechte gegenüber dem fliehenden Dieb gibt er §§ 229, 859 BGB an. Diesen Vorschlag macht auch *Hruschka*, GA 68, 206, vgl. *Maurach*, AT, 266.

[12] Vgl. 1. Kapitel.

[13] Vgl. insbesondere *Schönke - Schröder* 2 vor § 43 StGB.

Ist nun gegen diesen Verzicht auf weitere Tatbestandsverwirklichung, auf die Typizität der Deliktsfortführung in diesem Zusammenhang deshalb nichts einzuwenden, weil ein Angriff im Sinne § 53 StGB überhaupt nicht einem Deliktstypus zu entsprechen braucht, so kann zunächst der Beendigungsbegriff der herrschenden Lehre mit der herrschenden Lehre für die Lösung der Gegenwärtigkeit des Angriffs herangezogen werden. Das ergibt dann etwa folgende These: der Angriff ist solange als gegenwärtig anzusehen, bis das angegriffene Rechtsgut endgültig verletzt ist[14]. Solange noch eine Verteidigung des angegriffenen Rechtsguts möglich ist, gibt § 53 StGB auch das Recht dazu[15]; diese Möglichkeit jedoch entfällt, wenn die endgültige Rechtsgutsverletzung eingetreten oder die Gefahr für das bedrohte Rechtsgut völlig abgewendet ist[16].

2. Der Angreifer und sein Verhalten

Bei dieser These fällt sofort die starke Erfolgsorientierung auf, die auch hier durch den rechtsgutsbezogenen Beendigungsbegriff bewirkt wird. Dies führt bei der Notwehr — wie Honig[17] im Anschluß an Köhler klar erkannte — dazu, „daß das Angegriffensein sich nach dem Standpunkt des Betroffenen, dessen Güter geschützt werden sollen, und nicht nach dem Standpunkt des Angreifers bemißt". Diese Orientierung kann für die Notwehrproblematik[18] durchaus die angemessene sein, dennoch erscheint es nicht unberechtigt, zunächst einmal ohne Parteinahme für einen der beiden Standpunkte, den Angreifer und das Ende seines Verhaltens zu betrachten. Diese Verfahrensweise wurde ja auch allgemein bei der Behandlung des Abschlusses des Verbrechens praktiziert, und zwar mit zumindest aufklärender Wirkung über die unterschied-

---

[14] So *Honig*, JW 21, 35 = Anmerkung zu RGSt. 55, 82 ff. *Maurach*, AT, 266: endgültige Verletzung des wehrfähigen Guts, *Mayer*, Lb, 203: ob der tatsächliche Angriff gegen das Rechtsgut abgeschlossen ist, vgl. *Lackner*, § 53, 2 c, *Kohlrausch - Lange*, § 53 IV. *Winkler*, 157: der Angriff dauere solange fort, bis die Straftat beendet sei.

[15] *Winkler*, 157, vgl. *Maurach*, AT, 266, der noch hinzufügt: „oder — bei wesentlich gleichbleibender Situation — seine unmittelbare Wiedererlangung noch durchführbar ist."

[16] *Schönke - Schröder*, § 53, 14, *Kohlrausch - Lange*, § 53 IV, *Jagusch*, LK, § 53, 2 e, *Liszt - Schmidt*, 186: beendet sei der Angriff, wenn die Rechtsgutsverletzung durchgeführt, die Zufügung einer neuen Verletzung ebensowenig wie die Vergrößerung der zunächst herbeigeführten zu erwarten ist.

[17] *Honig*, JW 21, 35, *Köhler*, 351; dazu bekennt sich auch deutlich *Enn. - Nipperdey*, 1450: die Frage sei vom Standpunkt des angegriffenen Rechtsguts zu entscheiden.

[18] Vgl. *Münzberg*, 355, der von einem Spannungsverhältnis spricht, das sich aus der unter gewissen Umständen gegebenen Verschiedenheit des Beurteilungsstandpunktes des Handelnden einerseits und des Bedrohten andererseits ergebe.

lichen Möglichkeiten einer Deliktsbeendigung, bzw. einer Deliktsfortführung über die Vollendung hinaus. Im Rahmen der Notwehrproblematik ergibt sich eine zusätzliche Berechtigung aus der Fassung des § 53 StGB, dessen Wortlaut[19] auch auf die Angriffshandlung und deren Rechtswidrigkeit verweist.

a) Das aktive Verhalten des Angreifers nach der Vollendung

Eine erste Möglichkeit der Fortführung einer Straftat über die Vollendung hinaus besteht darin, daß der Täter aktiv weiter in Richtung auf das vom betreffenden Tatbestand geschützte Rechtsgut handelt, bis er das Rechtsgut endgültig verletzt hat. Diese weitere Aktivität entspricht auch dem am engsten gefaßten Angriffsbegriff[20] und macht deshalb kaum Probleme, — zumal auf die weitere Typizität des Verhaltens verzichtet werden kann.

b) Das Unterlassen des zuvor aktiv Angreifenden

Problematischer sind die Fallkonstellationen, bei denen dem aktiven Verhalten des Täters eine Unterlassungsphase nachfolgt. Wird die Beendigung eines Angriffs in Form einer Straftat durch ein Unterlassen des vorher Handelnden begleitet, so erscheint dieser Beendigungszeitpunkt für die Bestimmung der Gegenwärtigkeit des Angriffs zunächst deshalb untauglich, weil der Begriff ‚Angriff‘ seine Prägnanz gerade in Absetzung zu bloßem Untätigbleiben gewinnt.

In der zivilrechtlichen Literatur zur Notwehr wird es sogar als „undenkbar“[21] bezeichnet, daß ein Angriff auch durch Unterlassen begangen werden kann, — es wird fast durchweg ein aktives Handeln verlangt[22]. Dies wird dann erst verständlich, wenn man die stets gleichen Beispiele betrachtet, die nun gerade solche Unterlassungen zum Gegenstand haben, bei denen nur eine zivilrechtliche, vertragliche Verpflichtung zum Tätigwerden besteht: z. B. das Unterlassen der Wohnungsräumung nach Ablaufen des Mietvertrages, die Nichtbezahlung von

---

19 *Münzberg*, 355. Auch *Enn. - Nipperdey*, 1450 gibt zu, daß die wörtliche Fassung von einer Bewertung der Angriffshandlung ausgehe.

20 Dieser findet sich bei *Mayer*, Lb., 203, AT, 97: auf unrechtmäßige Veränderung der Außenwelt abzielende Handlung.

21 *Enn. - Nipperdey*, 1449, Fn. 2.

22 *Enn. - Nipperdey*, 1449, *Lehmann - Hübner*, 120, *Palandt*, § 227, 1, *Erman - Hefermehl*, § 227, 3 a, *Staudinger - Coing*, § 227, 3: „Ein Angriff liegt nach dem herkömmlichen Sprachgebrauch, der mangels einer Legaldefinition hier als maßgebend zu erachten ist, vor, wo eine Handlung“ eine Rechtsverletzung bewirkt. Im Strafrecht vgl. *Liszt - Schmidt*, 183. a. A. im Zivilrecht *Sörgel - Siebert - Mormann*, § 227, 2, *Deutsch*, 260, *Zeuner*, JZ 61, 45.

Schulden. In diesen Fällen wird aber auch von denen, die einen Angriff durch Unterlassen für möglich halten, keine Notwehrlage angenommen, da keine strafrechtlich sanktionierte Pflicht zum Tätigwerden besteht[23].

Ein weiterer Fall, der die zivilrechtliche Literatur als Grenzfall durchzieht, ist der des Bergführers, der den Touristen an einer lebensgefährlichen Stelle verläßt. Hier wird, um dem Touristen zum Notwehrrecht zu helfen, ein Angriff durch aktives Verhalten konstruiert: „die Herbeiführung einer Lebensgefahr durch positive Handlung[24].“ Es kann nun nicht bestritten werden, daß der Bergführer die Lebensgefahr für den Touristen durch aktives Tun herbeigeführt hat, aber jetzt, „gegenwärtig“, unterläßt er nur, den durch sein vorangegangenes Tun[25] herbeigeführten Gefahrzustand zu beseitigen. Der Tourist darf ihn aus Notwehr zur Beseitigung der Gefahr, zu einem Tätigwerden also, zwingen, denn hier liegt eine strafrechtlich sanktionierte Pflicht zum Tätigwerden vor, was wohl in gewisser Übereinstimmung als Kriterium für einen Angriff durch Unterlassen gilt[26].

Freilich ist dieses Kriterium nirgends überzeugend begründet. Betrachtet man nun die in der — meist strafrechtlichen[27] — Diskussion auftauchenden Fälle eines Angriffs durch Unterlassen, so läßt sich die in Frage kommende Fallgruppe noch enger begrenzen. Es werden nämlich neben den Dauerdelikten nur solche Fälle angeführt, bei denen der vormals aktiv Handelnde den durch seine Tätigkeit herbeigeführten Gefahrenzustand für das bedrohte Rechtsgut durch ein erneutes Tätigwerden abzuwenden unterläßt, das allein geeignet wäre, die Gefahr zu beseitigen[28]. Charakteristisch ist weiter, daß die Gefahr für das Rechts-

---

[23] *Jescheck*, 227, *Stratenwerth*, ZStW 68, 62.

[24] So *Lehmann - Hübner*, 121, *Enn. - Nipperdey*, 1449.

[25] Solche Fälle werden von der h. L. zur Garantenpflicht kraft Übernahme gezählt, vgl. *Schönke - Schröder*, Vorb. 117, 118 vor § 1. Sie sind aber den Ingerenzfällen verwandt, da erst auf Grund der Übernahme die gefährliche Unternehmung gewagt wird. Vgl. *Rudolphi*, 111, der die Grenze zwischen Ingerenz und Übernahme als fließend bezeichnet. Vgl. *E. A. Wolff*, Kausalität, 40, Fn. 18, der für diese Fälle von einem „rechtlich gegründeten Vertrauensverhältnis“ spricht.

[26] *Jescheck*, 227, der aber auch auf die Schwierigkeiten hinweist, die auch dann noch bleiben, er glaubt sogar, auf das Rechtsgefühl als Hilfsmittel hinweisen zu müssen. Vgl. *Stratenwerth*, ZStW 68, 62.

[27] In der zivilrechtlichen Literatur behandelt nur *Mormann* im Kommentar von *Sörgel - Siebert*, § 227, 2 das Problem in Anlehnung an die h. L. im Strafrecht.

[28] Ähnlich begrenzt *Schmidhäuser*, 268 auf Fälle, „wo durch eine Tätigkeit ein Dauerzustand geschaffen worden ist, der auf Grund einer Veränderung die Rechte eines anderen beeinträchtigt und der nur durch neuerliche Tätigkeit zu beenden ist“.

gut während des vom Täter herbeigeführten Zustandes intensiviert wird[29], obwohl der Täter nur noch unterläßt.

Dies spricht für die Annahme, daß es auch hier auf die Begehungsäquivalenz des nachfolgenden Unterlassens ankommt, so daß jeder Verstoß gegen eine Garantenpflicht genügen würde.

Auch diese Begrenzung der möglichen Fälle eines Angriffs durch Unterlassen kann sich evtl. als zu eng herausstellen, doch werden die im folgenden zu behandelnden Fälle sich innerhalb dieser Begrenzung halten. Der anschaulichste Fall eines Angriffs durch Unterlassen nach Vollendung der Straftat ist hier, wie bei allen Fragen, die sich an das Auseinanderfallen von Vollendung und Beendigung knüpfen, das Dauerdelikt. Zweifellos ist der zu Unrecht Eingesperrte gemäß § 53 StGB berechtigt, gegen den ihn Einsperrenden zwecks Freilassung vorzugehen, auch wenn dieser ihn jetzt nur noch sitzen läßt, es also unterläßt, sein Opfer freizulassen[30].

Die Möglichkeit, einer Unterlassungsphase innerhalb eines Begehungsdeliktes Angriffscharakter zuzusprechen, beschränkt sich jedoch nicht auf Dauerdelikte, vielmehr erweist die Unterlassungskonstruktion ihre Bedeutung erst recht in einem von Welp[31] gebildeten Fall, der nur mit ihrer Hilfe zu lösen ist: ein Flugpassagier hat eine Zeitbombe so gut in einem Flugzeug versteckt, daß sie nicht rechtzeitig gefunden werden kann, sondern ohne die nur dem Täter mögliche Entdeckung ihn und die übrigen Insassen in den Tod reißen wird. Der Passagier hat hier sein aktives Verhalten mit dem Verstecken der Bombe abgeschlossen; ein Angriff kann in seinem weiteren Unterlassen nur deshalb gesehen werden, weil er aus vorausgegangenem Tun, hier der beendeten Versuchshandlung, dazu verpflichtet ist. Die übrigen Passagiere handeln also gemäß § 53 StGB gerechtfertigt, wenn sie auf den Bombenleger einschlagen, damit er ihnen das Versteck zeigt.

War in diesem Fall nur die Unterlassungskonstruktion in der Lage, einen Angriff im Sinne § 53 StGB zu erweisen und damit den Betrof-

---

[29] Dies wird von *Baumann*, MDR 65, 346 erkannt, der dort mangels Intensivierung der Gefahr die Annahme eines fortdauernden Angriffs — einer Erpressung — nach Abschluß der Handlungen (mehrere Telefonanrufe) oder außerhalb dieser ablehnt. Eine Verteidigung würde hier zu einer Selbstjustiz durch Wiederherstellung des ursprünglichen Zustandes führen.

[30] *Schönke - Schröder*, § 53, 5 und 15, *Maurach*, AT, 263, *Lackner*, § 53, 2 a, *Kohlrausch - Lange*, § 53 IV; dies wird sogar von *Coing*, a.a.O., § 27, 3 zugegeben, der dennoch keinen Angriff durch Unterlassen anerkennen will. RGSt. 72, 57 hatte den Fall des Verweilens trotz Aufforderung zum Gehen vorliegen, dort wurde ein Angriff durch Aufrechterhalten des Rechtsbruchs für möglich gehalten.

[31] *Welp*, 336; — deutlich wird auch an diesem Fall, daß sich die Gefahr für das Rechtsgut ‚Leben‘ ständig intensiviert, obwohl der Täter nur noch die Gefahrbeseitigung unterläßt.

fenen weitere Abwehrrechte auch nach Abschluß des aktiven Verhaltens des Angreifers zu verschaffen, so gibt sie auf der anderen Seite einschränkend auch den Zeitpunkt an, bis zu dem eine Verteidigungshandlung noch als zulässig angesehen werden kann. Das der Aktivität nachfolgende Unterlassen ist nämlich nur solange ein Unterlassen, als der Täter die Möglichkeit hat, in den von ihm in Gang gesetzen Kausalverlauf noch so einzugreifen, daß er den von ihm angestrebten Erfolg noch abwenden kann.

Hat etwa der F sich mit dem X mittels eines derart komplizierten Verschlußmechanismusses eingesperrt, daß er nun nicht mehr in der Lage ist, diesen erfolgreich zur Befreiung zu betätigen, so kann X nicht gegen F mit Notwehrberechtigung vorgehen, um seine Freiheit wiederzuerlangen, denn dazu hat auch F keine Möglichkeit mehr[32]. Im Gegenteil, der F wäre gemäß § 53 StGB berechtigt, sich der Angriffe des X zu erwehren.

Problematisch sind die Angriffe, die sich über einen längeren Zeitraum gegen mehrere Rechtsgüter richten, wie etwa bei der Erpressung mittels Drohung gegen das Vermögen und die Willensfreiheit. Hier kann zwar nach Abschluß der Drohung durch weiteres Unterlassen die Vermögensgefährdung zur Schädigung intensiviert werden, aber die Willensfreiheit des Opfers braucht deshalb nicht andauernd ausgeschlossen zu sein[33]. Es könnte aber, da nicht nur eine Vermögensschädigung durch Drohung, sondern jegliche Vermögensschädigung einen Angriff darstellen kann, ausreichen, daß ein weiteres Unterlassen des zum Tätigwerden Verpflichteten nachgewiesen wird, um dem Erpreßten gemäß § 53 StGB das Notwehrrecht zu gewähren. Aber bei der Erpressung schädigt sich das Opfer letztlich selbst, so daß hier keine Angriffs-

---

[32] Vgl. *Welp*, 336, der seinen Beispielsfall so abwandelt, daß auch der Bombenleger die Bombe nicht mehr rechtzeitig entschärfen kann. — Zu Recht stellt er auch fest, daß es trotz perpetuierlicher Finalität der Vorhandlung hier kein Abwehrrecht mehr gebe, womit die These vom Fortdauerungsvermögen der Handlung kraft einheitsstiftender Finalität auch an diesem Problem widerlegt ist. Zu ungenau deshalb *Schmidhäuser*, 268: „In der Nichtbeendigung des jeweiligen Zustands liegt also in derartigen Fällen ein Angriff."

[33] Vgl. *Arzt*, MDR 65, 344/5: Mit dem Ausspruch der Drohung sei der Angriff auf die Willensfreiheit vorgetragen, die Munition sei sozusagen verschossen: „Daß das Opfer getroffen ist, eine Dauerwirkung vorliegt, macht das Verhalten des Erpressers noch nicht zum Dauerangriff." Er muß aber einräumen, daß „von der Zahlungsaufforderung bis zur Zahlung" das Vermögen angegriffen sein mag. Auch *Baumann*, MDR 65, 346/7 betrachtet hauptsächlich das Rechtsgut der Willensfreiheit: obwohl die in der Erpressung liegende Nötigung so erfolgen könne, „daß sie die Freiheit der Willensentschließung über eine gewisse Zeit hin" beeinträchtige, aber damit werde § 253 StGB noch nicht zu einem Dauerdelikt, und deshalb würde eine Notwehr nach oder zwischen den einzelnen Drohungen nur zur „Wiederherstellung des ursprünglichen Zustands" führen.

handlung außer der Drohung ersichtlich ist, und die dauert eben nicht bis zur endgültigen Vermögensschädigung an[34].

Die von uns begrenzte Fallgruppe von Angriffen durch Unterlassen zeigt damit, daß auch vor Eintritt der endgültigen Rechtsgutsverletzung schon das Verteidigungsrecht der Notwehr entfallen kann, wenn der Täter entweder nicht mehr aktiv in Richtung der Rechtsgutsverletzung weiterhandelt, und auch nicht mehr die Erfolgsabwendung unterläßt. Die rechtsgutsbezogenen Erfolge waren jeweils noch nicht in vollem Maße eingetreten und setzten sich fort[35], dennoch konnte von einem Angriff seitens des Täters keine Rede mehr sein. Der Blick auf den Angreifer und sein Verhalten ermöglicht erst anzugeben, wie er sich im Verlaufe der Deliktsbegehung bis zur endgültigen Rechtsgutsverletzung verhält. Dabei konnte festgestellt werden, daß auch noch nach Vollendung der Straftat, die den Angriff darstellt, der Angriff durch weiteres Tun und Unterlassen fortgeführt werden kann.

Der Angriffsbegriff wird aber hier insofern eingeschränkt, als eine Verteidigung mangels eines Angriffes dann nicht mehr in Frage kommt, wenn die Herbeiführung oder Intensivierung für das Rechtsgut nicht durch ein aktives Verhalten eines anderen erfolgt und auch nicht von einem pflichtwidrigen Unterlassen bei Erfolgsabwendungsmöglichkeit begleitet wird[36].

3. Das Schutzbedürfnis des Angegriffenen

Für einen Angriff i. S. des § 53 StGB ist damit, wenn er schon des Handlungsunwertes insofern entbehren kann, als auf die Typizität der Handlungsmodalitäten verzichtet werden kann, ein unerläßlicher Rest von Handlungsunwert vorausgesetzt. Demgegenüber stellt die herrschende Lehre bei der Prüfung der Rechtswidrigkeit des Angriffs allein auf den Erfolgsunwert ab[37], was sich an der häufig verwendeten Formel

---

[34] *Arzt*, MDR 65, 344, *Baumann*, MDR 65, 346.

[35] Im Falle der Freiheitsberaubung wurde die Freiheit des Eingesperrten weiter und deshalb schwerer verletzt; im Bombenlegerfall — auch im Bergführerfall — wurde die Lebensgefahr gesteigert.

[36] Diese Phase ist der Beendigungsliteratur unter dem Namen ‚Fortsetzung durch objektives Geschehen‘ bekannt. Vgl. *Mezger*, JW 38, 494, *Winkler*, 41.

[37] Vgl. *Gallas*, LvV, 39/40: bei der Rechtswidrigkeit des Angriffs i. S. der Notwehr komme es nur auf den interessenverletzenden oder -gefährdenden Charakter des Verhaltens an. Zu Recht weist er darauf hin, daß es auch im Rahmen der Lehre vom Unrechtstatbestand (personalen Unrecht) möglich ist, auf den Erfolgsunwert abzustellen, da er vom Handlungsunwert begrifflich unabhängig sei. — Ganz deutlich ist das ausschließliche Abstellen auf den Erfolgsunwert bei *Sörgel - Siebert - Mormann*, § 227, 8, *Enn. - Nipperdey*, 1297, 1450, *Jescheck*, 229, *Schmidt*, NJW 58, 488.

vom „nicht zu duldenden Eingriff"[38] deutlich zeigt. Das führt mitunter sogar dazu, daß ganz auf eine Handlung im Rechtssinne als Voraussetzung für einen Angriff verzichtet wird[39]. Gemeinsamer Ausgangspunkt für die herrschende Lehre ist die These, daß das Notwehrrecht „grundsätzlich nur das Schutzbedürfnis des Angegriffenen berücksichtigt"[40].

Demgegenüber fordert Schaffstein, um auch die Interessen des Angreifers zu berücksichtigen, sogar vorsätzliches, finales Verhalten des Angreifers, so daß nicht etwa „blindes Geschehen" als Angriff betrachtet wird. Ein solcher soll vielmehr nur dann vorliegen, „wenn der Wille des Angreifers auf das Rechtsgut als Ziel gerichtet ist"[41]. Bei dieser Forderung geht Schaffstein jedoch auf (unbewußt) fahrlässiges Verhalten nicht ein. Ein Verhalten aber, das „unbewußt, die im Verkehr erforderliche Sorgfalt zur Vermeidung des Deliktserfolges verletzt", weist auch noch „personales Handlungsunrecht"[42] auf, so daß die Einbeziehung fahrlässigen Verhaltens in den Angriffsbegriff die Interessen des Angreifers nicht unberechtigt außer Acht zu lassen scheint[43].

---

38 Nicht alle Vertreter der herrschenden Meinung, die die Rechtswirigkeit des Angriffs objektiv bestimmen wollen, halten sich an dieses Kriterium. Vgl. *Schmidt*, NJW 60, 1707, ablehnend auch *Bockelmann*, Str.Unt., 56, Fn. 54, *Oehler*, Eb. Schmidt-Fs., 243, bezeichnet es als Mindestforderung, fordert selbst jedoch mehr, vgl. ‚Zweckmoment', 66, Fn. 5. Ausführlich zum Kriterium des „Nicht-dulden-müssens" *Münzberg*, 360 ff.

39 Dies stellen auch *Deutsch*, 258, und *Münzberg*, 365, fest. Streitfall ist der ohnmächtige Kraftfahrer, dessen Kfz in eine Menschengruppe fährt. Vgl. *Enn. - Nipperdey*, 1296 ff., *Zeuner*, JZ 61, 42, nimmt auch hier einen Angriff an. Dagegen nachdrücklich *Larenz*, AT, 275: hier fehle es an jeglicher Handlung. *Schmidt*, NJW 60, 1707, sucht nach einer Handlung als Bewertungsgrundlage für das Rechtswidrigkeitsurteil und findet sie in dem früheren (vor der Ohnmacht) bewußten Verhalten des Kraftfahrers. Dieses Verhalten ist jedoch nicht mehr „gegenwärtig", so daß diese Konstruktion nicht brauchbar erscheint.

40 *Jescheck*, 229, *Deutsch*, 258: bei der Notwehr sei ganz auf die Integrität der Rechtsgüter abzustellen, *Münzberg*, 365, bezeichnet das als eine rücksichtslose Unterbewertung der Interessen und Güter des Angreifers.

41 *Schaffstein*, MDR 52, 136, der als systemwidrige Konstruktion bezeichnet, einerseits unvorsätzliche Handlungen als Angriff gelten zu lassen, andererseits vom abwehrenden einen Verteidigungswillen zu verlangen; insbesondere *Welzel*, der S. 84 auf eine finale Verletzungshandlung verzichtet, wirft er als einem Vertreter der finalen Handlungslehre einen methodischen Widerspruch vor. Vgl. *Baumann*, 287: hier sei von *Welzel* an entscheidender Stelle ein Verzicht auf das Dogma des Aktunwertes vorgenommen. — Vgl. *Staudinger - Coing*, § 227, 3: der Angriff muß die Rechtsgutsverletzung bezwecken, *Dunz*, NJW 60, 508: final gefärbter Begriff, *Kohlrausch - Lange*, § 53 III: bewußtes Verhalten.

42 *Jescheck*, 165, 382.

43 Da die Beendigung von Fahrlässigkeitsdelikten nicht in dieser Arbeit untersucht wurde, soll es bei dieser vorsichtigen Aussage bleiben. Vgl. ausführlich *Münzberg*, 356 ff., 367.

Die Gegenposition zur alleinigen Berücksichtigung des Erfolgsunwertes wandelt den allseits anerkannten Grundgedanken der Notwehr, daß das Recht dem Unrecht nicht zu weichen brauche[44], dahingehend ab, daß er lautet: „Das Recht braucht dem unrechtmäßigen Verhalten, d. h. personalen Unrecht, nicht zu weichen[45]."

Die hier entwickelte Einschränkung des Angriffsbegriffs setzt wie H. Mayer, Schaffstein und jüngst auch Schmidhäuser[46] schon korrigierend bei der Notwehrlage ein, während die herrschende Meinung ihre Einschränkungen, meist unter Gesichtspunkt des Rechtsmißbrauchs, erst bei der Notwehrhandlung vornimmt[47]. Sie reiht sich damit in die Bemühungen ein, die das Notwehrrecht dadurch „zeitgerecht"[48] machen wollen, daß sie es aus sozialethischen Gründen einschränken.

Ob die hier vorgenommene Einschränkung nicht deshalb in Frage gestellt werden kann, weil die Notwehr ihrem Wesen nach keinerlei sozialethische Einschränkungen duldet, kann hier nicht ausgeschlossen werden, denn dies würde eine gründlichere und über das Problem dieser Untersuchung hinausgreifende Arbeit zur Wertstruktur der Notwehr voraussetzen[49].

Wenn auch „jede Restriktion des Rechts auf Selbstverteidigung problematisch"[50] ist, so läßt sich doch die hier entwickelte Einschränkung leichter als andere halten, da sie denjenigen, der, obwohl kein Angriff eines anderen festzustellen ist, in seinen Rechtsgütern bedroht wird, nicht ohne jeden Schutz läßt. Vielmehr erscheint es in diesen Fällen[51]

---

[44] *Jescheck*, 225, *Welzel*, 84, *Maurach*, AT, 263, kritisch dazu *Schmidhäuser*, 265.

[45] *Hirsch*, ZStW 82, 422, so auch schon in ‚Negative Tatbestandsmerkmale', 331, Fn. 189: „rechtswidrig" sei auch in § 53 StGB wörtlich zu verstehen; er will dabei auch fahrlässige Normverletzungen miteinbeziehen. In dieser Richtung auch *Bockelmann*, Str.Unt., 56, Fn. 54, der auch gegen unvorsätzlich rechtswidrige Angriffe Notwehr zulassen will, aber bei der Frage der Rechtswidrigkeit des Angriffs auf den Angreifer, nicht auf den Angegriffenen abstellt; vgl. auch in *Engisch*-Fs., 456, Fn. 4: dem rechtswidrigen Angriff brauche nicht gewichen zu werden. Vgl. *Oehler*, 66, Fn. 5, *Noll*, 37.

[46] *Schmidhäuser, Honig*-Fs., 192, *Mayer*, AT, 99, *Schaffstein*, MDR 52, 136.

[47] Vgl. etwa *Jescheck*, 229, *Baumann*, 295, *Lackner*, § 53, 3; kritisch dazu *Schmidhäuser, Honig*-Fs., 189.

[48] So *Schmidhäuser, Honig*-Fs., 188.

[49] Vgl. dazu neuestens *Bockelmann, Honig*-Fs., 19 ff., *Schmidhäuser, Honig*-Fs., 185 ff. Grundsätzlich ablehnend zu sozialethischen Einschränkungen des Notwehrrechts *Eb. Schmidt*, Nied., 2, Anhang Nr. 21, 56 f.

[50] *Bockelmann, Honig*-Fs., 19.

[51] z. B. dem des ohnmächtigen Kraftfahrers. Bei Betrunkenen wird oft noch ein „natürlicher Vorsatz" vorliegen, der ausreichend ist, vgl. *Schaffstein*, MDR 52, 136, vgl. *Münzberg*, 365: auch ein Zurechnungsunfähiger könne sich noch zwecktätig verhalten.

möglich, § 228 BGB analog anzuwenden[52], da hier die „angriffsähnliche Wirkung“[53] von einem objektiven Geschehen ausgeht.

Damit werden zwar die Rechte des Abwehrenden begrenzt, denn jetzt ist eine Interessenabwägung gemäß § 228 BGB erforderlich, so daß er sich überlegen muß, ob seine Abwehr dem Angriff noch verhältnismäßig gegenübertritt[54]. Diese Begrenzung muß aber aus der Sicht des von der Ausübung des Abwehrrechts Betroffenen auch verlangt werden[55], denn er hat ja den Kausalverlauf nicht mehr unter Kontrolle.

Beantwortet man die Frage, wie lange ein Angriff noch gegenwärtig ist, bei Angriffen in strafbarer Form mit dem Beendigungsbegriff, der die endgültige Rechtsgutsverletzung als entscheidenden Zeitpunkt angibt, so ist das nur im Ergebnis bei den Deliktsverläufen richtig, bei denen der Eintritt des letzten Erfolges auch nach der Vollendung von weiterem aktiven Tun herbeigeführt oder durch ein nachfolgendes Unterlassen bei Erfolgsabwendungsmöglichkeit begleitet wird.

---

[52] So *Hirsch*, ZStW 82, 422: „wegen bloßer Ursächlichkeit“, ebenso in ‚Neg. Tatbestandsmerkmale‘, 331, Fn. 189, *Larenz*, AT, 275, vgl. *Zeuner*, JZ 61, 42: Im Falle des bewußtlosen Kraftfahrers liege ein herrenloses Kausalgeschehen vor, das eher § 228 BGB unterfalle.

[53] Dieser Begriff taucht in den Kommentierungen zu § 228 BGB auf, vgl. *Erman - Hefermehl*, § 228, 1, *Soergel - Siebert - Morman*, § 228, 10; ohne daß damit die analoge Anwendung des § 228 BGB auf diese Fälle beabsichtigt wäre.

[54] Darauf kommt es *Münzberg*, 364, an, der es dahingestellt sein läßt, ob dazu § 228 BGB analog angewendet wird, oder ob man nach allgemeinen Rechtfertigungsgrundsätzen verfährt. Nach *Deutsch*, 258, ist es ein Problem der Abgrenzung der Rechtfertigungsgründe untereinander, insbes. der Notwehr, des § 228 BGB und der allgemeinen Güterabwägung, „ob man eine Verteidigung gegen einen Vorgang, dessen Zurückführung auf eine Handlung nicht möglich oder doch zweifelhaft ist, als Notwehr ansehen soll“. Der Sache nach sei es zutreffend, die Abwehr einer drohenden Beeinträchtigung durch einen willenlosen Menschen einem Rechtfertigungsgrund zu unterstellen, der wie § 228 BGB eine Abwägung fordert.

[55] *Münzberg*, 364 ff., sieht in der Argumentation der hL einen Bruch, da bei der Frage der Rechtswidrigkeit des Angriffs immer auf die Erhaltung der Rechtsgüter abgestellt werde, bei der Begründung des Ausschlusses der Verhältnismäßigkeit aber immer auf vorsätzliche und schuldhafte Angriffe hingewiesen werde, gegen die der Betroffene als Wahrer der Friedensordnung zwecks Abwehr von Verbrechen vorzugehen habe. Vgl. *Schmidhäuser*, *Honig*-Fs., 185 ff. In seinem Lehrbuch, 263, kommt er auf anderem Wege zu ähnlichen Ergebnissen wie hier: die Notwehr mit ihren weitgehenden Abwehrrechten sei nur zu verstehen, wenn man die „empirische Geltung der Rechtsordnung“ als eigentlichen Schutzzweck ansehe. S. 269: „Von Kindern und unreifen Jugendlichen, von Geisteskranken und heftig Betrunkenen geht zwar ein normativ rechtswidriger Angriff aus, nicht aber ein Geltungsangriff.“ Solchen Angriffen habe man sich zu entziehen, allenfalls seien Notstandsgrundsätze anzuwenden. Vgl. *Stratenwerth*, ZStW 68, 46: beim Angriff i. S. § 53 StGB sei nicht nur ein Rechtsgut betroffen, sondern das Prinzip fremder Selbstbestimmung in Frage gestellt und damit die Gesamtrechtsordnung in einem ihrer elementaren Prinzipien angegriffen. Straten-

IV. Der Beginn der Verfolgungsverjährung

1. Der Begriff der Erfolgsbeendigung und die Erfolgstheorie

Der Beendigungsbegriff wird im Rahmen der Verjährungsproblematik häufig bei der Auslegung des § 67 Abs. 4 StGB verwendet[1]. Nach dieser Vorschrift beginnt die Verfolgungsverjährung „mit dem Tage, an welchem die Handlung begangen ist, ohne Rücksicht auf den Zeitpunkt des eingetretenen Erfolges“. Seit langem stehen sich bei der Auslegung dieser Vorschrift die Tätigkeits- und Erfolgstheorie schroff gegenüber[2], und zwar nicht nur für die hier zu untersuchende Phase zwischen Vollendung und Beendigung, sondern auch schon für das Deliktsgeschehen vor der Erfüllung sämtlicher Tatbestandsmerkmale, also vor der Vollendung.

Obwohl der Wortlaut des § 67 Abs. 4 eindeutig für die Tätigkeitstheorie[3] spricht, haben sich Rechtsprechung[4] und die herrschende Meinung im Schrifttum[5] der Erfolgstheorie verschrieben, was zunächst mit dem Argument begründet wurde, daß der staatliche Strafanspruch nicht vor seiner Entstehung untergehen könne; dies aber sei zu befürchten, wenn, insbesondere bei fahrlässigen Erfolgsdelikten, ein langer Zeitraum zwischen dem Abschluß der Handlung und dem Erfolgseintritt liege. Nachdem dieses Argument als zivilistisches Säumnisdenken von Bruns[6] treffend charakterisiert war, gewann dennoch die Erfolgstheorie weiter an Boden, nicht zuletzt wohl durch Schröders[7] Argument, welches dahin geht, daß das Sühnebedürfnis der Allgemeinheit, bevor es durch Zeitablauf schwindet, zunächst einer Grundlage, einer vollen Straftat bedürfe.

---

werth rechtfertigt damit aber gerade den Ausschluß der Verhältnismäßigkeit der Verteidigung, ohne an den Angriff deshalb besondere Anforderungen zu stellen. So auch *Jescheck*, 226.

1 *Jescheck*, 579, *Maurach*, AT, 798, *Lackner*, § 67, 3; anderer Ansicht *Schönke - Schröder*, § 67, 4 b, der freilich an dieser Stelle seine abweichende Meinung nur an Beispielen verdeutlicht; der Grund für seine Meinung dürfte wohl darin liegen, daß er für den Beginn der Verjährung auf den Eintritt des tatbestandsmäßigen Erfolges abstellen will, auch dann wenn dieser Erfolg ratenweise eintritt. Der Beendigungszeitpunkt hingegen liegt für Schröder noch später, z. B. bei § 242 StGB bei der Sicherstellung der Beute, wobei der Täter kein Tatbestandsmerkmal mehr erfüllen muß. Vgl. 2 vor § 43.

2 Vgl. statt vieler *Schönke - Schröder*, § 67, 4.

3 Vgl. *Bruns*, NJW 58, 1257 ff., *Kohlrausch - Lange*, § 67 V.

4 Seit RGSt. 26, 261 bis BGHSt. 11, 347.

5 *Schönke - Schröder*, § 67, 4, *Lackner*, § 67, 3, *Dreher*, § 67, 1, *Jescheck*, 579, *Maurach*, AT, 798, *Jagusch*, LK, 8. Auflage, § 67, 1 b.

6 *Bruns*, NJW 58, 1260/1, zurückgehend auf *Kitzinger* und *Kohler*.

7 *Schröder*, JZ 59, 31.

Die Erfolgstheorie wird nun aber auch für die Phase nach der Vollendung verwendet und führt dabei zu dem Ergebnis, daß eine Verfolgungsverjährung erst dann beginnt, „wenn der Angriff auf das geschützte Rechtsgut abgeschlossen, der rechtswidrige Erfolg voll und ganz eingetreten ist“[8].

2. Der Begriff der Verhaltensbeendigung und die erweiterte Tätigkeitstheorie

Aber auch hier behauptet sich die Tätigkeitstheorie als Gegner. Mezger[9] will die Beendigung nur dann als Kriterium für § 67 Abs. 4 StGB anerkennen, wenn nach der Vollendung „zu ihrer Beendigung neue Tätigkeitsakte oder strafrechtlich bedeutsame Unterlassungen vorliegen“. Dem schließt sich Gelbert[10] an: „Die Verjährung beginnt nur dann mit dem Akt der formellen Vollendung, wenn die Straftat lediglich deshalb später beendet wird, weil unabhängig von neuem Handeln, Dulden oder Unterlassen des Täters weitere Ereignisse nach dem frühesten Zeitpunkt der formellen Vollendung fallen, die aber kein tatbestandsmäßiges Verhalten des Täters mehr erfordern.“ Die Frontstellung beider Theorien sowohl für die Phase vor wie nach der Vollendung zeigt sich deutlich in der Darstellung Jaguschs, LK 7. Aufl., wo er noch auf den „Abschluß der Willensobjektivation“ abstellt: Die Verjährung beginne dann früher als die Vollendung, wenn der Erfolg der Handlung zeitlich nachfolge, später, „wenn sich nach Eintritt der formellen Vollendung noch weitere Betätigungen in der Richtung auf das Verbrechensziel bis zur ‚Beendigung‘ anschließen“[11]. Auch stellt Jagusch hier nicht auf die Handlung im engeren Sinne, „den positiven Realakt“, ab, sondern will auch noch „die pflichtwidrige Nichthinderung des durch die Vorhandlung in Lauf gesetzten Erfolgseintritts“ in den Begriff der Handlung im weiteren Sinne einbeziehen.

3. Die Beschränkung der Erfolgstheorie auf tatbestandsmäßige Erfolge

Dieses Abstellen auf den Erfolgseintritt wird natürlich um so problematischer, wenn dabei auch noch ein Erfolg i. S. der herrschenden Beendigungslehre als ausreichend angesehen wird[12]. Denn die Beendigung,

---

[8] *Winkler*, 144, im Ergebnis ebenso *Jescheck*, 579, *Maurach*, AT 798, *Lackner*, § 67, 3.

[9] *Mezger*, JW 38, 496: unmöglich sei aber eine Verschiebung des Verjährungsbeginns, wenn die Tat nur deshalb später beendet werde, „weil unabhängig von neuem Handeln des Täters weitere Ereignisse in den Rahmen der Tatbestandsverwirklichung fallen“. Dies vertrage sich nicht mit dem Wesen und Zweck der Verjährung.

[10] *Gelbert*, DStR 43, 7.

[11] *Jagusch*, LK, 7. Aufl., § 67 II 2 a; in der 8. Aufl. schließt er sich der Erfolgstheorie an.

wie oben gezeigt, des Diebstahls wird von der herrschenden Lehre nicht an die Wegnahme, sondern an eine nachfolgende Zueignung, etwa durch Beutesicherung[13], geknüpft. Der Bannbruch soll, wenn dabei die Zollstelle umgangen wurde, nicht schon mit dem Einführen, sondern erst dann beendet sein, wenn das Schmuggelgut „in Sicherheit gebracht". „zur Ruhe gekommen" oder „am Ort seiner endgültigen Bestimmung angelangt" ist[14]. Der Betrug soll erst mit der Bereicherung des Täters beendet sein[15], obwohl der tatbestandsmäßige Erfolg nach § 263 StGB bereits mit dem Eintritt des endgültigen Vermögensschadens erreicht ist.

Der Erfolgstheorie ist hier entgegenzuhalten, daß sie den Verjährungsbeginn auch von nicht mehr tatbestandsmäßigen Erfolgen abhängig macht. Will die Erfolgstheorie bei der Verjährung diesen Einwand entkräften[16], so darf sie nicht unbesehen den Beendigungszeitpunkt der herrschenden Lehre als Kriterium für den Verjährungsbeginn gemäß § 67 Abs. 4 StGB verwenden, sondern muß den Eintritt des letzten noch tatbestandsmäßigen Erfolges als Verjährungsbeginn ansetzen.

a) Bei Dauerdelikten

Weitere, noch tatbestandsmäßige Erfolge treten insbesondere beim Dauerdelikt auch nach der Vollendung noch ein. Es ist deshalb auch allgemeine Meinung, daß etwa bei der Freiheitsberaubung gemäß § 239 StGB die Verjährung erst mit der Freilassung des Eingesperrten beginnt[17]. Aber es ist nicht immer leicht anzugeben, ob ein Delikt ein Dauerdelikt ist, und deshalb auch gefährlich, allein mit dem Begriff des Dauerdelikts den Verjährungsbeginn bei bestimmten Straftaten hinauszuschieben.

---

12 So auch *Hruschka*, GA 68, 206, Fn. 43: diese Lehre stehe im Widerspruch zu § 67 Abs. 4.

13 Vgl. BGHSt. 4, 132; BGHSt. 20, 194; *Schönke - Schröder*, 2 vor § 43.

14 Vgl. *Franzen - Gast*, § 396, 28, der RGSt. 67, 348, BGHSt. 3, 44 anführt; dieser Beendigungszeitpunkt entscheide auch über den Verjährungsbeginn.

15 Bisher nur in der Literatur, insbesondere von *Welzel*, 188/9, vertreten; vgl. *Welzel*, 262, wo auf die Empfangnahme des erpreßten Geldes bei § 253 StGB abgestellt wird, obwohl regelmäßig die Schädigung vorher eingetreten sein wird. — Jetzt taucht die Absichtsverwirklichung auch in der Entscheidung des BGHSt. 22, 38 für den Betrug auf; freilich begann dort nach dem BGH die Verjährung dennoch sehr früh zu laufen, da es sich um einen Anstellungsbetrug handelte, bei dem die Absichtsverwirklichung schon mit dem Vertragsabschluß angenommen wurde.

16 So könnte auch *Schröders* Weigerung, die Beendigung für § 67 Abs. 4 StGB als entscheidendes Kriterium heranzuziehen, zu verstehen sein; vgl. *Schönke - Schröder*, § 67, 4 b.

17 Vgl. RGSt. 44, 424 ff. zu einem Dauerdelikt nach dem Vereinsgesetz; RG, HRR 40, 461, BGHSt. 20, 227; *Schönke - Schröder*, § 67, 10, *Lackner*, § 67, 3, *Schmidhäuser*, 181 *Maurach*, AT, 798, *Jescheck*, 579.

b) Bei der Steuerverkürzung

Hierfür gibt es ein interessantes Beispiel aus dem Steuerstrafrecht: nach herrschender Lehre[18] ist dort die Steuerverkürzung gem. § 392 AbgO, wenn bei Veranlagungssteuern eine falsche Steuererklärung abgegeben wird, erst vollendet und beendet, sobald daraufhin vom Finanzamt die Steuer zu niedrig festgesetzt, und dies dem Steuerpflichtigen durch Zustellung des Bescheids eröffnet wird. Ein späterer Beendigungszeitpunkt wird jedoch dann angegeben, wenn die Steuerverkürzung durch Unterlassen, etwa durch Nichtabgabe der Steuererklärung, begangen wird, da ein Dauerdelikt vorliege, und die Rechtspflicht zum Handeln weiterbestehe[19]. Hier wird von der herrschenden Meinung vorausgesetzt, was erst zu beweisen ist: daß nämlich die weiteren Erfolge nach Abschluß der Veranlagungsarbeiten des zuständigen Finanzamtes noch vom Tatbestand des § 392 AbgO umfaßt werden. Richtigerweise ist der Erfolg der Steuerverkürzung — auch durch Unterlassen — dann erreicht, wenn „eine (hypothetische) Veranlagung wirksam geworden wäre“[20]. Damit liegt der tatbestandsmäßige Erfolg des § 392 AbgO vollständig vor, und eine Intensivierung des Schadens durch weiteres Unterlassen ist ausgeschlossen, da dies nicht mehr vom Tatbestand des § 392 AbgO mitbewertet wird[21].

c) Beim Rentenbetrug

In die Nähe des Dauerdelikts hingegen kommen die Fälle des sogenannten Rentenbetrugs, bei denen der Vermögensschaden nach und nach, ratenweise, eintritt. Bei ihnen besteht der Erfolg „in einer Vielzahl von Ereignissen“, und die Verjährung beginnt nach allgemeiner Ansicht erst „ab der letzten rechtswidrigen Leistung“[22]. Da es sich hier um laufende Vermögensschäden aufgrund einer Täuschung handelt, sind auch diese Schadensintensivierungen noch tatbestandsmäßige Erfolge

---

[18] *Franzen - Gast*, § 402, 10, *Hartung*, § 419 II, § 397, 4.

[19] Vgl. dazu *Schmidt*, JR 66, 127 ff.; zur herrschenden Lehre vgl. RGSt. 61, 43, RGSt. 68, 45, *Hartung*, § 419 II.

[20] *Franzen - Gast*, § 402, 12: „Das ist der Termin, zu dem die Veranlagungsarbeiten des zuständigen Finanzamts abgeschlossen und die entsprechenden Steuerbescheide zugestellt worden sind.“

[21] Vgl. *Schmidt*, JR 66, 129, der eine weitere Verpflichtung zur Steuererklärung zwar bejaht, aber bestreitet, daß deren Unterlassung noch den Unrechtsgehalt des § 392 AbgO erhöhe. Auch eine etwaige Schadensvergrößerung bis zur endgültigen Vorenthaltung des Steuerbetrages, der der Allgemeinheit zusteht, hält er für denkbar, aber dieser gehöre nicht mehr zum tatbestandsmäßigen Erfolg des § 392 AbgO, und andere qualifizierende Erfolge, wie etwa in § 226 StGB, würden ja auch nicht für § 67 Abs. 4 StGB herangezogen.

[22] Vgl. statt vieler *Schönke - Schröder*, § 67, 4 b mit weiteren Hinweisen.

i. S. § 263 StGB. Die Erfolgstheorie verfährt also konsequent, wenn sie den Verjährungsbeginn in diesen Fällen auf die Auszahlung der letzten Rente festsetzt[23].

d) Beim Anstellungsbetrug

Nichts anderes kann auch für die Fälle des sogenannten Anstellungsbetrugs gelten, in denen der Täter nach Vertragsabschluß „laufend eine Bezahlung erhält, die ihm aufgrund seiner persönlichen Qualifikation und des Wertes seiner Leistung nicht zukommt"[24]. Dennoch hat BGH St 22, 38[25] den Anstellungsbetrug mit der Verwirklichung der Absicht des Täters, die sich nur auf den Abschluß des Vertrages beziehe, für beendet erklärt. Im Vertragsabschluß wird auch der endgültige Vermögensschaden gesehen, so daß die künftigen Gehaltszahlungen nicht mehr als tatbestandsmäßige Erfolge i. S. § 263 StGB anzusehen wären[26], ansonsten würde — wie der Generalbundesanwalt zu Recht hervorhebt — der Anstellungsbetrug hinsichtlich der Verjährungsfrage als Dauerdelikt behandelt[27].

Diese Ansicht kann aber nicht überzeugen, denn der Dienstherr erhält eben nach Vertragsschluß nur minderwertige Leistungen, für die er voll bezahlt. Diese Gehaltszahlungen sind rechtswidrige Vorteile[28], die sich der Angestellte durch seine Erklärung vor Vertragsabschluß erschlichen hat; — und dieser Vertrag schafft keine so neue Situation, daß ab jetzt alle Gehaltszahlungen zu Recht an den Angestellten gehen[29]. Der tat-

---

[23] Vgl. RGSt. 62, 419, zustimmend *Maurach*, AT, 798, BT, 330, *Jescheck*, 579, vgl. OLG Köln, MDR 57, 371.

[24] Diese Einschränkung macht auch *Schröder*, JR 68, 346. Ob für die Fälle, in denen der Täter vollwertige Arbeit leistet und keine besondere Qualifikation erfordert wird, etwas anderes zu gelten hat, sei dahingestellt.

[25] So schon RGSt. 64, 33, zustimmend *Dreher*, § 67, 1.

[26] Deutlich die Stellungnahme des Generalbundesanwalts in BGHSt. 22, 39: „Die Erfüllung dieser Zahlungsverpflichtung des Geschädigten bedeutet auch bei Aufrechterhaltung der ursprünglichen Täuschung keine neue Verwirklichung des Betrugstatbestandes. Die nachfolgenden einzelnen Gehaltszahlungen stellen auch keine Erweiterung oder Fortsetzung des bereits eingetretenen Vermögensschadens dar, sondern sind lediglich Nachwirkungen des mit der Anstellung vollendeten Betrugs."

[27] BGHSt. 22, 40.

[28] *Schönke - Schröder*, § 67, 4 b, vgl. *Schröder*, JR 68, 346: nach dem Vertragsabschluß ständen sich eben die beiderseitigen Leistungen gegenüber und deren Wert sei jetzt für die Bemessung eines Vermögensschadens in Ansatz zu bringen.

[29] a. A. *Oppe*, NJW 58, 1910: die Anstellung sei ein konstitutiver Akt; da ein nur anfechtbarer Vertrag bestehe, seien die Vorteile nicht mehr rechtswidrig. Dagegen *Winkler*, 107: ein Betrug (Vertragsabschluß) würde damit die Rechtmäßigkeit seiner Erweiterung herbeiführen.

bestandsmäßige Erfolg des § 263 StGB, der Vermögensschaden, vergrößert sich durch jede überhöhte Gehaltszahlung, so daß die Verjährung — wie beim Rentenbetrug — in Konsequenz der Erfolgstheorie bei der letzten Gehaltszahlung einsetzt[30].

4. Die Anwendung der erweiterten Tätigkeitstheorie auf dieselben Fälle

Überblickt man die bisher angeführten Fälle — das Dauerdelikt, die Steuerhinterziehung, den Renten- und Anstellungsbetrug — so scheint sich aus den überzeugenden Ergebnissen, zu denen hier die konsequent angewendete Erfolgstheorie führt, ein Hinweis auf die Richtigkeit dieser Theorie zu ergeben. Aber dies scheint nur so, denn alle Beispiele können auch durch die „erweiterte Tätigkeitstheorie"[31] mit demselben Ergebnis gelöst werden. Nach ihr ist das Verhalten bei einem der Aktivität nachfolgenden Unterlassen mit dem Verlust der Erfolgsabwendungsmöglichkeit abgeschlossen[32].

Bedenken gegen die Unterlassungskonstruktion ergeben sich jedoch daraus, daß es sich beim Betrug um ein Delikt mit besonderen Handlungsmodalitäten handelt[33]. Das Reichsgericht suchte wohl deshalb nach weiteren Täuschungshandlungen jenseits der ersten Vermögensschädigung, um mit Sicherheit eine Fortsetzung des vollendeten Betrugs annehmen zu können[34]. Für Mezger[35] hingegen waren auch die Fälle, in denen der Vollendungstäter nicht mehr zusätzlich durch aktive Handlungen täuschte, sondern nur noch die Verhinderung weiterer Schadenseintritte unterließ, noch Tatbegehungen nach der Vollendung. Allerdings nahm er nicht in jedem Rentenbetrug eine weitere Mitwirkung an der Vermögensbeschädigung durch Unterlassen an, sondern nur dort, „wo im Einzelfall (nach Treu und Glauben, infolge der vorhergegan-

---

30 So auch *Winkler*, 107, *Schönke - Schröder*, § 263, 125.

31 Diesen Ausdruck verwendet *Welp*, 337 ff. Sie erweitert die reine Tätigkeitstheorie, die auf den Abschluß der körperlichen Aktivität abstellt, um die Unterlassungskonstruktion. So auch *Granderath*, 174 - 175: Bei Hintereinanderschaltung von positivem Begehungsdelikt und unechtem Unterlassungsdelikt entscheide der Abschluß des letzteren.

32 *Welp*, 337 ff., vgl. *Granderath*, 175: die nachfolgende Unterlassungsstraftat ende stets, wenn die Verhinderung des Taterfolges nicht mehr möglich sei.

33 *Welp*, 18, läßt deshalb in seiner Arbeit solche Delikte außer Betracht und beschränkt sich auf reine Erfolgsdelikte.

34 RGSt. 62, 418: der Täter täuschte nach dem Amnestiestichtag erneut dadurch, daß er einen Krankheitsfall seiner angeblichen Ehefrau bei der Ersatzkasse anmeldete, nachdem der Betrug schon vorher durch den Vertragsabschluß mit der daraus resultierenden Vermögensgefährdung vollendet war.

35 *Mezger*, JW 38, 495.

genen Täuschung usw.) eine Pflicht zur Verhinderung der weiteren Leistungen oder sonstigen Schädigung des Betroffenen besteht“[36].

Eine Garantenpflicht aus Ingerenz zu begründen, bereitet hier jedoch keine Schwierigkeiten, denn der Betrüger hat durch seine Vorhandlung das Vermögen des Opfers bereits so gefährdet, daß fast zwangsläufig mehrere Vermögensschäden eintraten, auch wenn der Täter jetzt nur noch die Abwendung dieser weiteren Erfolge nach der Vollendung unterließ[37]. Dieses Unterlassen weist nun aber keine Typizität in dem Sinne auf, daß es den in § 263 StGB umschriebenen Handlungsmodalitäten gleichsteht. Aber auch bei anerkannten Dauerdelikten wie etwa § 239 StGB ist die Herbeiführung des rechtswidrigen Zustands handlungstypisiert, während an das nachfolgende Unterlassen der Befreiung des Opfers keine solche Anforderung gestellt wird, und dennoch wird es vom Gesetz fraglos als Deliktsfortsetzung angesehen. Das gesamte Delikt hat eben durch den aktiven Handlungsteil eine so typische Prägung erhalten, daß sich diese auch in der nachfolgenden Unterlassungsphase nicht verliert.

Es ist aber nicht einzusehen, warum dies beim Renten- bzw. Anstellungsbetrug, wo der tatbestandsmäßige Erfolg ja auch andauert und sich noch vergrößert, anders sein soll. Der Täter hat einmal sein Opfer getäuscht, und zwar so geschickt, daß infolge dieser Täuschung mehrere Rentenbeträge auf sein Konto fließen. Wenn man nun von einer Aufrechterhaltung dieses Zustandes[38] durch den Betrüger spricht, so ist das insofern ungenau, als der Täter ja nichts mehr aktiv unternimmt, um

---

[36] *Mezger*, JW 38, 495, der auch auf RGSt. 46, 416, hinweist, wo das RG eine weitere Mitwirkung am Betrug durch bloße Entgegennahme des Rentenbetrages und Quittungserteilung gegenüber dem Geldbriefträger ablehnte. Vgl. dazu *Lange*, MDR 50, 693. Nach *Bockelmann, Eb. Schmidt*-Fs., 458, handelt es sich um Fälle, in denen nichts weiter geschieht, als daß der Täter versäumt, bestehende unrichtige Vorstellungen eines anderen zu korrigieren; die meisten Fälle des Fortbezugs von Renten und Unterstützungen, deren Voraussetzungen weggefallen sind, würden so liegen. Die von Bockelmann gemeinten Fälle liegen aber anders als die hier behandelten, da dort die Rente zunächst zu Recht empfangen wurde, also kein Ingerenzfall vorlag. Vgl. etwa RGSt. 46, 414.

[37] Für Garantenpflicht aus Ingerenz Schöff.Ger. Minden, MDR 50, 692, wohl auch *Kohlhaas*, MDR 51, 373, vgl. *Jagusch*, LK, § 263, 2 d: wer durch sein Verhalten bei dem Gegner irrige Vorstellungen und damit die Gefahr einer Schädigung hervorgerufen hat, muß diese Gefahr durch Richtigstellung abwenden. — Dies muß dann erst recht gelten, wenn eine aktive Täuschungshandlung den Gefahrenzustand herbeigeführt hat. — Verworren u. a. auch zur Ingerenz bei § 263 StGB, RGSt. 70, 155.

[38] Vgl. OLG Köln, MDR 57, 371: „Aufrechterhaltung der Täuschungshandlung.“ RGSt. 62, 420, prüfte hingegen genau, ob es sich „nur um ein bloßes Bestehenlassen eines durch Erlaß des Rentenbescheides geschaffenen Zustandes“ handelte. Es hält dann eine weitere Täuschung durch schlüssiges Handeln für möglich.

den Betrogenen in seinem Glauben zu lassen, aber es trifft doch den richtigen Gedanken, daß der Täter die Wirkung seiner Täuschung andauern läßt, es also unterläßt, deren Folgen zu verhindern, die aus der selbstgeschaffenen Gefahrensituation entstehen. Dem nachfolgenden Unterlassen braucht kein Täuschungscharakter mehr zuzukommen, weil den die gesamte Tat durch die aktive Vorhandlung schon hat[39]. Das strafrechtlich bedeutsame Unterlassen liegt auch nicht etwa in der Nichtbeseitigung der Täuschungshandlung samt ihrer Irrtumswirkung, worin eine bloße Nichtwiedergutmachung zu sehen wäre, sondern in der weiteren Mitwirkung der nach und nach eintretenden Vermögensschädigung durch Unterlassen[40].

Besteht diese Erfolgsabwendungsmöglichkeit bis zum Eintritt des letzten noch tatbestandsmäßigen Erfolges, so ergibt sich eine Übereinstimmung mit den Ergebnissen der Erfolgstheorie[41]; und dies ist durchaus der Normalfall, so daß sich die oben angeführten Fälle nicht nur zufällig durch die erweiterte Tätigkeitstheorie mit demselben Ergebnis lösen lassen.

Handelt der Täter nach Vollendung aktiv weiter, so bestehen grundsätzlich keine Bedenken, die Verjährung erst mit dem Abschluß seines letzten tatbestandsmäßigen Handelns beginnen zu lassen[42]. Auch dieser Zeitpunkt wird im Normalfall der gleiche sein, wie der des Eintritts des letzten tatbestandsmäßigen Erfolges.

5. Der Vorzug der erweiterten Tätigkeitstheorie

Dennoch muß allgemein entschieden werden, ob die Verjährung schon mit dem Abschluß der Tätigkeit und, sofern eine Unterlassungsphase

---

39 Die von *Bockelmann, Eb. Schmidt*-Fs., 437, behandelte Problematik ist freilich eine andere, da er die Fälle im Auge hat, wo der Täter nur einen ohne sein Zutun vorhandenen Irrtum unterhält; hier wird der Irrtum nicht durch ein Verhalten des Täters gefestigt, gesteigert oder verlängert, vgl. S. 447. Anders hier, wo aktiv getäuscht wurde, und die weiteren Vermögensschäden nicht abgewendet werden.

40 So ist wohl auch *Mezger*, JW 38, 495 zu verstehen, wenn er die Ausführungen des RG zur weiteren Täuschung auf die Mitwirkung bei der weiteren Vermögensschädigung übertragen will. Vgl. *Bockelmann, Eb. Schmidt*-Fs., 438, Fn. 3 differenzierend für die frühere Phase: „Die Garantenpflicht, den Irrtum zu verhindern ist also modifiziert durch die Möglichkeit, statt dieser Pflicht eine andere zu erfüllen, die nämlich, die vermögensschädigende Wirkung des Irrtums zu verhindern. Vgl. auch *Gallas*, Nied., 8, 510.

41 *Welp*, 338.

42 So auch BGHSt. 24, 218 für den Fall, daß der Täter des § 351 über Jahre hinaus Verdeckungshandlungen vornimmt. *Schröder*, JR 72, 118 hält dieses Ergebnis für falsch, da § 351 seinem Sinn nach nur solche Handlungen meine, die „unmittelbar dazu dienen, die Kontrollorgane zu täuschen und die Entdeckung der Unterschlagung gleichsam auf frischer Tat zu verhindern“.

folgt, mit dem Verlust der Erfolgsabwendungsmöglichkeit (so die erweiterte Tätigkeitstheorie) oder erst mit dem Eintritt des letzten tatbestandsmäßigen Erfolges (so die konsequente Erfolgstheorie) beginnt. Da bei Vorsatztaten kaum Fälle praktisch werden, bei denen der Abschluß der Unterlassungsphase und der endgültige Erfolgseintritt zeitlich so spät aufeinanderfolgen, daß dies für den Verjährungsbeginn von Bedeutung ist, sei hier ausnahmsweise kurz auf die fahrlässigen Erfolgsdelikte eingegangen[43].

a) Das fahrlässige Erfolgsdelikt

Explodiert etwa ein unvorschriftsmäßig installierter Badeofen nach 20 Jahren und fordert dabei ein Todesopfer, so scheint eine Bestrafung gemäß § 230 StGB nach so langer Zeit fragwürdig. Das hat auch die späte Rechtsprechung des Reichsgerichts erkannt und deshalb den Verjährungsbeginn schon vor Erfolgseintritt angenommen, wenn der Angeklagte die Sache nach verständiger Lebenserfahrung nicht mehr im Gedächtnis haben konnte und mußte[44]. Bei diesen Entscheidungen dürfte wohl die Einsicht mitgewirkt haben, daß dann der vorher pflichtwidrig Handelnde mit der Sache nichts mehr zu tun hat, zumindest nicht mehr soviel, daß ihn noch ein Fahrlässigkeitsvorwurf gemacht werden kann.

Diesen Gedanken hat dann das LG Stade[45] aufgenommen und den Verjährungsbeginn auf den Tag festgelegt, an dem der vorher Handelnde die Möglichkeit verloren hat, „auf die durch ihn pflichtwidrig geschaffene Verletzung der Rechtsordnung in einer Weise einzuwirken, daß der Erfolg noch vermieden wird“. Auch Bruns[46] spricht sich angesichts dieser Rechtsprechung dafür aus, daß bei nachfolgenden Unterlassungen die Unmöglichkeit, den Erfolg zu verhindern, den Verjährungsbeginn anzeige; — insofern seien diese Fälle Dauerdelikte.

b) Die Berücksichtigung des Handlungsunwertes

Diese sinnvolle Vorverlegung des Verjährungsbeginns muß auch für die Vorsatzdelikte gelten, „wenn zwar die abgeschlossene passive Phase der Tat, nicht aber auch der tatbestandsmäßige Erfolg innerhalb der

---

43 Die Streitfrage wird auch in der Literatur faßt ausschließlich an diesen Delikten ausgetragen. Vgl. *Welp*, 337 ff., *Granderath*, 174 ff., *Bruns*, NJW 58, 1257 ff., *Kohlrausch - Lange*, 67 V.

44 RGSt. 75, 298; in dieser Richtung schon klar RGSt. 75, 34, vgl. dazu *Bruns*, NJW 58, 1261, *Granderath*, 175.

45 LG Stade, NJW 58, 1312: die Möglichkeit der erfolgsverhütenden Einwirkung sei entscheidend. Vgl. *Granderath*, 174.

46 *Bruns*, NJW 58, 1261.

Frist liegt"[47]. Der Täter hat eben die Tat aus der Hand gegeben und keinen Einfluß mehr auf das weitere Geschehen, auch wenn es seinem ehemaligen Vorsatz entsprechend doch noch zum geplanten Erfolg kommt.

Die erweiterte Tätigkeitstheorie verdient insbesondere deshalb Zustimmung, weil sie den Handlungsunwert (und Unterlassungsunwert) auch bei der Verjährung gegenüber dem Erfolgsunwert hervorhebt[48]. Eine solche Hervorhebung müßte aber auch mit dem Wesen der Verjährung verträglich sein[49]. Um dieses Wesen bemühen sich mehrere Theorien mit verschiedenen Ergebnissen. Die wohl herrschende Theorie[50] rechtfertigt die Verjährung aus rein prozessualen Erwägungen, wie der der Sorge um die Vergänglichkeit der Beweise und der Gefahr von Fehlurteilen. Sie kann sowohl an den Handlungs- als auch an den Erfolgsunwert bei der Frage nach dem Verjährungsbeginn anknüpfen, denn ihr liegt der Gedanke zugrunde, daß die Verjährung das Unrecht der Tat und die Schuld des Täters unberührt lasse[51]. Ihr kommt es ohne Rücksicht auf das Verhalten des Täters allein darauf an, einen Prozeß dann nicht mehr zu beginnen, wenn infolge Zeitablaufs die Beweisführung nicht mehr mit Sicherheit möglich ist.

c) Der materielle Kern der Verjährung

Diese Theorie begegnet aber deshalb starken Bedenken, weil die Verjährungsfristen gerade von der Schwere der begangenen Tat abhängig sind[52]. Es muß deshalb dem Institut der Verjährung, wenn es schon nicht als Unrechtsausschließungsgrund[53] anerkannt wird, zumindest mit Gallas[54] ein materieller Kern zugeschrieben werden. Dann ist aber

---

[47] *Welp*, 339, freilich könne man sich nicht der Einsicht verschließen, daß es dem Täter in die Hand gegeben sein kann, durch Manipulationen die Verjährung eintreten zu lassen. Dagegen hilft jedoch nach *Welp*, dem zuzustimmen ist, der Gedanke der „omissio libera in causa".

[48] Vgl. *Kohlrausch - Lange*, § 67 V: die Betonung des Aktunwertes entspreche der allgemeinen Tendenz in der neuen Strafrechtsdogmatik, so auch *Bruns*, NJW 58, 1258. *Würtenberger*, ZAKDR 41, 402 will auf den personalen Gehalt mehr abstellen als auf den äußeren Schaden. *Welp*, 340, spricht von einer Akzentuierung des Handlungsunwertes.

[49] Vgl. *Welp*, 340: Die Entscheidung der Antithese zwischen einer Akzentuierung des Handlungs- oder Erfolgsunwertes setze eine Bestimmung dessen voraus, was das Wesen der Verjährung ausmache.

[50] RGSt. 76, 160, BGHSt. 2, 301, BVfGE 25, 287, 293; vgl. *Lackner*, § 66, 2 a.

[51] So BVfGE 25, 294.

[52] *Gallas*, Nied., 2, 348, vgl. *Lorenz*, Verjährung, 59.

[53] So aber *Lorenz*, a.a.O., 56, vgl. allgemein zu den Verjährungstheorien *Jescheck*, 577 ff.

[54] *Gallas*, Nied., 2, 348. Der E 62, Begr. 257/8 bekennt sich ebenfalls zu der gemischten Theorie. Der 2. schriftliche Bericht des Sonderausschusses für

die hier vertretene Hervorhebung des Aktunwertes angebracht, denn dann geht es um die Frage der Strafwürdigkeit, und damit kommt der Täter und sein Verhalten in den Blick. An dessen Abschluß ist für den Verjährungsbeginn anzuknüpfen, es dauert aber nur solange, als er noch Einfluß auf das Geschehen hat, und sei es nur ein Einfluß in Form der Erfolgsabwendungsmöglichkeit.

V. Der Amnestiestichtag

1. Die Erfolgstheorie und der rechtsgutsbezogene Beendigungbegriff

Bei Straffreiheitsgesetzen taucht wie bei der Verjährung[1] die Frage auf, wann eine Straftat ‚begangen' ist, denn nur wenn dieser Zeitpunkt vor dem Amnestiestichtag liegt, kommt dem Täter Straffreiheit zu. Deshalb verwundert es nicht, wenn auch hier die Erfolgstheorie mit dem Argument vertreten wird, daß ein Strafanspruch nicht erlöschen könne, bevor er erstanden sei[2]; — freilich nicht mehr von der herrschenden Lehre[3] wie noch bei der Verjährung. Dieses Argument trifft nicht die entscheidende Frage, an welches Merkmal der Straftat die Amnestie den Stichtag binden will.

Für die Erfolgstheorie im Rahmen der Amnestie ist eine Straftat, bei der nach dem ersten tatbestandsmäßigen Erfolg (dem Vollendungszeitpunkt) noch weitere Erfolge eintreten, erst dann begangen, wenn der letzte noch tatbestandsmäßige Erfolg eingetreten ist, die Tat also beendet ist[4]. Auf diesem Standpunkt steht auch der BGH[5], obwohl er — soweit

---

die Strafrechtsreform (BtagsDrucks. V 4095 S. 43) läßt die Frage nach der Rechtsnatur offen. Nach *Lackner*, § 66, 2 a, spricht § 78 I AT 73 mehr als das geltende Recht für die gemischte Theorie. Dennoch hat sich der E 62 und der Alternativentwurf zur Erfolgstheorie bezüglich des Verjährungsbeginns bekannt, vgl. § 128 E 62 mit Begründung S. 127, § 97 IV AE.

1 Damit ist aber noch nicht gesagt, daß alle Erwägungen zur Verjährung einfach auf die Amnestie übertragen werden können. So aber *Brandstätter*, § 1, 40; in dieser Richtung, aber vorsichtiger *Bruns*, NJW 58, 1258. Dagegen *Schmidt-Leichner*, NJW 50, 42, da beide Institute völlig verschiedene Zwecke verfolgten; so auch *Schröder*, JZ 59, 42, *Schönke - Schröder*, § 67, 5 b, *Welp*, 341, Fn. 76.

2 *Brandstätter*, § 1, 42.

3 Vgl. die Stellungnahme gegen *Brandstätter* in BGHSt. 11, 124; vgl. *Schmidt-Leichner*, NJW 50, 43, *Winkler*, 154.

4 *Brandstätter*, § 1, 48, abschwächend *Winkler*, 155: nur in der Mehrzahl der Fälle.

5 BGHSt. 11, 123, ebenso für die bewußte Fahrlässigkeit, anders nur für unbewußte Fahrlässigkeitstaten durch Unterlassen. Das RG behandelte weitergehend schon alle fahrlässigen Taten anders als die Vorsatztaten, vgl. *Würtenberger*, ZAKDR 41, 401 zu RGSt. 75, 298. Vgl. OLG Hamm, NJW 58, 1314, wie der BGH zu fahrlässigen Begehungsdelikten „erst recht".

ersichtlich — noch keinen Fall einer Amnestie für eine schon vollendete Vorsatztat zu entscheiden hatte.

2. Der Vorzug der erweiterten Tätigkeitstheorie

Diese Übernahme der Erfolgstheorie durch den BGH überrascht deshalb, weil der BGH selbst klar erkennt, daß Straffreiheitsgesetze von den schlechten Einflüssen besonderer Zeitverhältnisse auf das Verhalten des Täters ausgehen: „... für den Erlaß solcher Gesetze wird im allgemeinen der Gedanke maßgebend sein, daß eine besondere Gestaltung der Zeitverhältnisse auf das Verhalten des Täters von Einfluß gewesen ist und aus diesem Grunde ein allgemeiner Gnadenerweis angemessen erscheint[6].“ Will man also dem Täter nachträglich Straffreiheit deshalb zukommen lassen, weil sein Verhalten in dieser außergewöhnlichen Zeit verzeihbar erscheint, so muß man für den Amnestiestichtag konsequenterweise darauf abstellen, wie lange der Täter noch Einfluß auf seine Tat hatte. Hat der Täter die Tat vor dem Stichtag aus der Hand gegeben, so kommt ihm auch dann Straffreiheit zugute, wenn weitere, noch tatbestandsmäßige Erfolge unabhängig von seinem weiteren Tun oder Unterlassen eintreten[7].

Die Gewährung von Straffreiheit nach begangener Tat ist eben ein Gnadenerweis[8], der notwendig an die persönliche Schuld des Täters anknüpfen muß[9].

Die Straffreiheit entgeht nach der erweiterten Tätigkeitstheorie nicht nur demjenigen, der nach der Vollendung noch tatbestandstypisch weiterhandelt[10], sondern auch dem, der nach dem Stichtag die ihm noch

---

6 BGHSt. 11, 122 für die Straffreiheitsgesetze von **1949** und **1954**.

7 So *Welp*, 341: nur die erweiterte Tätigkeitstheorie werde dem Problem gerecht, „denn da die gesetzlich präsumierte Motivationslage nur auf die Handlungsseite der Tat von Einfluß gewesen sein kann, muß die Priveligierung überall dort eingreifen, wo der Täter die Tat vor dem Stichtag aus der Hand gegeben hatte“. Nach *Schröder*, JZ 59, 30, hat der Täter die Tat schon mit dem Abschluß seiner Aktivität aus der Hand gegeben; so auch *Schönke-Schröder*, § 67, 5 b. Demgegenüber ist mit *Welp* darauf abzustellen, ob der Täter danach noch eine Erfolgsabwendungsmöglichkeit hatte; so auch *Kohlhaas*, § 1, 3 b; vgl. *Mezger*, JW 38, 496, nach dem eine vollendete Tat nur dann noch nach dem Stichtag begangen ist, wenn der Täter danach Handlungen oder Unterlassungen bis zur Beendigung durchführt.

8 So die herrschende Lehre, vgl. *Maurach*, AT, 795, mit weiteren Hinweisen. Anders aber BVfGE 2, 219: im Volksbewußtsein werde die Amnestie mehr als eine Korrektur des Rechts empfunden.

9 So *Schmidt-Leichner*, NJW 50, 43, NJW 54, 1267, zustimmend *Kohlhaas*, § 1, 3 und 3 b und c; *Winkler*, 154; vgl. auch *Würtenberger*, ZAKDR 41, 402, der eine gerechtere Lösung durch eine Besinnung auf den personalen Gehalt der Tat eher als durch Abstellen auf ihren äußeren Schaden zu finden glaubt.

10 Diese Einschränkung wird vielfach auch von denen übersehen, die auf die erweiterte Tätigkeitstheorie abstellen; so z. B. von *Kohlhaas*, § 1, 3,

mögliche Abwendung weiterer Erfolge unterläßt. Denn jetzt haben sich die Zeiten verändert, normalisiert, so daß es an ihm ist, den durch seine frühere Aktivität in Gang gesetzten Kausalverlauf noch vor Erfolgseintritt aufzuhalten[11], oder dies zumindest zu versuchen[12].

Den Fall eines bereits vollendeten Delikts, bei dem der Täter noch nach dem Amnestiestichtag tatbestandstypisch weiterhandelte, hatte das OLG Nürnberg[13] zu entscheiden: G hatte sich einen Führerschein gefälscht und nach dem Stichtag davon noch Gebrauch gemacht. Die Entscheidung fällt hier leicht, denn wenn auch die Urkundenfälschung gemäß § 267 StGB mit dem Verfälschen der Urkunde vollendet ist, so führt doch § 267 StGB das Gebrauchmachen ebenfalls als typische Ausführungshandlung auf. Die Urkundenfälschung dauerte solange an, „wie von der gefälschten Urkunde Gebrauch gemacht wurde“[14].

Anders ist es beim Diebstahl, wenn die Wegnahme vor dem Stichtag erfolgte, und danach der Täter nur noch die Beute fortschaffte und sicherstellte[15]. Diese Tätigkeiten unterfallen nicht mehr dem Tatbestandstypus des § 242 StGB, so daß der Täter unter die Amnestie fällt.

Nur mit der um die Unterlassungskonstruktion erweiterten Tätigkeitstheorie sind die Fälle des Rentenbetrugs zu lösen, wenn der Täter nach dem Amnestiestichtag nur noch die laufenden Rentenbeträge abhebt[16]. Er täuscht in dieser Phase nicht mehr aktiv, sondern unterläßt nur noch die Abwendung weiterer Vermögensschädigungen.

---

nach dem jede auf Erlangung der Vorteile der Tat oder deren Ausnutzung gerichtete Handlung nach dem Stichtag die Amnestie ausschließe. Solche Handlungen sind aber in der Regel nicht mehr von einem Tatbestand des Strafgesetzbuchs erfaßt und folglich auch nicht mehr Deliktsbegehung. Vgl. jedoch *Gelbert*, DStR 43, 10: der Täter müßte sich noch nach dem Stichtag tatbestandstypisch verhalten, damit das Straffreiheitsgesetz nicht zutreffe.

11 Gelingt ihm das mit Erfolg, so greift schon § 46 II StGB ein.

12 *Welp*, 341: der Rettungsentschluß hebe hier den Unterlassungsvorsatz auf.

13 OLG Nürnberg, MDR 51, 53.

14 Die Bestrafung erfolge jedoch nur wegen Gebrauchs, OLG Nürnberg, MDR 51, 54, zustimmend *Meister* in der Anm. dazu. *Meister* erkennt auch, daß dieser Fall eigentlich nichts mit der sonstigen, neuen Beendigungslehre zu tun habe, bei der ein Verhalten nach Vollendung nicht notwendig für sich allein betrachtet einem Straftatbestand unterfallen müsse.

15 Dieses Beispiel bildet *Meister*, MDR 51, 54, und löst es wie hier im Text.

16 Nach OLG Stuttgart, MDR 51, 373, ist der Betrug mit der Erlangung des Rentenanspruchs begangen. Ablehnend *Kohlhaas*, MDR 51, 373, der sich *Mezgers* (JW 38, 496) Lösung bezüglich der Verjährungsfrage anschließt und für die Amnestie übernimmt: der Rentenbetrug sei noch nicht beendet, wenn weiteres Tun oder Unterlassen nach der Vollendung folge. So auch *Kohlrausch - Lange*, § 263 II 4. Ein nachfolgendes aus Ingerenz strafbares Unterlassen nimmt auch das Schöff.Ger. Minden, MDR 50, 692, an; anderer Ansicht *Lange*, MDR 50, 693: keine Rechtspflicht aus Treu und Glauben oder

VI. Der Begriff der Beendigung und die Konkurrenzen

Im Rahmen der Konkurrenzproblematik wird sich die folgende Untersuchung auf die Fälle beschränken, zu deren konkurrenzrechtlicher Lösung von der Rechtsprechung und dem Schrifttum auf den Beendigungsbegriff zurückgegriffen wird; sei es, daß dieser Begriff das Konkurrenzverhältnis schon lösen soll, sei es, daß er nur als zusätzliches, untermauerndes Argument neben anderen verwendet wird, oder daß er das Vorliegen einer vorab zu klärenden Voraussetzung erweisen soll, an die sich dann erst die eigentlichen Konkurrenzerwägungen anschließen.

1. Die Auswirkungen des rechtsgutsbezogenen Beendigungsbegriffs

Das Hauptanwendungsgebiet des Beendigungsbegriffs liegt im Rahmen der Konkurrenzen bei der natürlichen Handlungseinheit und der ungleichartigen Idealkonkurrenz. Bei der natürlichen Handlungseinheit soll eine einheitliche Handlung über die Vollendung hinaus bis zur Beendigung des jeweiligen Delikts vorliegen[1]; bei der Idealkonkurrenz soll die Möglichkeit der teilweisen Identität der Ausführungshandlungen verschiedener Delikte bis zur Beendigung des zuerst begonnenen bestehen bleiben[2]. Bevor auf die Berechtigung dieser beiden Forderungen eingegangen wird, kann schon hier eine völlig neue Auswirkung des Beendigungsbegriffs der herrschenden Lehre festgestellt werden. War es bei der Teilnahme, der Verjährung, der Notwehr und der Verwirklichung qualifizierender Merkmale immer so, daß durch den Beendigungsbegriff dem Gehilfen, dem Angreifenden oder ganz allgemein dem Täter ein Nachteil entstand — etwa dadurch, daß er als Gehilfe zu einem handlungstypisierten Delikt bestraft wurde, obwohl er nur noch bei der Erfolgsherbeiführung geholfen hatte —, so ist es hier gerade umgekehrt. Beide Forderungen stellen den Täter günstiger, denn bei der natürlichen Handlungseinheit wird er nur wegen *eines* Verbrechens oder Vergehens bestraft und bei der ungleichartigen Idealkonkurrenz findet § 73 StGB mit seinem Absorptionsprinzip Anwendung.

Daraus kann aber nicht geschlossen werden, daß schon deshalb eine kritische Würdigung dieser beiden Forderungen unter dem Gesichts-

---

vorangegangenem Tun; er möchte zunächst in dem Abheben eine positive Täuschungshandlung sehen, denn dem Postbeamten werde der Rentenausweis vorgelegt; dann hält er es für lebensnäher, eine natürliche Handlungseinheit anzunehmen, die erst mit der letzten Rentenzahlung ihren Abschluß findet. Damit ist jedoch nur eine Verlagerung des Problems erreicht, denn eine solche Handlungseinheit läßt sich nicht ohne feste Kriterien bestimmen, deren Angabe aber *Lange* unterläßt.

[1] Vgl. *Hruschka*, GA 68, 202.

[2] Vgl. statt vieler *Geerds*, 279.

punkt des gesetzlichen Tatbestandes i. S. Art. 103 Abs. 2 GG und des Unrechtstatbestandes i. S. der Tatbestandstypen unterbleiben kann. Das Strafgesetzbuch zwingt in den §§ 73, 74 StGB zu einer Unterscheidung von Handlungseinheit und Handlungsmehrheit[3] und sollte sich herausstellen, daß die Einheitlichkeit einer Handlung nur unter dem normativen Gesichtspunkt der Tatbestandsmäßigkeit feststellbar ist, so gewinnen der gesetzliche Tatbestand und der Unrechtstatbestand zentrale Bedeutung für die Beantwortung der Frage, wielange noch eine einheitliche Handlung vorliegt, und ob ein und dieselbe Handlung mehrere Tatbestände erfüllt.

2. Die natürliche Handlungseinheit und die Beendigung

Will man das Verhältnis zwischen dem Beendigungsbegriff und dem Begriff der natürlichen Handlungseinheit bestimmen, so ist es notwendig, die spezifischen Funktionen beider Begriffe in einem teleologischen Verbrechenssystem zu klären. Bevor eine solche Klärung jedoch erfolgen kann, muß zunächst jeweils die Problematik angegeben werden, zu deren Lösung die beiden Begriffe entwickelt wurden.

a) Die gemeinsame Fragerichtung

Der Begriff der natürlichen Handlungseinheit soll eine Korrektur der Tatbestände des Besonderen Teils des Strafgesetzbuches ermöglichen, weil diese nur angeben, ob der Täter strafrechtliches Unrecht verwirklicht hat, nicht jedoch, wie viele Handlungen seine konkrete Tatbestandsverwirklichung umfassen darf[4]. Diese Korrektur ist immer dann erforderlich, wenn nach der Fassung des jeweiligen Tatbestandes eine Handlung, die einen Erfolg herbeiführt, zu einer Verwirklichung ausreicht, der Täter aber den tatbestandsmäßigen Erfolg erst durch mehrere Handlungen erreicht.

Von diesem Problem der natürlichen Handlungseinheit scheint sich das Problem, zu dessen Lösung der Beendigungsbegriff verwendet wird, zu unterscheiden, denn hier geht es auf den ersten Blick um eine andere Tatbestandskorrektur. Das Hauptproblem der Beendigung besteht darin, daß von der herrschenden Lehre behauptet wird, nach der tatbestandlichen Vollendung reiche zur Beendigung des deliktischen Geschehens eine weitere Rechtsgutsverletzung aus. Die Hauptfrage, mit der sich die bisherige Untersuchung demzufolge beschäftigen mußte, war die, ob die

---

[3] Vgl. *Jescheck*, ZStW 67, 529: „Der Gesetzgeber hat die für die gesamte Konkurrenzlehre grundlegende Unterscheidung zwischen Handlungseinheit und Handlungsmehrheit nicht definiert, sondern vorausgesetzt."

[4] Vgl. *Maiwald*, He, 113, *Baumann*, 619.

Fortführung der Tat über die Vollendung hinaus bis zur Beendigung auch ohne die Verwirklichung von Tatbestandsmerkmalen möglich ist. Es wurde also gefragt, wie lange tatbestandsmäßiges Geschehen andauern kann und muß.

Regeln die Tatbestände des Besonderen Teils des Strafgesetzbuches nur die Frage, ob der Täter strafrechtliches Unrecht verwirklicht hat, so geht es bei der natürlichen Handlungseinheit darum, wieviele Handlungen bei einer Tatbestandsverwirklichung vorgelegen haben, bei der Beendigung darum, wie lange die Tatbestandsverwirklichung andauert. Daraus kann jedoch nicht auf eine unterschiedliche Fragerichtung geschlossen werden, denn jeweils geht es um die Antwort darauf, ob noch eine Tatbestandsverwirklichung angenommen werden kann, wenn auch der Täter seine Ausführungshandlung nicht auf einen Augenblick beschränkte. Die Tatbestände des Besonderen Teils des Strafgesetzbuches und deren Auslegung sind damit sowohl für die natürliche Handlungseinheit als auch für die Beendigung entscheidende Ausgangspunkte, so daß es nicht verwundern kann, wenn wir bei dem Problem der natürlichen Handlungseinheit auf ähnliche Erwägungen stoßen, wie wir sie von der Beendigungsproblematik her bereits kennen.

b) Die natürliche Handlungseinheit nach der Rechtsprechung

Zur weiteren Klärung des Verhältnisses von natürlicher Handlungseinheit und Beendigung ist es jedoch unerläßlich, den Begriff der natürlichen Handlungseinheit und seinen Geltungsbereich einzugrenzen, denn es handelt sich bei diesem keineswegs um einen gesicherten und unbestrittenen Begriff[5].

Die Rechtsprechung des BGH bedient sich dabei im Anschluß an die RG-Rechtsprechung[6] in geringfügigen Abwandlungen derselben Definition: eine natürliche Handlungseinheit sei dann gegeben, wenn der Handelnde den auf die Erzielung eines Erfolges in der Außenwelt gerichteten, einheitlichen Willen durch eine Mehrheit gleichartiger Akte betätigt und diese einzelnen Betätigungsakte aufgrund ihres räumlichen und zeitlichen Zusammenhangs objektiv erkennbar derart zusammengehören, daß sie nach der Auffassung des Lebens eine Einheit bilden[7]. Bei dieser Definition fällt sofort auf, daß hier wie bei der Beendigung[8] die natürliche Auffassung des Lebens das entscheidende Kriterium sein soll.

---

[5] *Schönke - Schröder*, Vorb. 10 vor § 73, *Schmitt*, ZStW 75, 58, *Jescheck*, 471.

[6] Vergleiche zur allmählichen Entwicklung dieses Begriffes durch das Reichsgericht *Maiwald*, He, 16 ff., und RGSt. 11, 355; 30, 67 u. 396; 58, 116; 59, 318; 76, 143.

c) Die Kritik dieser Rechtsprechung

Die Kritik an diesem Kriterium, das wegen seiner Unbestimmbarkeit zu einem Verlust an Rechtssicherheit führt[9] und die wirklichen Gründe für die Annahme von Handlungseinheit nur verdeckt[10], entspricht deshalb auch im wesentlichen der Kritik, die oben im Kapitel über die natürliche Anschauung als Beendigungskriterium geübt wurde und braucht deshalb hier nicht wiederholt zu werden.

Lediglich der entscheidende Einwand gegen diese Rechtsprechung soll deutlich hervorgehoben werden: die natürliche Handlungseinheit, die mittels der natürlichen Anschauung des Lebens gewonnen wird, vernachlässigt die im Strafrecht notwendige Typisierung von Unrecht in Tatbeständen[11]. Diese Rechtsprechung zur natürlichen Handlungseinheit suggeriert „vorrechtliche soziale Handlungseinheiten“[12] als fest verwertbare Größen für das Strafrecht. Es kann nun nicht bestritten werden, daß sich gerade das Strafrecht in seinen Tatbeständen an vorgeformten Vorstellungen von strafwürdigem Unrecht orientiert und also auf soziale Kategorien Bezug nimmt. Doch kommt man trotz dieser Beziehung von Recht und sozialer Umwelt bei einer Zergliederung menschlicher Tätigkeit nach ihren sozialen Sinnbezügen nicht umhin, anzugeben, nach welchem Blickwinkel dabei Handlungseinheiten gewonnen werden[13]. Wie Maiwald[14] anschaulich aufgezeigt hat, kann dieser Blickwinkel jedoch sehr verschieden sein, so daß vorjuristische Handlungseinheiten als feste Größen für das Strafrecht ausscheiden.

d) Die Bindung der Handlungseinheit an den normativen Tatbestandsbegriff

Ein Rückgriff auf solche Einheiten ist aber auch gar nicht unvermeidlich, denn das Strafrecht selbst stellt uns mit seinen Tatbestandstypen die entscheidenden Blickwinkel zur Verfügung, mittels derer angegeben werden kann, ob ein einheitlicher Vorgang, eine Handlungseinheit trotz mehrfacher Willensbetätigung des Täters vorliegt[15]. Die herrschende Lehre im Schrifttum hält sich deshalb für die Abgrenzung von Hand-

[7] Vgl. BGHSt. 1, 21 und 170; 4, 219; 10, 129 und 231; 20, 272.

[8] Vgl. das Kapitel über die natürliche Anschauung.

[9] *Honig*, Studien, 55.

[10] *Jescheck*, 471.

[11] *Maiwald*, He, 70.

[12] *Jescheck*, 471.

[13] So *Maiwald*, He, 67.

[14] He, 67.

[15] *Maiwald*, He, 70, vgl. *Honig*, Studien, 12.

lungseinheiten an den Sinn der jeweils verletzten Tatbestände, wie er durch Auslegung zu erschließen ist[16]; teilweise wird zur Kennzeichnung des spezifischen Kriteriums dieser Einheiten sogar von „tatbestandlicher Handlungseinheit"[17] gesprochen.

Die Unrechtstypisierungen in den einzelnen Tatbeständen weisen nun aber die unterschiedlichsten Umschreibungen auf. Es gibt Tatbestände, die wie die Tötungsdelikte auf eine einmalige Willensbetätigung des Täters zugeschnitten sind, deren Tatbestand aber — wie etwa bei der Körperverletzung durch eine Tracht Prügel — trotz dieses Zuschnitts durch mehrere Willensbetätigungen erfüllt werden kann[18]. Sodann gibt es sog. mehraktige und zusammengesetzte Delikte[19], bei denen schon durch die Tatbestandsfassung mehrere Einzelhandlungen zu einer Tatbestandsverwirklichung vorausgesetzt werden; auch wird manchmal durch den Wortlaut des Tatbestandes eine Vielzahl gleicher Betätigungsweisen gefordert[20]. In all diesen Fällen ergibt sich die Handlungseinheit durch den Wortlaut oder die Auslegung des betreffenden Straftatbestandes[21].

e) Die tatbestandliche Handlungseinheit und die Verhaltensbeendigung

Nach dieser engen Bindung des Begriffs der natürlichen Handlungseinheit an den normativen Tatbestandsbegriff bestehen zunächst einmal keine Bedenken gegen die These, daß, solange die Tat noch nicht beendet sei, auch noch eine natürliche Handlungseinheit bestehe. Freilich nur dann, wenn man wie hier grundsätzlich auch für die Fortführung der Tat über die Vollendung hinaus weiteres tatbestandsmäßiges Verhalten fordert.

Die Tatbestandsmäßigkeit eines Verhaltens allein besagt aber noch nichts darüber, ob bei begrifflich mehrfacher Tatbestandsverwirklichung — etwa bei mehreren Diebesgriffen oder einer Tracht Prügel — noch eine Tat angenommen werden kann, oder ob mehrere selbständige Handlungen i. S. § 74 StGB vorliegen.

---

16 *Mezger - Blei*, AT, 316, *Jescheck*, 471, *Maiwald*, He, 94, 113, *Honig*, Studien, 74, *Beling*, LvV, 340, *v. Bar*, III, 560. Vgl. auch *Geerds*, 264, 268, Fn. 143 für die Verbrechenseinheit; er kennt jedoch auch noch weitere natürliche Handlungseinheiten, 282 ff.

17 *Jescheck*, 471, *Schönke - Schröder*, § 73 Vorb. 7 a, *Warda*, JuS 64, 84, *Geerds*, 263 ff. gebraucht diesen Begriff in weiterem Sinne, der sowohl die Verbrechenseinheit als auch die Handlungseinheit infolge Identität der Ausführungsakte umfaßt.

18 *Schmitt*, ZStW 75, 46, *Schönke - Schröder*, Vorb. 8 c vor § 73.

19 Diese beiden Formen unterscheidet *Geerds*, 265, vgl. *Lackner*, III 2 vor § 73.

20 Vgl. *Warda*, JuS 64, 84, *Maiwald*, He, 71, vgl. BGH, GA 65, 373.

21 *Geerds*, 268, *Schmitt*, ZStW 75, 46, *Schönke - Schröder*, Vorb. 8 c vor § 73.

aa) Die iterative Tatbestandsverwirklichung

Das zeigt sich deutlich bei den schon an Beispielen angedeuteten Fällen iterativer Tatbestandsverwirklichung, bei denen jede einzelne Willensbetätigung des Täters den vollen Tatbestand des jeweiligen Delikts erfüllt. Wie die Fassung des § 74 StGB zeigt, soll die darin vorgesehene Straffolgeregelung nicht schon bei jeder mehrfachen Tatbestandsverwirklichung durch einen Täter eingreifen, sondern erst dann, wenn dies durch mehrere selbständige Handlungen erfolgte. Wie Maiwald[22] überzeugend darlegt, entscheidet demnach die Wertigkeit der Einzelakte über die Selbständigkeit, und letztere fehlt, wenn es sich um eine bloß quantitative Steigerung der Rechtsgutsverletzung ohne Eigenwert handelt.

Neben dieser normativen, unrechtsbezogenen Seite der Einheitsvorstellung muß noch eine personale, schuldbezogene Seite treten, um die Einheitsvorstellung zu vervollständigen: die Motivationslage muß während des gesamten Geschehens dieselbe oder doch annähernd dieselbe sein[23]. Wird ein Tatbestand mehrfach, aber bei nur quantitativer Unrechtssteigerung in derselben Situation erfüllt, so liegt eine natürliche Handlungseinheit vor, die aber auf spezifisch rechtlichen Erwägungen beruht[24]. Die natürliche Handlungseinheit gibt also bei iterativer Tatbestandsverwirklichung an, daß trotz wiederholter Tatbestandsverwirklichung nur einmal die Strafe eingreift, die der betreffende Tatbestand vorsieht[25].

Es handelt sich demnach bei der natürlichen Handlungseinheit um die Frage nach der Zahl der Handlungen[26], die noch zu einer „Strafanwendungseinheit"[27] zusammengefaßt werden können. Da schon die erste dieser Handlungen den Tatbestand voll erfüllt, ist das betreffende Delikt schon zu diesem Zeitpunkt vollendet. Eine Fortführung der Tat stößt aber hier deshalb auf keine Bedenken, weil sie durch weitere tatbestandserfüllende Handlungen geschieht[28]. Die kritische Frage der Beendigung ist hier also nicht gestellt, denn sie will gerade Antwort darauf, ob auch dann noch ein deliktisches Geschehen vorliegt, wenn nach der Vollendung keine Tatbestandsmerkmale mehr erfüllt werden.

---

[22] He, 73/74.

[23] *Maiwald*, He, 75.

[24] *Maiwald*, He, 77, vgl. *Mezger - Blei*, AT, 306.

[25] *Maiwald*, He, 77.

[26] *Maiwald*, He, 83.

[27] Diesen Begriff verwendet *Geerds*, 256 f.

[28] Vgl. aus der Rechtsprechung BGHSt. 1, 170; 8, 92; 15, 259; 21, 384. Vgl. *Jescheck*, 472, *Schmidhäuser*, 581, so schon *v. Bar*, III, 565.

Der Beendigungsbegriff kann sich der unabhängig vom Blickwinkel der Tatbestandsmäßigkeit durch die Konkurrenzlehre entwickelten normativen und personalen Kriterien der natürlichen Handlungseinheit bedienen, so daß eine Tat bei iterativer Tatbestandsverwirklichung erst beim letzten tatbestandserfüllenden Tätigkeitsakt beendet ist[29]. Der Begriff der natürlichen Handlungseinheit bei dieser Fallgruppe deckt sich damit mit dem Begriff der Verhaltensbeendigung. Die von der Beendigungslehre weiter zu beantwortende Frage, ob auch der Eintritt weiterer tatbestandsmäßiger Erfolge noch zum Deliktsgeschehen gehört (etwa wegen des letzten Zeitpunkts der Beihilfe), ist von der Lehre der natürlichen Handlungseinheit aus gesehen ohne Interesse, da es bei ihr um die Zahl der Handlungen geht, die noch als eine Einheit aufgefaßt werden können.

Wenn A den X verprügelt, so ist der Tatbestand des § 223 StGB schon mit dem ersten Schlag erfüllt, die Tat ist somit vollendet, beendet jedoch erst mit dem letzten Schlag[30]. Hier liegt auch eine natürliche Handlungseinheit vor, weil in dieser Situation „die Einzelakte als einheitliche Äußerung derselben psychischen Lage des Täters erscheinen“[31]. Der Beendigungsbegriff kann hier der Lehre von der natürlichen Handlungseinheit kein neues, zusätzliches Kriterium zur Einheitsfeststellung anbieten, er kann nur gegenüber großzügigeren Verwendungen des Begriffs der Handlungseinheit[32] auf den entscheidenden Gesichtspunkt der Tatbestandsmäßigkeit hinweisen.

bb) Die sukzessive Tatbestandsverwirklichung

Ebenfalls unter dem Blickwinkel der Tatbestandsmäßigkeit ist die Fallgruppe zu beurteilen, bei der sich der Täter stufenweise dem Verbrechenserfolg nähert, die sukzessive Tatbestandsverwirklichung[33]. Da sich hier der Täter durch verschiedene Stadien auf den Enderfolg zu bewegt, wird immer das normative Moment der Gleichwertigkeit vorliegen, so daß über die Einheit der Teilakte neben der Tatbestandsmäßigkeit allein das personale Moment noch entscheiden kann: alle

---

[29] *Winkler*, 87 kommt ohne genauere Untersuchung des Begriffs der natürlichen Handlungseinheit ebenfalls zu diesem Ergebnis und nennt die Handlungseinheit einen Unterfall der Beendigung. Sein Abstellen auf den letzten Tätigkeitsakt muß aber verwundern, da er ansonsten auf den Eintritt der endgültigen Rechtsgutsverletzung abhebt.

[30] Nach herrschender Lehre gleichartige Idealkonkurrenz, vgl. BGSt. 1, 22; 16, 397; 18, 26, a. A. *Schönke - Schröder*, § 73, 9. Vgl. *Geerds*, 273.

[31] *Maiwald*, He, 77.

[32] Hier ist an die Ausweitung eines einzelnen Tatbestandes gedacht, zum Begriff bei Verwirklichung verschiedener Tatbestände *Maiwald*, He, 93 ff.

[33] *Maiwald*, He, 85 ff., *Jescheck*, 472, *Schönke - Schröder*, Vorb. 8 d vor § 73, *v. Bar*, III, 563; aus der Rechtsprechung BGHSt. 4, 219; 10, 129; 19, 324; 20, 269; 21, 322.

Teilakte ergeben eine natürliche Handlungseinheit, wenn die Motivationslage einheitlich ist, d. h. die Schwelle der konkreten Situation noch nicht überschritten ist[34].

Diese rechtlichen Kriterien gelten nicht für die Frage, „wann innerhalb der begrifflichen Einheit ‚Tatbestandsverwirklichung' bei Vollendung des Delikts der Versuch oder die Vorbereitung selbständig zu bestrafen sind"[35], sondern auch für die Frage, welche Akte nach der Vollendung noch zu dieser Einheit gehören. Gibt das Strafgesetzbuch für den Versuch und die Vorbereitung in den §§ 43, 49 a StGB Kriterien für die Zugehörigkeit bestimmter Handlungen zur konkreten Tatbestandsverwirklichung an, so fehlen für die Phase nach der Vollendung solche Hinweise. Das Strafgesetzbuch enthält nur selbständige Anschlußdelikte, die vermuten lassen, daß nicht jede Fortsetzung eines Delikts über die Vollendung hinaus strafbar sein soll.

Beachtet man, wie Maiwald, die Tatbestandsmäßigkeit auch bei der sukzessiven Tatbestandsverwirklichung als entscheidenden Blickwinkel, so kann auch hier wieder der Begriff der Verhaltensbeendigung kein zusätzliches Kriterium zur Einheitsfeststellung liefern, er kann nur wieder den Auffassungen von natürlicher Handlungseinheit entgegentreten, die auch noch solche Handlungen in die Einheit einbeziehen, die vom jeweiligen Tatbestand nicht mehr umfaßt sind.

f) Die Einbeziehung der Absichtsverwirklichung in die Handlungseinheit

So wird beispielsweise auch dann eine einzige Handlung angenommen, wenn der der Vollendung nachfolgende Akt im Tatbestand nur als subjektives Unrechtsmerkmal, meist als Absicht, erscheint[36]. Diese Erweiterung über den objektiven Tatbestand hinaus, kann nun nicht damit begründet werden, daß man sagt, das Delikt sei erst mit der Absichtsverwirklichung beendet, denn wie oben gezeigt wurde[37], müssen auch Handlungen nach der Vollendung des Delikts noch den spezifischen Handlungsunwert dieses Delikts aufweisen, um noch zur Verhaltensbeendigung zu gehören. Fehlt dieser spezifische Handlungsunwert, so sind die weiteren Handlungen des Täters, auch wenn sie noch gegen das von dem jeweiligen Tatbestand geschützte Rechtsgut verstoßen, nicht mehr vom gesetzlichen Tatbestand „mitbewertet"[38].

---

[34] *Maiwald*, He, 88 ff.

[35] *Maiwald*, He, 86.

[36] So *Jescheck*, 472, *Schönke - Schröder*, Vorb. 9 vor § 73.

[37] Vgl. die Kritik an der Absichtsverwirklichung als Beendigungskriterium in den Kapiteln zu Art. 103 GG und zum Unrechtstatbestand.

[38] *Miehe*, GA 67, 274, vgl. *Meister*, MDR 51, 54, *Geier*, Anm. in LM 6 zu § 263. *Sax*, MDR 51, 590, spricht von der Gefahr, daß bei verkümmert zweiaktigen und kupierten Erfolgsdelikten die Absichtsverwirklichung als sachliche Beendigung angesehen wird und dadurch in die Tatbestandsver-

So wird etwa das Nachmachen von Geld im Sinne des § 146 StGB und das Inverkehrbringen des nachgemachten Geldes als eine Handlung angesehen, weil sich dies für die natürliche Betrachtungsweise so darstelle und das letztere nur eine Absichtsverwirklichung darstelle. Der Tatbestand des § 146 StGB ist aber voll erfüllt mit dem Nachmachen von Geld, wenn dies von der Absicht begleitet wird, das nachgemachte Geld zu gebrauchen oder in Verkehr zu bringen. Ob diese Absicht verwirklicht wird, ist für die Erfüllung des Tatbestandes völlig gleichgültig, wird von ihm nicht mitbewertet. Da aber die natürliche Handlungseinheit sich nur unter dem Blickwinkel der Tatbestandsmäßigkeit herstellen läßt, kann man hier mit Miehe[39] von einem verfehlten Rückgriff der h. L. auf die natürliche Betrachtungsweise sprechen. Ebenso verfehlt ist auch der Rückgriff auf den Beendigungsbegriff[40], denn das Inverkehrbringen ist weder formell noch materiell tatbestandsmäßig i. S. § 146 StGB.

Noch krasser ist das Abweichen von der Tatbestandsmäßigkeit als Einheitskriterium bei den Absichtsverwirklichungen, die nicht einmal weiter gegen das vom betreffenden Tatbestand geschützte Rechtsgut verstoßen, denn hier kann nicht einmal eine materielle (in Richtung auf die Rechtsgutsverletzung) Korrektur des gesetzlichen Tatbestandes als Begründung behauptet werden. So etwa, wenn zwischen der Vermögensschädigung durch Täuschung gemäß § 263 StGB und der anschließenden Verwirklichung der Bereicherungsabsicht eine natürliche Handlungseinheit angenommen würde. Hier läge eine Tatbestandserweiterung vor, die nicht nur dem klaren Gesetzeswortlaut[41], sondern auch der materiellen Tatbestandsmäßigkeit widerspräche, weshalb auch eine Berufung auf einen noch nicht beendeten Betrug keine mögliche Begründung wäre.

Nicht unbestritten ist die Einordnung des Versicherungsbetrugs in diese Fallgruppe der Absichtsdelikte, obwohl die Rechtsprechung im Gegensatz zu Stimmen im Schrifttum in § 265 StGB ein besonderes Rechtsgut — die Verhütung eines allgemeinen sozialen Schadens — geschützt sieht[42], wohingegen die vom Tatbestand vorausgesetzte Absicht nur gegen das Vermögen gerichtet sein muß. Doch ist dieser Streit

---

wirklichung mit einbezogen wird, obwohl im Tatbestand nur Absichthandeln verlangt ist.

39 *Miehe*, GA 67, 275, vgl. *Schönke - Schröder*, § 146, 15, *Welzel*, 420. Dennoch von RGSt. 60, 316 verwendet, ebenso BGH, JZ 52, 46. OLG Schleswig, NJW 63, 1560.

40 So aber *Schönke - Schröder*, § 146, 9.

41 So *Sax*, MDR 51, 590, Fn. 38.

42 BGHSt. 11, 400, dieser Schutz bestehe neben dem Vermögensschutz, vgl. aus dem Schrifttum *Schönke - Schröder*, § 265, 1.

hier unerheblich, da auch beim Vorliegen einer rechtsgutsbezogenen Absicht keine andere Lösung möglich wäre. Hier stellt auch der BGH[43] ganz klar auf den äußeren Tatbestand des § 265 StGB ab, der sich auf das Inbrandsetzen einer gegen Feuergefahr versicherten Sache beschränkt. Mit der Verwirklichung der betrügerischen Absicht wird also kein Tatbestandsmerkmal des Versicherungsbetrugs mehr verwirklicht, weshalb hier nicht erst die Absichtsverwirklichung die Tat beendet. Dementsprechend kann auch keine natürliche Handlungseinheit des gesamten Geschehens von der Inbrandsetzung bis zur Verwirklichung der betrügerischen Absicht oder gar bis zur Bereicherung des Täters angenommen werden[44].

Etwas anders liegt das Problem bei der Urkundenfälschung, die durch die Strafrechtsangleichungsordnung vom 25. 5. 1943 die selbständigen Wahltatbestände des Herstellens und Verfälschens einerseits und des Gebrauchmachens andererseits erhalten hat[45]. Hier ist die Absichtsverwirklichung als Tatbestandsmerkmal in den objektiven Tatbestand aufgenommen worden, so daß für die Beendigungslehre kein Problem entsteht[46]: der sich der Fälschung anschließende Gebrauch ist zweifellos tatbestandsmäßig und führt die durch die Fälschung vollendete Urkundenfälschung zur Beendigung fort[47].

Die Rechtsprechung bedient sich in diesen Fällen regelmäßig des Beendigungsbegriffs zur Begründung von Handlungseinheit[48]. Da nach ihr dieser Begriff als Kriterium lediglich die natürliche Anschauung des Lebens angibt, wird seine Verwendung auch in diesem Zusammenhang mit den hier bereits vorgetragenen Argumenten kritisiert[49]. Diese Einwände greifen jedoch nicht gegenüber dem hier entwickelten Begriff der Verhaltensbeendigung durch, denn dieser ist gerade auf die Tat-

---

[43] BGHSt. 11, 398 - 9, vgl. *Welzel*, 379, *Kohlrausch - Lange*, § 265 VII.

[44] a. A. *Schönke - Schröder*, § 265, 18: rechtliche Handlungseinheit, vgl. auch Vorb. 8 vor § 73. Nicht eindeutig *Maurach*, BT, 333.

[45] Vgl. *Miehe*, GA 67, 274, *Sax*, MDR 51, 587, *Niese*, DRiZ 51, 177.

[46] Ebenso bei der Lebensmittelverfälschung, vgl. BGH, NJW 59, 994, und bei § 38 LitUrhG, vgl. bei BayObLG, NJW 65, 2166.

[47] So für den Normalfall *Häussling*, JZ 63, 69, vgl. *Miehe*, GA 67, 275: materiell vollendet sei die Rechtsgutsverletzung erst durch die Beeinträchtigung des Urkundenbeweisverkehrs; nach *Niese*, DRiZ 51, 177 liegt der Schwerpunkt der Unrechtshandlung im Gebrauchmachen, dies habe jedoch nichts mit den Begriffen Vollendung und Beendigung zu tun; gegen die Verquickung mit diesem Begriffspaar auch *Sax*, MDR 51, 589.

[48] Vgl. BGHSt. 5, 293, LM Nr. 6 zu § 263, BGH, GA 55, 246, OLG Nürnberg, MDR 51, 53, OLG Braunschweig, GA 54, 316, OGHSt. 1, 161, anders BGHSt. 17, 97 für den Fall, daß der Täter mehrfach von der Fälschung Gebrauch macht.

[49] *Miehe*, GA 67, 273: „inhaltslose Formel", nach *Geier*, Anm. zu BGH LM Nr. 6 zu § 263 paßt dieses Begriffspaar nicht, da der tatbestandsmäßige Erfolg i. S. § 267 StGB nicht entwicklungsfähig sei.

bestandsmäßigkeit des der Vollendung nachfolgenden Verhaltens festgelegt.

Solange die Urkundenfälschung noch nicht beendet ist, liegt auch eine natürliche Handlungseinheit vor, wenn nicht „die Schwelle der konkreten Tatsituation überschritten ist“[50], denn dann ist die Motivationslage nicht mehr einheitlich. Wie Miehe[51] zu Recht feststellt, werden sich die den Täter motivierenden Umstände der konkreten Situation zwischen dem Fälschungsakt und dem späteren Gebrauchmachen häufig verändern; und auch nach der von der Rechtsprechung verwendeten Definition liegen bei zeitlichem Auseinanderfallen mehrere Handlungen vor, da dann auch für die natürliche Betrachtungsweise keine gleichartigen Begehungsweisen in engem zeitlichen und räumlichen Zusammenhang gegeben sind[52].

Problematisch erscheint der Versuch Miehes[53], durch eine auf die Grundlagen der Tatbestandskonstruktion zurückgehende Betrachtung zu einer einheitlichen Handlung im Rechtssinne zu kommen. Da das Rechtsgut des Beweisverkehrs in § 267 StGB nur gegen verschiedene Stadien desselben Angriffs geschützt werde, „können die gemeinten Handlungen nicht gut zwei Verbrechenseinheiten sein, sondern müssen als eine Handlung im Rechtssinne gelten, weil die Tatbestandsbildung, welche über die Abgrenzung von Verbrechenseinheiten entscheidet, an andere Momente als Rechtsgut und Angriffsart eben nicht anknüpfen kann“. Problematisch deshalb, weil hier die personale Seite der Einheitsvorstellung vernachlässigt erscheint.

g) Die Dauerdelikte als Handlungseinheit

Eine weitere Fallgruppe tatbestandlich vermittelter Handlungseinheit, bei der der Beendigungsbegriff gebraucht wird, stellen die Dauerdelikte dar. Da bei ihnen schon der Tatbestand zu erkennen gibt, daß er nicht nur die Herbeiführung des rechtswidrigen Zustands, sondern auch dessen Aufrechterhaltung und Nichtbeseitigung mitbewertet, bestehen keine Bedenken, die mit der ersten Tatbestandsverwirklichung (durch Herbeiführung des rechtswidrigen Zustandes) vollendete Tat in der Regel erst dann als beendet zu bezeichnen, wenn der rechtswidrige Dauerzustand aufgehoben ist. Ebenso liegt nach allgemeiner Ansicht[54]

---

50 *Maiwald*, He, 90.

51 *Miehe*, GA 67, 271, Fn. 10.

52 *Sax*, MDR 51, 588 lehnt deshalb die natürliche Handlungseinheit ab, vgl. *Miehe*, GA 67, 273 und *Schneidewien*, Mat. Band I, 225.

53 *Miehe*, GA 67, 274/5, vgl. *Schönke - Schröder*, § 267, 79.

54 Vgl. *Schönke - Schröder*, Vorb. 45 ff. vor § 73, *Dreher*, 4 vor § 73, *Schmitt*, ZStW 75, 47 bezeichnet das Dauerdelikt als die äußerste Grenze tatbestandlich vermittelter Handlungseinheit. Aus der Rechtsprechung RGSt. 32, 139

hier eine Handlungseinheit vor, deren Besonderheit gegenüber den bisher dargestellten Handlungseinheiten darin besteht, daß sie aktive und passive Komponenten umfaßt[55]. Die Verwendung des Beendigungsbegriffs schadet hier nichts, bringt aber auch kein zusätzliches Kriterium neben den oben dargestellten Kriterien der Handlungseinheit, soweit sie tatbestandlich noch vermittelt ist.

In früheren Reichsgerichtsentscheidungen[56] wurde sogar durch den Hinweis, die Straftat sei bereits vollendet, eine mögliche Fortführung des Dauerdelikts übersehen, die dann etwa zur Idealkonkurrenz mit erst in dieser Phase hinzutretenden Ausführungshandlungen eines anderen Delikts hätte führen können. Das wurde in RG St 32, 139 korrigiert, wo zu § 123 StGB ausgeführt wurde, daß für die Annahme einer natürlichen Handlungseinheit es nicht auf die Vollendung des Delikts, sondern auf den in die äußere Erscheinung tretenden Abschluß ankomme[57].

Bestritten ist hier lediglich die vorzeitige Beendigung der tatbestandlichen Handlungseinheit ‚Dauerdelikt', insbesondere bei Verkehrsdauerstraftaten wie den §§ 315 c, 316 StGB[58]. Ohne auf die verschiedenen Fallkonstellationen im einzelnen einzugehen, kann hier entsprechend den Kriterien der natürlichen Handlungseinheit gesagt werden, daß sie dann abbricht, wenn die kritische Schwelle der konkreten Situation überschritten ist[59].

Der Begriff der natürlichen Handlungseinheit wird nun aber von der Rechtsprechung nicht nur auf die bisher behandelten Fälle tatbestandlich vermittelter Handlungseinheit angewandt, sondern auch auf das Gebiet der eigentlichen Verbrechenskonkurrenz[60], insbesondere wird

---

zu § 123: eine durch einen gewissen Zeitraum sich hindurch erstreckende Handlungseinheit.

[55] RGSt. 32, 138 spricht von der Einheit des natürlichen Tun und Lassens, vgl. auch RGSt. 76, 143, *Olshausen*, 2 u. 4 vor § 73.

[56] RGSt. 14, 175; 16, 305; vgl. dazu *Maiwald*, He, 18.

[57] Interessant ist es, daß dort S. 140 die Frage offengelassen wurde, ob hier von „bloßer Fortdauer des Erfolges der Straftat, oder von Fortdauer des vom Gesetze mit Strafe bedrohten Handelns selbst zu sprechen wäre". Soll eine natürliche Handlungseinheit angenommen werden, so muß fraglich das Letztere vorliegen, was nach dem im Kapitel ‚eigener Ansatz' Gesagten für das nachfolgende Unterlassen beim Dauerdelikt auch zutrifft.

[58] Vgl. BGHSt. 21, 205; 23, 144; *Schönke - Schröder*, Vorb. 45 d vor § 73; vgl. aber BGH 23, 147/8, wonach die fahrlässige Straßenverkehrsgefährdung nach § 315 c, Abs. 1 Nr. 1 a, Abs. 3 keine Dauerstraftat ist, da die als Begehungsweise geforderte Gefährdungshandlung nicht andauert. a. A. noch BGHSt. 22, 71.

[59] *Maiwald*, He, 88, nach *Schönke - Schröder*, Vorb. 45 d vor § 73 muß eine sowohl im äußeren wie im inneren Geschehen eindeutige Zäsur vorliegen.

[60] Vgl. *Schönke - Schröder*, Vorb. 10 ff. vor § 73, nach *Schmitt*, ZStW 75, 58 gegen den Gesetzeswortlaut, vgl. auch *Jescheck*, 473.

sie zur Erweiterung des Gedankens der Formel für die Idealkonkurrenz, wie sie RG St 32, 137 ff. entwickelt hat, verwendet[61]. Bevor auf diese Erweiterung eingegangen wird, sind zunächst die Kriterien der ungleichartigen Idealkonkurrenz nach dieser Formel aufzuzeigen, um zu sehen, ob ihr Anwendungsbereich nicht schon durch den Beendigungsbegriff erheblich erweitert wird.

3. Die Idealkonkurrenz und die Beendigung

Nach § 73 StGB muß „dieselbe Handlung mehrere Strafgesetze" verletzen, so daß neben der Handlungseinheit eine weitere Voraussetzung zu seiner Anwendung gegeben sein muß: die Verletzung mehrerer Strafgesetze[62]. Nach allgemeiner Ansicht verletzt eine Handlung mehrere Strafgesetze nicht nur dann, wenn das gesamte Handeln des Täters zugleich zwei verschiedene Tatbestände voll erfüllt[63], sondern auch dann, wenn nur Teilakte des Gesamtverhaltens des Täters zugleich Tatbestandsmerkmale verschiedener Strafgesetze verwirklichen[64]. Dieses Erfordernis der teilweisen Identität der Ausführungsakte[65] wurde in der bereits angeführten, berühmten Entscheidung RG St 32 auf S. 139/140 auf folgende Formel gebracht: „Vielmehr ist erforderlich, daß die Willensbethätigungsakte, durch welche der Thatbestand der verschiedenen strafbaren Handlungen hergestellt wird, wenn nicht vollständig, so doch zu einem Teile dergestalt zusammenfallen, daß mindestens ein Teil der einheitlichen Handlung zur Herstellung des Thatbestandes beider Delikte mitwirkt[66]."

Entscheidend ist demnach eine zumindest teilweise Identität der Tatbestandsausführungsakte. Wielange aber noch Tatbestandsausführungsakte vorliegen, wielange das deliktische Geschehen andauert, soll der Beendigungsbegriff angeben. Deshalb ist es auch herrschende Lehre[67],

---

[61] *Maiwald,* He, 101.

[62] *Warda,* JuS 64, 86, vgl. *Schneidewien,* Mat., Band I, 221: die Schöpfer des § 73 StGB hätten darunter nichts anderes verstanden, als die Verwirklichung mehrerer gesetzlicher Tatbestände, wie sie im Besonderen Teil des Strafgesetzbuches fixiert worden sind.

[63] Vgl. *Maiwald,* He, 93/4, z. B. Beischlaf mit der verheirateten Schwester.

[64] Vgl. *Maiwald,* He, 100: „Es kommt allein darauf an, ob überhaupt in einem Punkte des äußeren Vorgangs die Tätigkeit des Rechtsbrechers zugleich als Ausführung des einen wie des anderen Verbrechens erscheint."

[65] *Schönke - Schröder,* § 73, 9, *Jescheck,* 479, *Baumann,* 620.

[66] *Geerds,* 275 ff., versucht eine zusätzliche Begründung der Berechtigung dieser Formel und findet sie im Gedanken der Strafanwendungseinheit, vgl. S. 316. Nach *R. v. Hippel,* 173, Fn. 4, wäre es widersinnig, hier von mehreren selbständigen Handlungen zu sprechen, denn man müßte den identischen Teil hinwegfingieren.

[67] *Geerds,* 279, *Jescheck,* 479, *Welzel,* 232, *Schönke - Schröder,* § 73, 11, *Warda,* JuS 64, 87, *Schmitt,* ZStW 75, 57.

daß eine Idealkonkurrenz wegen Teilidentität der Ausführungshandlungen solange noch möglich ist, bis das zuerst begonnene Delikt beendet ist: „Als Ausführungshandlung eines Tatbestandes ist dabei jede Tätigkeit anzusehen, durch die der Deliktstatbestand gegebenenfalls auch über seine rechtliche Vollendung hinaus bis zur tatsächlichen Beendigung verwirklicht wird[68]."

a) Die Erweiterung des Bereichs der Idealkonkurrenz durch den rechtsgutsbezogenen Beendigungsbegriff

Wird dabei nun der erfolgsorientierte Beendigungsbegriff der herrschenden Lehre herangezogen, so werden — wie Jescheck[69] als Vertreter der h. L. feststellt — die Möglichkeiten von Idealkonkurrenz nicht unwesentlich ausgeweitet[70], denn zur Beendigung wird danach gerade nicht mehr die weitere Verwirklichung von Tatbestandsmerkmalen verlangt, sofern nur eine weitere Rechtsgutsverletzung oder Absichtsverwirklichung nachgewiesen werden kann. Dadurch wird das sichere Kriterium der Ausführungshandlung für die Fälle wieder zurückgenommen, in denen das zweite Delikt erst einsetzt, wenn das erste bereits vollendet ist, und der Täter nicht mehr tatbestandsmäßig i. S. des ersten Deliktes handelt. Diesen Widerspruch scheint die herrschende Lehre noch nicht einmal bemerkt zu haben, denn selbst in einer so gründlichen Monographie wie der von Geerds zu der Lehre von den Konkurrenzen wird einerseits eine Teilidentität der Tatbestandsausführungshandlungen[71] als Kriterium der Idealkonkurrenz gefordert, andererseits dann doch Idealkonkurrenz solange für möglich gehalten, wie „der vermittelnde Willensakt ... in den Bereich fällt, in dem die betreffenden Straftaten noch nicht beendet sind"[72].

Konsequent hingegen verfährt Warda[73], der zwar auch bis zur Beendigung der Straftat noch Idealkonkurrenz für möglich hält, aber dies grundsätzlich nur für Dauerdelikte gelten lassen will, da bei diesen die der Vollendung nachfolgenden Handlungen (oder Unterlassungen) noch

---

[68] So *Warda*, Jus 64, 87.

[69] *Jescheck*, 479.

[70] Eine ähnliche Ausweitung bewirkt man dann, wenn man wie *Beling*, LvV, 344, als Rahmen für die Tateinheit einen weiteren Tatbestand konstruiert, der alle Vorbereitungs-, Neben- und Nachhandlungen, die sich dienend an die eigentlichen Tatbestandsausführungshandlungen anschließen, umfaßt. Beispiel für eine Nachhandlung: die Veräußerung der gestohlenen Sache durch den Dieb. Vgl. dazu *Plate*, 69.

[71] *Geerds, 278.*

[72] *Geerds, 279.*

[73] *Warda*, JuS 64, 87, danach sind zur Vermittlung von Tateinheit Handlungen, die zur Beendigung führen, nur geeignet, „soweit die Tätigkeit nach der rechtlichen Vollendung noch tatbestandsverwirklichenden Charakter hat".

tatbestandserfüllenden Charakter hätten. Es bleibt demnach eine zumindest teilweise Deckung der Tatbestandsausführungshandlungen die unerläßliche Voraussetzung für die Annahme von Idealkonkurrenz.

Zu demselben Ergebnis führt auch der oben entwickelte Begriff der Verhaltensbeendigung, denn danach kommen für die Fortführung der Tat über die Vollendung hinaus nur solche Handlungen (oder Unterlassungen) in Betracht, die noch den spezifischen Handlungsunwert des jeweiligen Delikts aufweisen, und das bedeutet nichts anderes, als daß sie noch Tatbestandsausführungen sein müssen[74]. Der richtig verstandene Beendigungsbegriff ermöglicht also keine Aufweichung des Grundsatzes, daß Idealkonkurrenz mindestens eine teilweise Deckung im objektiven Tatbestand voraussetzt[75].

b) Die Verwendung des Begriffs der Verhaltensbeendigung

Freilich führt die Verwendung dieses Beendigungsbegriffs nur zum Nachweis einer Voraussetzung von Teilidentität mehrerer Tatbestandsausführungshandlungen, nämlich zum Nachweis der Gleichzeitigkeit. Tritt also eine neue Tatbestandsverwirklichung zu der bereits im Stadium nach der Vollendung befindlichen ersten Tatbestandsverwirklichung hinzu, so besagt die Feststellung, daß die erste Tat noch nicht beendet ist, lediglich, daß beide Tatbestandsverwirklichungen im gleichen Zeitraum begangen werden. Damit ist jedoch noch nicht darüber entschieden, ob ein Teilakt des Täterverhaltens Ausführungshandlung beider Delikte ist[76].

In den folgenden Beispielsfällen wird deshalb immer nur geprüft, ob eine Idealkonkurrenz nicht schon deshalb ausscheidet, weil es an der Gleichzeitigkeit der Begehung verschiedener Delikte fehlt. Nicht hingegen, ob sie trotz Gleichzeitigkeit daran scheitert, daß nicht ein Teilakt mehrere Tatbestände verwirklicht[77], oder daß ein Tun mit einem Unterlassen zusammentrifft[78].

---

[74] Vgl. die vorsichtige Formulierung bei *Schönke - Schröder*, § 73, 11: Tatbestandsverwirklichende Ausführungshandlungen könnten unter bestimmten Voraussetzungen auch noch im Zeitraum zwischen Vollendung und Beendigung des Delikts gegeben sein. Wenn Schröder dann aber bei Absichtsdelikten auch noch im Bereich der Absichtsverwirklichung die Möglichkeit von Idealkonkurrenz bejaht, so ist die Einschränkung aufgegeben. Vgl. *Welzel*, 232, spricht offen von einer Erweiterung über den objektiven Tatbestand hinaus.

[75] Diese Befürchtung äußert *Schmitt*, ZStW 75, 57.

[76] BGH, GA 61, 346; BGH, MDR 61, 246; so schon RGSt. 66, 361. Vgl. *Geerds*, 277, *Hartung*, SJZ 50, 327, vgl. *Maiwald*, He, 22: der Beendigungsbegriff kläre nur die Vorfrage, ob ein zeitliches Aufeinanderfallen vorliege.

[77] Hier sind insbesondere beim Zusammentreffen von Dauerdelikten mit anderen Delikten komplizierte Erwägungen anzustellen, vgl. *Honig*, Studien,

c) *Die Untersuchung von Einzelfällen*

Eine von dem hier entwickelten Beendigungsbegriff ausgehende Kritik an der Ausweitung des Bereichs der Idealkonkurrenz wird auf die schon mehrfach behandelten Straftaten des Diebstahls und der sogenannten Absichtsdelikte stoßen, weil die Rechtsprechung gerade bei diesen Delikten die Beendigung über die vom objektiven Tatbestand festgelegten Grenzen hinaus auf spätere Zeitpunkte verschiebt. Diese Kritik könnte ebenso mit dem von der herrschenden Lehre zur Idealkonkurrenz geforderten Kriterium der Identität der Tatbestandsausführungshandlungen geleistet werden[79].

aa) Idealkonkurrenz mit Dauerdelikten

Zu denselben Ergebnissen, wie sie durch die eben angeführten Kriterien erreicht werden, gelangt die herrschende Lehre mit Hilfe ihres Beendigungsbegriffs bei den Dauerdelikten[80], oder genauer gesagt, sie müßte zu denselben Ergebnissen gelangen, da bei diesen Delikten die Tatbestandsverwirklichung in der Regel bis zur Beseitigung des rechtswidrigen Zustandes andauert. Dies wurde jedoch von RG St 47, 25 übersehen, dem folgender Sachverhalt vorlag: Nach einem Pferdetausch zwischen dem Angeklagten und einem Zigeuner verlangte der A den Rücktausch. Als Z darauf nicht einging, drang A in das Anwesen des Z ein, brach die Stalltür auf und tauschte die Pferde wieder aus. Das Reichsgericht führt zum zeitlichen Verhältnis von Hausfriedensbruch und Diebstahl aus, daß der schwere Hausfriedensbruch gem. § 124 StGB (a. F.) mit dem Eindringen in das befriedete Besitztum rechtlich vollendet sei, A jedoch mit der Ausführung des schweren Diebstahls zu diesem Zeitpunkt noch nicht begonnen habe. Dagegen ist mit Maiwald[81]

27, 37, 40, *Schönke - Schröder*, Vorb. 46 ff. vor § 73. *Mannzen*, ZStW 54, 230. Nach *Jescheck*, ZStW 67, 554 verleitet das Dauerdelikt wegen des zeitlichen und örtlichen Zusammentreffens mit anderen Straftaten zur fehlerhaften Annahme von Handlungseinheit.

78 Die h. M. verneint hier grundsätzlich die Möglichkeit von Idealkonkurrenz, da es sich um zu verschiedene Handlungsweisen handle, BGHSt. 6, 230, *Schönke - Schröder* § 73, 19, jedoch mit der Ausnahme bei Dauerdelikten, vgl. *Lackner*, § 73, 3 c. a. A. *Baumann*, 618, *Dreher*, 1 Aa vor § 73. Letzterer Ansicht ist zuzustimmen, da oben Tun und Unterlassen Bewirkensqualität zugesprochen wurde.

79 Diese Kritik leistet *Warda*, JuS 64, 87.

80 *Warda*, JuS 64, 87, *Oske*, MDR 65, 532, *Baumann*, 620.

81 *Maiwald*, He, 23, vgl. auch *Honig*, Studien, 50/51: offensichtlich habe das RG verkannt, daß das Dauerdelikt des Hausfriedensbruchs noch nicht beendet war, als mit dem Diebstahl begonnen wurde. *Honig* selbst sieht schon in dem Betreten des fremden Grundstückes eine dem fremden Gewahrsam i. S. 242 StGB beeinträchtigende Handlung. Nach hL genügt nur eine Versuchshandlung, nicht schon eine Vorbereitungshandlung als Ausführungsakt, vgl. *Geerds*, 279, *Schmitt*, ZStW 75, 57, so schon *Frank*, § 74 I, *v. Bar*, III, 530.

einzuwenden, „daß der Hausfriedensbruch solange fortdauerte, wie die Täter sich auf dem Grundstück befanden; er war mit dem Betreten des Grundstücks zwar formell vollendet, jedoch erst mit dem Verlassen beendet". Der Diebstahl wurde also während des Hausfriedensbruches begangen, so daß die Annahme von Idealkonkurrenz nicht schon wegen fehlender Gleichzeitigkeit, sondern nur wegen des Fehlens eines sonstigen Erfordernisses der Formel abgelehnt werden kann.

Diesen Weg geht dann auch RG St 54, 288, wo nach einem Eindringen in ein Büro dort Nötigungshandlungen vorgenommen wurden. Hier vertritt das RG den Standpunkt, daß der Hausfriedensbruch mit dem Eindringen noch nicht beendet war, sondern daß auch das Verweilen noch den Tatbestand des § 123 StGB erfülle. Idealkonkurrenz wurde dann aber nicht angenommen, weil die Nötigungshandlungen nicht zugleich den Tatbestand des § 123 StGB verwirklicht hätten[82].

Nach RG St 55, 96 setzte der Täter nach der rechtlichen Vollendung der Zuhälterei gemäß § 181 a StGB die Straftat durch das Verjagen eines Dritten noch fort, so daß die körperliche Mißhandlung des Dritten sowohl dem Tatbestand des § 223 StGB unterfällt, als auch als ein Gewähren von Schutz i. S. des § 181 a StGB anzusehen ist[83].

Ebenso gibt es zahlreiche Beispielsfälle aus der Rechtsprechung des BGH, in denen Idealkonkurrenz nach der Formel deshalb erwogen werden mußte, weil es sich bei einer Straftat um ein länger andauerndes Dauerdelikt handelte. So etwa in BGH LM Nr. 8 zu § 177 StGB, in dessen Sachverhalt der Täter nach Vollendung des Hausfriedensbruchs durch Eindringen nicht nur den § 123 StGB durch Verweilen weiter verwirklichte, sondern gleichzeitig auch ein Sittlichkeitsdelikt gem. § 177 StGB begann. Ähnlich lag der Fall des BGHSt. 18, 29 ff., nur daß hier der Tatbestand des § 177 StGB während des rechtswidrigen Zustandes des Entführtseins, das vom Tatbestand des § 236 StGB noch mitbewertet wird, begangen wurde[84]. Dasselbe gilt für die Verwirklichung anderer Straftaten während einer Freiheitsberaubung[85].

Die Annahme von Idealkonkurrenz scheitert jedoch beim Zusammentreffen von Dauerdelikten mit anderen Delikten schon wegen fehlender

[82] Zu diesem Fall *Maiwald*, He, 24, *Honig*, Studien, 49.

[83] Ähnlich BGH bei *Dallinger*, MDR 68, 728, wo der Zuhälter die körperlichen Mißhandlungen nach der rechtlichen Vollendung der Zuhälterei an der Dirne beging, so daß diese Handlungen als Bestandteil des Ausbeutens i. S. § 181 a StGB erschienen.

[84] Vgl. dazu die zustimmende Anmerkung von *Krumme* zu BGH LM Nr. 3 zu § 236: der letzte Akt zur Verwirklichung des § 236 sei schon Anfang der Ausführung des § 177 gewesen. Vgl. aber *Hruschka*, JZ 73, 14, nach dem das Entführen i. S. § 237 n. F. mit dem Wegbringen an einen anderen Ort abgeschlossen ist. a. A. *Dreher*, NJW 72, 1641.

[85] Vgl. BGH, NJW 55, 1327, BGH bei *Dallinger*, MDR 56, 144.

Gleichzeitigkeit dann, wenn das Dauerdelikt vorzeitig beendet ist, auch wenn der Täter dasselbe Dauerdelikt sofort nach der Unterbrechung wieder beginnt[86]. Von einer solchen Beendigung kann, wie oben ausgeführt, nur dann gesprochen werden, wenn die Schwelle der konkreten Situation überschritten ist[87].

bb) Idealkonkurrenz mit Diebstahl und Raub

Abgesehen von den Dauerdelikten[88] ist jedoch die Verwendung des Beendigungsbegriffs immer dann problematisch, wenn auch noch solche Handlungen, die nicht mehr den jeweiligen Tatbestand verwirklichen, zur Abschlußphase der konkreten Tat gerechnet werden. Eine Erweiterung über den gesetzlichen Tatbestand hinaus, hat der BGH[89] vor allem bei der Beendigung des Diebstahls vorgenommen.

Man könnte demnach erwarten, daß Idealkonkurrenz zwischen Diebstahl und anderen Straftaten vom BGH auch dann angenommen wird, wenn die hinzutretenden Taten erst in der Beendigungsphase des Diebstahls verwirklicht werden, also nach Abschluß der Wegnahmehandlungen, etwa während der Beutesicherung. Man ist jedoch überrascht, daß der BGH in mehreren Entscheidungen gerade auf die Wegnahme als Tatbestandsausführungshandlung abstellt und nur von der Vollendung, nicht von der Beendigung als letzter Möglichkeit eines Zusammentreffens zweier Tatbestandsverwirklichungen ausgeht[90].

In dem Sachverhalt, der dem BGH GA 61, 346 vorlag[91], benutzte der Täter, der keine Fahrerlaubnis besaß, einen Pkw, um an den Tatort seines geplanten Raubes zu gelangen und um, nachdem er dort Sachen aus fremdem Gewahrsam weggenommen hatte, die Beute in Sicherheit zu bringen. Obwohl der BGH sonst gerade Handlungen, die den erlangten Gewahrsam sichern und festigen[92], noch zum Diebstahl bzw. Raub rechnet, lehnt er hier die Annahme von Tateinheit zwischen dem Raub und dem Fahren ohne Fahrerlaubnis deshalb ab, weil es an

---

[86] BGHSt. 21, 203 ff., BGH, MDR 70, 157; BGHSt. 23, 149 unter Berufung auf die natürliche Betrachtungsweise.

[87] Eine vorzeitige Beendigung liegt eindeutig dann vor, wenn beim Kindesraub das Kind während der Entführung stirbt, vgl. BGHSt. 16, 319. Schwierig, wenn der Hausfriedensbruch durch ein kurzes Verlassen des Hauses unterbrochen wird, vgl. *Schönke - Schröder*, Vorb. 45 c vor § 73.

[88] Nach *Warda*, JuS 64, 87 kommt bei anderen als bei Dauerdelikten nach der Vollendung Tateinheit nicht mehr in Betracht.

[89] Vgl. das Kapitel über die Teilnahme und über die Verwirklichung qualifizierender Merkmale.

[90] Vgl. BGHSt. 18, 46; 19, 219.

[91] Der Sachverhalt ist hier etwas vereinfacht dargestellt, da in der wirklichen Fallgestaltung mehrere Täter mehrere Raubtaten begingen.

[92] Vgl. statt vieler BGHSt. 20, 196.

einer Ausführungshandlung fehle, die mindestens je ein gesetzliches Merkmal beider Tatbestände erfülle. Das Hinfahren zum Tatort gehöre noch nicht, die Beutesicherung nicht mehr zur rechtlichen Vollendung des Diebstahls[93].

An dieser konsequent am Kriterium der Tatbestandsausführungshandlung orientierten Rechtsprechung hielt der BGH jedoch nicht fest. Einer unveröffentlichten Entscheidung[94] lag fast derselbe Sachverhalt, wie der eben geschilderte vor: A und B rauben eine Bank aus und springen in das mit laufendem Motor bereitgestellte Kraftfahrzeug, das von B, der keinen Führerschein hat, gesteuert wird. Hier nahm der BGH bezüglich des B tateinheitliches Zusammentreffen zwischen dem Raub und dem Verkehrsvergehen an, „weil er das Fahrzeug nach vollendetem Raub von der Bank wegfuhr, dieses Verbrechen aber erst beendet war, als die beiden Täter sich mit der Beute in einige Sicherheit gebracht hatten, und weil Tateinheit bis zur Beendigung einer Straftat möglich ist".

Zur Annahme von Tateinheit von Raub und Körperverletzung kommt BGH GA 69, 347 ebenfalls nur mit Hilfe des hier kritisierten Beendigungsbegriffes. Hier hatte der Sparkassenräuber bereits eine, wenn auch ungesicherte Sachherrschaft über das geraubte Geld erlangt, als er auf seinem Fluchtweg außerhalb des Sparkassengebäudes den sich ihm entgegenstellenden Werkmeister durch einen Schuß verletzte. Obwohl hier die Wegnahmehandlungen der Täter abgeschlossen waren, die Raubtat also nach dem BGH vollendet war, hielt er Tateinheit mit dem Fahren ohne Fahrerlaubnis bis zur Beendigung des Raubes für möglich, „d. h. bis zu dem Augenblick, in dem die Sachherrschaft wenigstens einigermaßen gesichert ist".

Damit ist das Kriterium der Tatbestandsausführungshandlung, die im Falle von Diebstahl und Raub allein im Wegnehmen gesehen werden kann, aufgegeben. Diese Aufgabe kann jedoch nicht mit dem Beendigungsbegriff begründet werden, denn — wie oben ausführlich erörtert wurde[95] — Diebstahl und Raub sind mit dem Abschluß der Wegnahmehandlung nicht nur vollendet, sondern auch beendet, da alle

---

[93] *Warda*, JuS 64, 87, bildet den Fall, daß der Dieb die Beute mit einem Pkw fortschafft und dabei fahrlässigerweise einen Menschen überfährt. Idealkonkurrenz scheide hier aus, „weil die Wegnahme spätestens mit dem Verladen des Diebesgutes vollendet worden ist, und das Wegfahren keinen Beitrag zur Tatbestandsverwirklichung mehr enthält".

[94] BGH 1. Str 282/66. Vgl. vorher schon BGHSt. 18, 71, wo Idealkonkurrenz zwischen Kennzeichendiebstahl und Urkundenfälschung abgelehnt wurde, weil die Diebstähle „bereits vollendet (und beendet)" waren, als mit § 267 begonnen wurde.

[95] Vgl. die Kapitel zur Teilnahme und zur Verwirklichung qualifizierender Merkmale.

nachfolgenden Tätigkeiten zur Sicherung der Beute nicht mehr den Tatbestand der §§ 242, 249 StGB verwirklichen. Auch in diesem Zusammenhang wurde das Abweichen von der früheren Rechtsprechung, auch der des Reichsgerichts[96], wohl nicht bemerkt, zumindest aber nicht begründet.

cc) Idealkonkurrenz mit Absichtsdelikten

Eine ähnliche Erweiterung über den objektiven Tatbestand hinaus vollzieht die Rechtsprechung[97] und die herrschende Lehre[98] bei den Delikten, bei denen der Tatbestand nur das Vorliegen einer bestimmten Absicht, ohne deren Verwirklichung, zur Vollendung voraussetzt. Auch hier soll der Beendigungsbegriff diese Erweiterung begründen, er kann dies jedoch nach dem bisher Gesagten nicht[99], weil die Absichtsverwirklichung eben nicht mehr Tatbestandsausführungshandlung ist[100].

Dieser Auffassung ist im Anschluß an das RG[101] auch der BGHSt. 11, 398 f. für das Verhältnis von Versicherungsbetrug und anschließendem Betrug durch Anforderung der Versicherungssumme. Zur Begründung[102] bezieht sich der BGH auf den äußeren Tatbestand des § 265 StGB, der sich auf das Inbrandsetzen einer gegen Feuergefahr versicherten Sache beschränke und also keine dem § 263 StGB eigentümlichen Tatbestandsmerkmale enthalte. Der BGH äußert sich zwar nicht dazu, ob der Tatbestand des Versicherungsbetrugs schon mit dem Inbrandsetzen oder erst mit dem Abbrennen beendet ist, jedoch stellt er klar, daß die Verwirklichung der in § 265 StGB vorausgesetzten betrügerischen Absicht keine Tatbestandsausführungshandlung mehr ist.

---

[96] Vgl. RGSt. 54, 247, wo Tateinheit zwischen § 242 und dem Vergehen der Konterbande nur angenommen wurde, weil „die Wegnahme, als Merkmal des Diebstahls, und der Beginn der Konterbande zeitlich und örtlich zusammenfielen". Vgl. RG, JW 32, 2433 mit Anm. von *Kley*.

[97] RGSt. 60, 316, BGH, JZ 52, 46, OLG Schleswig, NJW 63, 1560.

[98] *Schönke - Schröder*, § 73, 12, *Jescheck*, 480, *Welzel*, 232.

[99] Vgl. das Kapitel über die Absichtsverwirklichung und die Ausführungen zur natürlichen Handlungseinheit.

[100] So auch *Miehe*, GA 67, 274. *Warda*, JuS 64, 87, Fn. 44, hält es für fraglich, ob die Absichtsverwirklichung noch als Tatbestandsverwirklichung angesehen werden kann.

[101] RGSt. 17, 62, zustimmend *Honig*, Studien, 23, vgl. auch die Anmerkung von *Martin* zu BGH, LM Nr. 44 zu § 263.

[102] Als zusätzliche Begründung führt der BGHSt. 11, 399 die Verschiedenheit der Rechtsgüter der §§ 263, 265 an. a. A. *Schönke - Schröder*, § 265, 1. Diese Zusatzbegründung wird nur nötig, wenn man berücksichtigt, daß der BGH bei der Konkurrenz mehrerer verwandter Tatbestände nicht nach der Formel verfährt, sondern § 73 wegen natürlicher Handlungseinheit anwendet, vgl. BGHSt. 10, 231, so schon RGSt. 30, 67; 68, 197, vgl. *Maiwald*, He, 102 ff. *Schönke - Schröder*, § 265, 18 spricht von einer rechtlichen Handlungseinheit.

Mit dem Beendigungsbegriff argumentiert zwar auch BGHSt. 16, 316 ff. für den Fall, daß der Kindesentführer seine in § 239 a StGB vorausgesetzte Absicht dadurch zu verwirklichen sucht, daß er dem Vater des Kindes nach dessen Tötung zu erpressen versucht. Doch ist hier die Deliktsverwirklichung des Kindesraubes eindeutig deshalb beendet, weil der Täter das Kind vor der Lösegeldforderung schon getötet hatte. Hätte er das Kind am Leben gelassen, so käme Idealkonkurrenz zwischen § 239 a StGB und §§ 253, 255 StGB zwar nicht deshalb in Betracht, weil in der Erpressung eine Absichtsverwirklichung liegt[103], sondern weil § 239 a StGB ein Dauerdelikt ist[104], und der rechtswidrige Zustand des Entführtseins also während der Erpresserhandlung noch nicht beseitigt gewesen wäre[105].

dd) Idealkonkurrenz mit zweiaktigen Delikten

Hingegen hat sich der BGH[106] der Entscheidung RGSt. 60, 315 angeschlossen und damit die Möglichkeit von Idealkonkurrenz von Falschmünzerei und Betrug für den Fall bejaht, daß das Inverkehrbringen des Falschgeldes durch den Falschmünzer zugleich als eine Täuschung i. S. § 263 StGB zu bewerten ist. Das RG kommt zu dieser Annahme, obwohl es ausdrücklich feststellt, daß die Verausgabung des verfälschten Geldes kein Tatbestandsmerkmal des § 146 StGB erfüllt[107]. Daß hier weder der Begriff der natürlichen Handlungseinheit noch der Beendigungsbegriff[108] diese Entscheidung rechtfertigt, wurde schon oben im Zusammenhang der natürlichen Handlungseinheit mit der Begründung erkannt, daß die Absichtsverwirklichung eben vom Tat-

---

[103] So aber *Schönke - Schröder*, § 239 a, 9.

[104] Vgl. *Maurach*, JZ 62, 562: § 239 a sei schon an der Tatbestandsfassung als Dauerdelikt zu erkennen, weshalb Idealkonkurrenz mit Erpressung möglich sei. a. A. *Hruschka*, JZ 73, 12 ff., 15 zu § 239 a + b n. F.

[105] Richtig deshalb BGHSt. 16, 320, wenn er Tateinheit zwischen §§ 239, 255 StGB für möglich hält. Eine Idealkonkurrenz zwischen §§ 239, 211 StGB scheitert nach dem BGH nicht an fehlender Gleichzeitigkeit beider Tatbestandsverwirklichungen, denn als der Angeklagte den Mord beging, dauerte die Entführung des Kindes noch an.

[106] BGH, JZ 52, 46.

[107] Ebenso OLG Schleswig, NJW 63, 1560 und die hL *Schönke - Schröder*, § 146, 9, *Lackner*, 4 vor § 146, *Maurach*, BT, 504, nach *Winkler*, 117, liegt ein strafrechtlich relevanter Rechtsgutsangriff i. S. § 146 noch beim Gebrauch vor. Vgl. jedoch BGHSt. 3, 154, wo die Möglichkeit einer Beihilfe zu § 146 StGB nicht erwogen wurde, obwohl sich der Angeklagte als Bote des Fälschers am Inverkehrbringen beteiligte. Vgl. *Schönke -Schröder*, 9 vor § 146.

[108] Vgl. *Merkel* in einer Anmerkung zu RG, JW 26, 2686/7: es sei praktisch bedeutungslos, ob man mit dem RG von einer natürlichen Einheit der Falschmünzerei oder von einer Fortsetzung der Straftat des § 146 über den Zeitpunkt der formellen Vollendung hinaus ausgehe.

bestand nicht mehr mitbewertet ist und deshalb nicht als Tatbestandsausführungshandlung angesehen werden kann.

Unproblematisch hingegen ist unter dem Gesichtspunkt der Beendigung bzw. der Tatbestandsausführungshandlung das Zusammentreffen von Urkundenfälschung und Betrug, wenn der Gebrauch der Urkunde sich zugleich als Täuschung i. S. § 263 StGB darstellt. Hier wird zwar von der herrschenden Lehre sowohl der Begriff der Absichtsverwirklichung[109] als auch der der Beendigung[110] bemüht, jedoch bestehen hier keine Bedenken gegen die Annahme von Idealkonkurrenz, da der Gebrauch der falschen Urkunde als Tatbestandsausführungshandlung in § 267 StGB aufgeführt ist[111].

Deshalb ist auch BGHSt. 18, 66 ff. zuzustimmen, wenn der Idealkonkurrenz zwischen Kennzeichenmißbrauch gem. § 25 Abs. 1 Nr. 2 StVG und Fahren ohne Führerschein gem. § 24 StVG annimmt. Da neben dem Anbringen gem. § 25 Abs. 1 Nr. 2 StVG der Gebrauch des falschen Kennzeichens vom Tatbestand des § 25 Abs. 2 StVG als Ausführungshandlung umschrieben wird, so entspricht es den hier aufgestellten Kriterien, dann Idealkonkurrenz anzunehmen, wenn der Gebrauch des falschen Kennzeichens zugleich einen anderen Tatbestand, wie das Fahren ohne Führerschein, verwirklicht. Wenn der BGH[112] hier mit dem Begriffspaar Vollendung und Beendigung arbeitet, so ist das unschädlich, da die Fortführung der Tat über die Vollendung hinaus noch tatbestandstypisch geschieht[113].

4. Die weitergehende Rechtsprechung zur natürlichen Handlungseinheit

Noch weiter von den Kriterien der Formel, insbesondere von dem der Tatbestandsausführungshandlung, entfernt sich der BGH, wenn er

---

109 *Schönke - Schröder*, Vorb. 8 vor § 73.

110 BGH LM Nr. 6 zu § 263 mit Anm. von *Geier*, BGHSt. 5, 293, OLG Braunschweig, GA 54, 316, OHG St 1, 161, BGH LM Nr. 10 § 263, so auch die hL, vgl. *Jescheck*, 479, *Dreher*, § 267, 4, vgl. aber BGHSt. 17, 97 mit Anm. von *Häussling*, JZ 63, 69.

111 Es besteht auch die Möglichkeit dadurch zu einer Idealkonkurrenz zu kommen, daß man etwa beim Scheckbetrug das Fälschen als Anfang der Ausführung der Betrugshandlung wertet, so *Baumann*, 620.

112 Vgl. BGHSt. 18, 71 und die Anm. von *Martin* zu BGH LM Nr. 9 zu § 24 StVG: da das Vergehen des Kennzeichenmißbrauchs zweiaktig sei, werde es erst durch den Gebrauch des mit einem falschen Kennzeichen versehenen Kraftfahrzeuges in vollem Umfang verwirklicht.

113 Ebenso wenn RGSt. 60, 363 Tateinheit zwischen einem Warenzeichenvergehen und der Tabaksteuerhinterziehung annimmt, weil trotz rechtlicher Vollendung durch das Anbringen des geschützten Warenzeichens das Vergehen erst durch das Inverkehrbringen der Ware tatsächlich beendet werde, beide Handlungen sind Ausführungshandlungen des § 14 Warenzeichengesetz.

auch dann noch die Möglichkeit von Tateinheit annimmt, wenn die Verwirklichung verschiedener Tatbestände unmittelbar nacheinander vorgenommen wird[114]. Hierbei prüft der BGH, wie schon das RG[115], entweder sofort[116], oder erst nachdem die Prüfung nach der Formel nicht zu Tateinheit führte[117], ob nicht § 73 StGB deshalb angewendet werden kann, weil es sich um eine natürliche Handlungseinheit handelt. Diese Rechtsprechung wird in der Literatur überwiegend abgelehnt, „da dies ein Absehen von der im einzelnen Tatbestand zum Ausdruck gebrachten Unrechtsbewertung darstellen würde"[118].

Es ist zwar richtig, wenn Schmitt[119] feststellt, daß von den Aufweichungstendenzen, die der Beendigungsbegriff der herrschenden Lehre für den Deckungsbereich nach der Formel verursacht, ein fließender Übergang zur Figur der „natürlichen Handlungseinheit" führt, dennoch braucht im Rahmen dieser Untersuchung auf diese Fallgruppe deshalb nicht näher eingegangen zu werden, weil hier der Beendigungsbegriff nicht mehr als Voraussetzung für die Annahme einer solchen Einheit verwendet wird. So etwa in dem von Maiwald[120] gebildeten Fall: der Betrüger, nachdem er durch Täuschung eine Geldsumme erhalten hat, stellt noch zusätzlich darüber eine Quittung aus, durch die er sich als ein anderer ausgibt. Da hier alle Tatbestandsmerkmale einschließlich des Vermögensschadens des Opfers gegeben sind, ja sogar die Bereicherung des Täters, die nur als Absicht in § 263 StGB vorausgesetzt wird, eingetreten ist, ist der Betrug vollendet und beendet, bevor der Täter die Urkundenfälschung beginnt[121].

5. Die fortgesetzte Tat und die Beendigung

Nicht näher soll hier das Verhältnis des Beendigungsbegriffs zum Begriff der fortgesetzten Tat untersucht werden, insbesondere soll nicht

---

[114] BGHSt. 14, 104; 18, 71; 20, 209; 22, 206/8; BGH GA 65, 373. So schon immer bei der Verwirklichung mehrerer verwandter Tatbestände BGHSt. 10, 231; 20, 235; 21, 79.

[115] Zu diesem Methodendualismus des RG vgl. *Honig*, Studien, 21, 29, 32 und *Maiwald*, He, 14 ff., 52. Vgl. jedoch *Hartung*, SJZ 50, 329, nach dem das RG für die natürliche Handlungseinheit am Erfordernis des Verstoßes gegen dasselbe Strafgesetz festgehalten habe.

[116] BGH, VRS 28, 361, BGHSt. 22, 76.

[117] Vgl. BGHSt. 14, 104 (von *Maiwald*, He, 52, Fn. 47 noch als Ausnahme bezeichnet), BGHSt. 18, 71; 20, 209.

[118] So *Maiwald*, He, 114, *Schmitt*, ZStW 75, 57 ff., *Schönke - Schröder*, Vorb. 11 vor § 73, *Lackner*, § 73, 3 a. Vgl. jedoch die bei *Maiwald* He, 97 zitierten Autoren gegenteiliger Auffassung: *Binding, Höpfner, Baumgarten, Peters.*

[119] *Schmitt*, ZStW 75, 57.

[120] *Maiwald*, He, 101.

[121] So auch *Maiwald*, He, 101.

die Berechtigung der fortgesetzten Tat als einheitliche Handlung insgesamt überprüft werden[122]. Es soll hier nur davor gewarnt werden, den Beendigungsbegriff vorschnell so auf dieses Institut anzuwenden, daß man die fortgesetzte Tat erst mit Abschluß des letzten Aktes beendet sein läßt[123], denn dann müßte man sofort bei den sonst an den Beendigungsbegriff geknüpften Konsequenzen einschränken. Anerkennt man mit der herrschenden Lehre die fortgesetzte Tat als rechtliche Handlungseinheit, so ist diese zweifellos erst mit der Verwirklichung des letzten Teilstücks abgeschlossen[124], und man kann diesen Zeitpunkt auch als die Beendigung der fortgesetzten Tat bezeichnen, wenn man nur darauf verzichtet, mittels dieses Begriffes bestimmte Konsequenzen zu begründen, die sonst mit dem Beendigungsbegriff verbunden werden[125].

Deshalb verwendet die Rechtsprechung den Beendigungsbegriff auch vorsichtig bezüglich jedes Einzelaktes einer fortgesetzten Tat. Neuestens bei der Frage, bis zu welchem Zeitpunkt der Gesamtvorsatz des Täters gefaßt sein muß: Der Gesamtvorsatz kann bis zur Beendigung des ersten Teilstücks der Handlungsreihe gefaßt werden[126].

Ebenso kommt es auf die Einzelakte der fortgesetzten Tat dann an, wenn es darum geht festzustellen, ob noch Beihilfe oder schon Begünstigung während der fortgesetzten Tat vorliegt[127], ebenso bezüglich der

[122] Vgl. hierzu kritisch *Preiser*, ZStW 58, 743; 71, 346, 359. *Schmitt*, ZStW 75, 47, *Schmidhäuser*, 582, *Jescheck*, ZStW 67, 552.

[123] *Schönke - Schröder*, 38 vor § 73, *Jagusch*, LK, B III 2 cc vor § 73, *Winkler*, 81: der letzte Fortsetzungsakt, der im allgemeinen auch die Rechtsgutsverletzung abschließt, beendet das Delikt.

[124] RGSt. 66, 36 verwendet den Beendigungsbegriff nicht, bezeichnet jedoch die fortgesetzte Handlung erst mit dem Abschluß aller zu ihr gehörigen Einzelakte als begangen.

[125] Nach *Schönke - Schröder*, 16 a vor § 73 muß bei jeder rechtlichen Konsequenz gesondert entschieden werden, ob das Vorhandensein von Fortsetzungszusammenhang eine einheitliche Tat begründet, oder ob die Teilakte selbständig verbleiben. Vgl. *Hruschka*, GA 68, 200 u. 203, der die fortgesetzte Tat zur diskontinuierlichen Tatfortführung rechnet, woran er andere Konsequenzen als an die Dauerstraftat sonst knüpfen will.

[126] BGHSt. 19, 323; 21, 322, zustimmend *Lackner*, IV 2 a cc vor § 73, *Dreher*, 3 A a vor § 73, *Jescheck*, 475; nach *Schröder*, JR 65, 106 liegt darin eine teilweise Anerkennung des Fortsetzungsvorsatzes. Weitergehend aber BGHSt. 23, 33, wonach bei zwei Handlungsreihen der Täter bis zur Beendigung des letzten Aktes der ersten Handlungsreihe noch seinen Gesamtvorsatz so auf die zweite Handlungsreihe ausdehnen kann, daß beide Reihen zu einer fortgesetzten Tat zusammengefaßt werden. Hier bleibt der Beendigungsbegriff nicht auf einen Teilakt beschränkt; nach *Martin*, Anm. zu BGH LM Vorb. 2 § 73 Nr. 22 liegt hier eine echte Abweichung und Fortbildung der bisherigen Rechtsprechung vor.

[127] RGSt. 17, 229; 34, 7; 58, 117, RG, GA 48, 350; RG, BayZ 21 (1925), 197; nach *Pfeiffer*, § 67, 6 auch BGH 5. StR 535/57, ebenso *Schönke - Schröder*, 43 vor § 73, *Jaguch*, LK, B III 2 cc vor § 73: hier mache sich die relative Selbständigkeit der Einzelstücke geltend.

Hehlerei[128]. Es kann also eine Begünstigung oder Hehlerei nicht deshalb ausgeschlossen werden, weil die fortgesetzte Tat als Vortat noch nicht beendet ist.

Umstritten ist bei der fortgesetzten Tat die Frage ihrer Verjährung. Nach der Rechtsprechung verjährt die fortgesetzte Tat erst mit Abschluß des letzten Teilaktes, da eben eine einheitliche Tat vorliege[129]. Diese Argumentation hält Noll[130] deshalb für falsch, weil dabei für die Lösung des Problems der Verjährung der Begriff der fortgesetzten Tat verwendet werde, der aber nur für das Problem des § 74 StGB eine sinnvolle Lösung ermögliche. Wann die Verjährungsfrist zu laufen beginnt, muß — mit Noll — nach der ratio der Verjährung entschieden werden, und diese Entscheidung fiel oben im Kapitel über die Verjährung für die um die Unterlassungsphase erweiterte Tätigkeitstheorie, so daß auch Teilstücke einer fortgesetzten Handlung dann verjähren, wenn der Täter sein Tun oder Unterlassen abgeschlossen hat. Auch Schröder[131] hebt beim Verjährungsproblem auf die Selbständigkeit der Teilakte einer fortgesetzten Tat ab, weil sonst bei echtem Gesamtvorsatz eine Verjährung von der Ausführung des Gesamtplanes abhängen würde. Eine Verselbständigung der Einzelakte nimmt jetzt auch der BGH insofern an, als er den Grundsatz aufstellt, daß für jeden Teilakt die Verfolgungsvoraussetzungen vorliegen müßten[132]. Der BGH scheidet damit die Einzelakte aus der fortgesetzten Tat aus, für die der erforderliche Strafantrag fehlt, müßte aber konsequenterweise auch diejenigen ausscheiden, für die das Verfolgungshindernis der Verjährung besteht[133].

Ob sich durch diese Beispiele die Einheit ‚fortgesetzte Tat‘ als Fiktion entlarven läßt[134], oder ob sie wenigstens für § 74 StGB zu einer sinn-

[128] RGSt. 30, 163; 47, 220.

[129] RGSt. 10, 206; 64, 40; BGHSt. 1, 91/2: die Verjährung beginne für alle Teilakte einheitlich erst mit dem Abschluß des letzten Tuns. BGH, GA 72, 125/6, OLG Stuttgart, MDR 70, 64. *Lackner*, § 67, 3 b, *Maurach*, AT, 634, 798.

[130] *Noll*, ZStW 77, 4.

[131] *Schönke - Schröder*, 17 vor § 73, ebenso für die Amnestie, a. A. RGSt. 72, 14, BGH, NJW 56, 1079. Wie *Schröder* auch *Preiser*, ZStW 71, 350 und 359.

[132] BGHSt. 17, 158.

[133] So auch *Mösl*, LK, 9. Aufl., 39 vor § 73: „Aus dem Grundsatz, daß die Verfolgungsvoraussetzungen für jeden Teilakt vorliegen müssen, wäre aber konsequenterweise zu folgern, daß für jeden Teilakt eine gesonderte Verjährung läuft.“ Ähnlich *Schönke - Schröder*, 17 vor § 73.

[134] *Schmitt*, ZStW 75, 60 spricht von einer Fiktion zur Vermeidung des § 74, weshalb die fortgesetzte Tat bei ihrer praktischen Anwendung stets zu Komplikationen führe. Nach *Schönke - Schröder*, 16 a vor § 73 ist es das Dilemma der fortgesetzten Tat, daß sie einerseits als eine einzige Tat behandelt wird, andererseits aber nicht zu übersehen ist, daß sie sich aus einer Anzahl äußerlich selbständiger tatbestandsmäßiger Handlungen zusammensetzt.

vollen Lösung führt, kann hier dahingestellt bleiben, denn es wurde zumindest klar, daß mit Hilfe des Beendigungsbegriffes keine Einheitlichkeit begründet werden kann.

Literaturverzeichnis

Allfeld: Lehrbuch des Deutschen Strafrechts, AT, 9. Aufl., Leipzig 1934.

Androulakis: Studien zur Problematik der unechten Unterlassungsdelikte, München, Berlin 1963.

Arzt: Zur Erfolgsabwendung beim Rücktritt vom Versuch, in: GA 64, 1 ff.

— Notwehr gegen Erpressung, in: MDR 65, 344 ff.

v. Bar: Gesetz und Schuld im Strafrecht, Bd. II, Berlin 1907, Bd. III, Berlin 1909.

Baumann: Täterschaft und Teilnahme, in: JuS 63, 51 ff., 85 ff.

— § 53 als Mittel der Selbstjustiz gegen Erpressung?, in: MDR 65, 346 f.

— Strafrecht, AT, 5. Aufl., Bielefeld 1968.

Beling: Die Lehre vom Verbrechen, Tübingen 1906, zitiert als LvV.

— Die Lehre vom Tatbestand, Tübingen 1930.

Bilda: Teilnahme an den Vollendungs- und Beendigungsakten beim Betrug, in: MDR 65, 541 f.

Binding: Handbuch des Strafrechts, Bd. I, Leipzig 1885, zitiert als Hb.

— Lehrbuch des gemeinen deutschen Strafrechts, BT, 2. Aufl., Leipzig 1902, zitiert als BT.

Birkmeyer: Vergleichende Darstellungen des deutschen und ausländischen Strafrechts, AT, Berlin 1908, Bd. 2, 116 ff., 132 ff.

Bockelmann: Über das Verhältnis der Hehlerei zur Vortat, in: NJW 50, 850 ff.

— Über das Verhältnis der Begünstigung zur Vortat, NJW 51, 620 f.

— Strafrechtliche Untersuchungen, Göttingen 1957, zitiert als Str.Unt.

— Zur Konkurrenz der Vermögensdelikte, in: JZ 60, 621 ff.

— Betrug verübt durch Stillschweigen, Eb. Schmidt-Fs., Göttingen 1961., 437 ff.

— Notwehr gegen verschuldete Angriffe, Honig-Festschrift, Göttingen 1970, S. 19 ff.

Böhm: Methodische Probleme der Gleichstellung des Unterlassens mit der Begehung, in: JuS 61, 177 ff.

Brandstetter: Straffreiheitsgesetz 1954, Kommentar, Berlin, Frankfurt 1954.

Bruns, H.J.: Wann beginnt die Verfolgungsverjährung beim unbewußt fahrlässigen Delikt?, in: NJW 58, 1257 ff.

— Urteilsanmerkung, DR 43, 903.

Bruns, H.: Kritik der Lehre vom Tatbestand, Bonn, Köln 1932.

Busch: Zur gesetzlichen Begründung der Strafbarkeit unechten Unterlassens, H. v. Weber-Fs. Bonn 1963, 192 ff.

Class: Grenzen des Tatbestandes, Str. Abh. Heft 323, 1933.

— Die Kausalität der Beihilfe, Stock Fs., Würzburg 1966, 115 ff.

Cramer: Der „Rabenvater", in: JuS 64, 360 ff.

— Vermögensbegriff und Vermögensschaden, Bad Homburg v. d. H., Berlin, Zürich 1968.

Dahm, Gemeinschaft und Strafrecht, Hamburg 1935.

Deubner: Urteilsanmerkung, in: NJW 60, 1916 f.

Deutsch: Fahrlässigkeit und erforderliche Sorgfalt, Köln, Berlin, Bonn 1963.

Dreher - Lackner - Schwalm: Wehrstrafgesetz, Kommentar, München 1958.

Dreher: Strafgesetzbuch, 31. Aufl., München 1970.

— Urteilsanmerkung, in: NJW 72, 1641 f.

Dunz: Das verkehrsrichtige Verhalten, in: NJW 60, 507 ff.

Engisch: Die normativen Tatbestandsmerkmale im Strafrecht, Mezger Fs., München, Berlin 1954, 127 ff.

— Der Unrechtstatbestand im Strafrecht, DJT.Fs., Karlsruhe 1960, Bd. I, 401 ff., zitiert als Unrechtstatbestand

— Vom Weltbild des Juristen, 2. Aufl., Heidelberg 1965, zitiert als Weltbild.

— Auf der Suche nach der Gerechtigkeit, München 1971.

Enneccerus - Nipperdey: AT des Bürgerlichen Rechts, 2. Halbbd., 15. Aufl., Tübingen 1960.

Erbs - Kohlhaas: Strafrechtliche Nebengesetze, München, Stand: Frühjahr 1971.

Erman: Handkommentar zum BGB, 4. Aufl., Münster 1967.

Fischer, H. A.: Die Rechtswidrigkeit mit besonderer Berücksichtigung des Privatrechts, München 1911.

Frank: Das Strafgesetzbuch für das Deutsche Reich, 18. Aufl., Tübingen 1931.

Franzen - Gast: Steuerstrafrecht, Kommentar, München 1969.

Fulst: Zur Tatbestandsmäßigkeit mehrfach vorgenommener Zueignungshandlungen, Diss. Köln 1966.

Furtner: Wie lange kann ein jagdbares Wild Gegenstand der Jagdwilderei sein?, in: JR 62, 414 ff.

— Das Verhältnis von Beihilfe und Begünstigung, in: MDR 65, 431 f.

— Rechtliche Vollendung und tatsächliche Beendigung bei einer Straftat, in: JR 66, 170 f.

Gallas: Zur Kritik der Lehre vom Verbrechen als Rechtsgutverletzung, in: Gegenwartsfragen der Strafrechtswissenschaft, Gleispach-Fs., Berlin, Leipzig 1936, 50 ff.

— Urteilsanmerkung, in: ZAKDR 37, 438 f.

— Tatstrafe und Täterstrafe, insb. im Kriegsstrafrecht, in: ZStW 60, 1941, 374 ff.

— Urteilsanmerkung, in: JZ 52, 371 ff.

Gallas: Täterschaft und Teilnahme, in: Materialien zur Strafrechtsreform, Bd. I, 1954, 121 ff.

— Zum gegenwärtigen Stand der Lehre vom Verbrechen, in: ZStW 69, 1955, 1 f., zitiert als LvV.

— Die moderne Entwicklung der Begriffe Täterschaft und Teilnahme im Strafrecht, in: Deutsche Beiträge zum VII. Internationalen Strafrechtskongreß in Athen vom 26. Sept. bis 2. Okt. 1957, Sonderheft der ZStW 69, 1957, 3 ff.

— Zum Begriff der ‚Falschheit' der eidlichen und uneidlichen Aussage, in: GA 57, 315 ff.

— Strafbares Unterlassen im Fall der Selbsttötung, in: JZ 60, 649 ff., 686.

— Gründe und Grenzen der Strafbarkeit, Heidelberg 1965.

— Der dogmatische Teil des Alternativ-Entwurfs, in: ZStW 80, 1968, 1 ff.

— Beiträge zur Verbrechenslehre, Berlin 1968, zitiert als Beiträge.

Geerds: Zum Tatbestand der Hehlerei aus der Sicht des Kriminologen, in: GA 58, 129 ff.

— Zur Lehre von der Konkurrenz im Strafrecht, Hamburg 1961, zitiert als Geerds.

— Der kriminologische Typus der Strafvereitelung, in: Kriminologische Wegzeichen, v. Hentig Fs., Hamburg 1967, 133 ff.

— Zur Problematik der strafrechtlichen Deliktstypen, Engisch Fs., Frankfurt a. M. 1969, 406 ff.

Geier: Urteilsanmerkung zu BGH LM Nr. 6 zu § 263.

Gelbert: Vollendung und Beendigung von Straftaten, in: DStR 43, 1 ff.

Granderath: Die Rechtspflicht zur Erfolgsabwendung aus einem vorangegangenen Tun bei unechten Unterlassungsdelikten, Diss. Freiburg 1961.

Grünhut: Methodische Grundlagen der heutigen Strafrechtswissenschaft, Frank-Fg., Tübingen 1930, Bd. I, 1 ff.

Grünwald: Zur gesetzlichen Regelung der unechten Unterlassungsdelikte, in: ZStW 70, 1958, 412.

— Die Beteiligung durch Unterlassen, in: GA 59, 110 ff.

— Der Versuch der unechten Unterlassungsdelikte, in: JZ 59, 46 ff.

— Bedeutung und Begründung des Satzes ‚nulla poena sine lege', in: ZStW 76, 1964, 1 ff.

— Der folgenschwere Rat, in: JuS 65, 311 ff.

Hälschner: Die Beurteilung fortgesetzter und fortdauernder Verbrechen bei einem während ihrer Verübung erfolgten Wechsel in der Gesetzgebung, in: GA Bd. 8, 1860, 441 ff.

— Das gemeine deutsche Strafrecht, Bd. I, Bonn 1881.

Hardwig: Die Zurechnung, Hamburg 1957.

Hartung: Steuerstrafrecht, 3. Aufl., Berlin, Frankfurt 1962.

— Tateinheit und künstliche Verbrechenseinheiten in der neueren Rechtsprechung des Reichsgerichts, in: SJZ 50, 326 ff.

Häußling: Urteilsanmerkung, in: JZ 63, 69.

Hegler: Die Merkmale des Verbrechens, in: ZSWt 36, 1915, 19 ff., 184 ff.

— Subjektive Rechtswidrigkeitsmomente im Rahmen des allgemeinen Verbrechensbegriffs, Frank-Fg., Tübingen 1930, Bd. I, 251 ff.

Heinitz: Das Problem der materiellen Rechtswidrigkeit, Str. Abh. Heft 211 (1926).

— Zur Entwicklung der Lehre von der materiellen Rechtswidrigkeit, Eb. Schmidt-Fs., Göttingen 1961, 266 ff.

Henkel: Das Methodenproblem bei den unechten Unterlassungsdelikten, in: Msch. Krim. 1961, 178 ff.

v. Hippel, R.: Über Notwehr und vorläufige Festnahme, in: JW 24, 1931 ff.

— Lehrbuch des Strafrechts, Berlin 1932.

Hirsch: Die Lehre von den negativen Tatbestandsmerkmalen, Bonn 1960.

— Literaturbericht, in: ZStW 82, 1970, 422.

Honig: Urteilsanmerkung, in: JW 21, 34.

— Studien zur juristischen und natürlichen Handlungseinheit, Mannheim, Berlin, Leipzig 1925, zitiert als Studien.

— Straflose Vor- und Nachtat, Leipzig 1927, zitiert als VuN.

Höpfner: Einheit und Mehrheit der Verbrechen, Bd. I, Berlin 1901.

Hruschka: Die Dogmatik der Dauerstraftaten und das Problem der Tatbeendigung, in: GA 68, 193 ff.

— Urteilsanmerkung, in: JZ 69, 607 ff.

— Urteilsanmerkung, in: JZ 73, 12 ff.

Isenbeck: Beendigung der Tat bei Diebstahl und Raub, in: NJW 65, 2326 ff.

Jescheck: Urteilsanmerkung, in: GA 55, 104 ff.

— Die Konkurrenzen, in: ZStW 67 (1955), 529 ff.

— Urteilsanmerkung, in: JZ 61, 752 f.

— Lehrbuch des Strafrechts, AT, Berlin 1969.

Kaufmann, Armin: Dogmatik der Unterlassungsdelikte, Göttingen 1959.

Kaufmann, Arthur u. *Hassemer:* Der überfallene Spaziergänger, in: JuS 64, 255 f.

Kaufmann, Arthur: Analogie und Natur der Sache, Karlsruhe 1965.

Kern: Urteilsanmerkung, in: JW 22, 1584.

Kielwein: Unterlassung und Teilnahme, in: GA 55, 225 ff.

Kley: Urteilsanmerkung zu RG JW 32, 2433.

Köhler: Deutsches Strafrecht, AT, Leipzig 1917.

Kohler: Begriff der fortgesetzten Missetat, in: GA Bd. 53, 1906, 153 ff.

— Leitfaden des Strafrechts, Leipzig 1912.

Kohlhaas: Urteilsanmerkung, in: MDR 51, 373.

— Kommentar zum Amnestiegesetz, Darmstadt, Nürnberg, Düsseldorf, Berlin 1954.

Kohlrausch - Lange: Strafgesetzbuch mit Erläuterungen, 43. Aufl., Berlin 1961.

König: Die Unterscheidung von juristischer Vollendung und tatsächlicher Beendigung, Diss. Köln 1938.

Krauss: Erfolgsunwert und Handlungsunwert im Unrecht, in: ZStW 76, 1964, 19 f.

Lackner - Maassen: Strafgesetzbuch Kommentar, 5. Aufl., München 1969, zitiert als Lackner.

Lampe: Objektiver und subjektiver Tatbestand beim Diebstahl, in: GA 66, 225 f.

— Das personale Unrecht, Berlin 1967, zitiert als Lampe.

Lange, A.: Urteilsanmerkung, in: MDR 50, 693.

Larenz: Tatzurechnung und ‚Unterbrechung des Kausalzusammenhangs', in: NJW 55, 1009 ff.

— Rechtswidrigkeit und Handlungsunwert im Zivilrecht, Dölle-Fs., Tübingen 1963, 169 ff.

— Der Allgemeine Teil des deutschen bürgerlichen Rechts, München 1967.

— Methodenlehre der Rechtswissenschaft, 2. Aufl., Berlin, Göttingen, Heidelberg 1969.

Lehmann - Hübner: Allgemeiner Teil des Bürgerlichen Gesetzbuches, 15. Aufl., Berlin 1966.

Leipziger-Kommentar: Strafgesetzbuch, 7. Aufl., Bd. I, Berlin 1954, 8. Aufl., Bd. I und II, Berlin 1957/8, 9. Aufl., Berlin 1971/2.

Lenckner: Das Zusammentreffen von strafbarer und strafloser Begünstigung, in: JuS 62, 302 ff.

v. Liszt: Lehrbuch des deutschen Strafrechts, 12./13. Aufl., Berlin, Leipzig 1903.

— Strafrechtliche Aufsätze und Vorträge, Bd. I und II, Berlin 1905.

v. Liszt - Schmidt: Lehrbuch des deutschen Strafrechts, 25. Aufl., Berlin, Leipzig 1927.

Lorenz: Die Verjährung in der deutschen Strafgesetzgebung, München, Berlin 1955.

Lüderssen: Zum Strafgrund der Teilnahme, Baden-Baden 1967.

Maiwald: Die natürliche Handlungseinheit, Heidelberg 1964, zitiert als He.

— Der Zueignungsbegriff im System der Eigentumsdelikte, Heidelberg 1970, zitiert als Zueignungsbegriff.

— Zum fragmentarischen Charakter des Strafrechts, Maurach-Fs., Karlsruhe 1972, 9 ff.

Mannzen: Zur Theorie der erweiterten Handlungseinheit, in: ZStW 54 (1935), 217 ff.

Martin: Urteilsanmerkung zu BGH LM Nr. 44 zu § 263.

— Urteilsanmerkung zu BGH LM Nr. 9 zu § 24 StVG.

— Urteilsanmerkung zu BGH LM Vorb. 2 vor § 73 Nr. 22.

Maunz - Dürig: Grundgesetz, Kommentar, München 1971.

Maurach: Deutsches Strafrecht, AT, 3. Aufl., Karlsruhe 1965, BT, 5. Aufl., Karlsruhe 1969.

Maurach: Urteilsanmerkung, in: JZ 60, 290 ff.
— Urteilsanmerkung, in: JZ 62, 559 ff.

Mayer, H.: Das Analogieverbot im gegenwärtigen deutschen Strafrecht, in: SJZ 47, 12 ff.
— Strafrecht, AT, Stuttgart, Köln 1953, zitiert als Lb.
— Urteilsanmerkung, in: JZ 53, 86 f.
— Die gesetzliche Bestimmtheit der Tatbestände, in: Materialien zur Strafrechtsreform, Bd. I 1954, 259 ff.
— Zum Begriff der Wegnahme, in: JZ 62, 617 ff.
— Strafrecht, AT, Stuttgart, Berlin, Köln, Mainz 1967, zitiert als AT.

Mayer, M. E.: Der allgemeine Teil des Deutschen Strafrechts, 2. Aufl., Heidelberg 1923.

Meister, H. G.: Urteilsanmerkung, in: MDR 51, 54.

Merkel: Urteilsanmerkung zu RG JW 26, 2686/7.

Merkel, P.: Anstiftung und Beihilfe, Frank-Fg., Tübingen 1930, Bd. II, 134 ff.

Mezger, Urteilsanmerkung, in: JW 34, 837 ff.
— Vollendung und Beendigung beim Betrug, in: JW 38, 493 ff.
— Strafrecht, Ein Lehrbuch, 3. Aufl., Berlin, München 1949.

Mezger - Blei, Strafrecht, AT, 13. Aufl., München 1968, BT, 9. Aufl., München, Berlin 1966.

Miehe: Zum Verhältnis des Fälschens zum Gebrauchmachen im Tatbestand der Urkundenfälschung, in: GA 67, 270 ff.
— Schutzfunktion der Strafdrohungen gegen Begünstigung und Hehlerei, Honig-Fs., Göttingen 1970, 91 ff.

Mittelbach: Urteilsanmerkung, in: JR 59, 468.

Münzberg: Verhalten und Erfolg als Grundlagen der Rechtswidrigkeit und Haftung, Frankfurt a. M. 1966.

Nagler: Der Begriff der Rechtswidrigkeit, Frank-Fg., Tübingen 1930, Bd. I, 339 ff.
— Die Neuordnung der Strafbarkeit von Versuch und Beihilfe, in: GS 115, 1941, 24 ff.

Naucke: Zur Lehre vom strafbaren Betrug, Berlin 1964.

Niederschriften über die Sitzungen der Grossen Strafrechtskommission, 14 Bände (Bonn 1956 - 1960).

Niese: Wie verhält sich das Gebrauchmachen zum Fälschen in § 267 StGB?, in: DRiZ 51, 177.

Noll: Übergesetzliche Rechtfertigungsgründe, Basel 1955, zitiert Noll.
— Diskussionsvotum, in: ZStW 76, 1964, 707 ff.
— Tatbestand und Rechtswidrigkeit, in: ZStW 77, 1965, 3 ff.

Oehler: Das objektive Zweckmoment in der rechtswidrigen Handlung, Berlin 1959, zitiert als Oehler.
— Die erlaubte Gefahrsetzung und die Fahrlässigkeit, Eb. Schmidt-Fs., Göttingen 1961, 232 ff.

Oehler: Buchbesprechung von Jescheck, Lehrbuch, in: JZ 70, 590.

Oeller: „Der Hehler ist schlimmer als der Stehler", in: GA 67, 6 ff.

v. Olshausen: Kommentar zum Strafgesetzbuch, 12. Aufl., 1942, zu §§ 257 ff., 11. Aufl., Berlin 1927.

Oppe: Verjährung bei Anstellungs- und Rentenbetrug, in: NJW 58, 1909.

Oske: Das Konkurrenzverhältnis der Dauerdelikte zu den übrigen Straftaten, in: MDR 65, 532 ff.

Ostheimer: Ist der Gewahrsam ein Rechtsgut des § 242 StGB?, Diss. Frankfurt 1966.

Otto: Die Struktur des strafrechtlichen Vermögensschutzes, Berlin 1970.

Palandt: Bürgerliches Gesetzbuch, 29. Aufl., München 1970.

Paulus: Der strafrechtliche Begriff der Sachzueignung, Neuwied, Berlin 1968.

Pfeiffer - Maul - Schulte: Strafgesetzbuch-Kommentar, Essen 1969, zitiert als Pfeiffer.

Plate: Ernst Beling als Strafrechtsdogmatiker, Berlin 1966.

Preiser: Aufspaltung der Sammelstraftat, in: ZStW 58 (1939), 743 ff.

— Einheitsstrafe für eine Mehrheit gleichartiger Handlungen, in: ZStW 71 (1959), 342 ff.

Roesen: Urteilsanmerkung, in: NJW 50, 715.

Roxin: Täterschaft und Tatherrschaft, 2. Aufl., Hamburg 1967.

— Gedanken zur Problematik der Zurechnung im Strafrecht, Honig-Fs., Göttingen 1970, 133 ff.

Rudolphi: Der Begriff der Zueignung, in: GA 65, 33 ff.

— Die Gleichstellungsproblematik der unechten Unterlassungsdelikte und der Gedanke der Ingerenz, Göttingen 1966, zitiert als Rudolphi.

— Inhalt und Funktion des Handlungsunwerts im Rahmen der personellen Unrechtslehre, Maurach-Fs., Karlsruhe 1972, 51 ff.

Sax: Das rechtliche Verhältnis von fälschlichem Herstellen (Verfälschen) und Gebrauchmachen einer Urkunde, in: MDR 51, 587.

— Das strafrechtliche Analogieverbot, Göttingen 1953, zitiert als Analogieverbot.

— Grundsätze der Strafrechtspflege, in: Bettermann/Nipperdey/Scheuner, Grundrechte, Berlin 1959, Bd. III, 2, 909 ff., zitiert als Grundsätze.

— Über Rechtsbegriffe, Nottarp-Fs., Karlsruhe 1961, 133 ff.

Schaffstein: Verbrechen als Pflichtverletzung, Berlin 1935.

— Notwehr und Güterabwägungsprinzip, in: MDR 52, 132 ff.

— Zur Abgrenzung von Diebstahl und Gebrauchsanmaßung, insb. beim Kfz-Diebstahl, in: GA 64, 97 ff.

— Die Risikoerhöhung als objektives Zurechnungsprinzip im Strafrecht, insb. bei der Beihilfe, Honig-Fs., Göttingen 1970, 169 ff.

Schmidhäuser: Der Unrechtstatbestand, Engisch-Fs., Frankfurt a. M. 1969, 433 ff.

Schmidhäuser: Strafrecht, AT, Tübingen 1970.

— Über die Wertstruktur der Notwehr, in: Honig-Festschrift, Göttingen 1970, S. 185 ff.

Schmidt, L.: Beginn der Verjährung der Strafverfolgung bei unechten Unterlassungsdelikten im Steuerstrafrecht, JR 66, 127 ff.

Schmidt, R.: Praktisch wichtige Auswirkungen der neuen Schuldtheorie im Zivilrecht, in: NJW 58, 488 ff.

— Der rechtswidrige Angriff bei der Notwehr, in: NJW 60, 1706 f.

Schmidt-Leichner: Die Bundesamnestie, in: NJW 50, 41 ff.

— Das Straffreiheitsgesetz 1954, in: NJW 54, 1265 ff.

Schmitt: Die Konkurrenzen im geltenden und künftigen Strafrecht, in: ZStW 75 (1963), 43 ff.

Schönke - Schröder: Kommentar zum Strafgesetzbuch, 15. Aufl., München 1970.

Schröder: Beschlußanmerkung, in: JZ 59, 30.

— Die Koordinierung der drei Begünstigungstatbestände, in: NJW 62, 10.

— Urteilsanmerkung, in: JR 65, 106.

— Die sog. Rückkehrpflicht bei § 142 StGB, in: NJW 66, 1001 ff.

— Urteilsanmerkungen, in: JR 67, 304 ff., und in: JR 68, 346 ff.

Schünemann: Die Stellung der Unterschlagungstatbestände im System der Vermögensdelikte, in: JuS 68, 114 ff.

Schweikert: Die Wandlungen des Tatbestands seit Beling, Karlsruhe 1957.

Schwinge: Teleologische Begriffsbildung im Strafrecht, Bonn 1930.

Schwinge - Zimmerl: Wesensschau und konkretes Ordnungsdenken im Strafrecht, Bonn 1937.

Sieverts: Beiträge zur Lehre von den subjektiven Unrechtselementen im Strafrecht, Hamburg 1934.

Sina: Die Dogmengeschichte des strafrechtlichen Begriffs ‚Rechtsgut', Basel 1962.

Soergel - Siebert: Bürgerliches Gesetzbuch, Bd. I, 10. Aufl., Stuttgart 1967.

Staudinger: Kommentar zum Bürgerlichen Gesetzbuch, Bd. I, 11. Aufl., Berlin 1957.

Stratenwerth: Prinzipien der Rechtfertigung, in: ZStW 68, 1956, 41 ff.

— Das rechtstheoretische Problem der Natur der Sache, Tübingen 1957, zitiert als NdS.

— Urteilsanmerkung, in: JZ 61, 95 ff.

— Handlungs- und Erfolgsunwert im Strafrecht, ZSchwStR 1963, 233 f.

— Strafrecht, AT, Köln 1971, zitiert als AT.

Stree: Teilnahme am Unterlassungsdelikt, in: GA 63, 1 ff.

— Probleme der Hehlerei und der Vernachlässigung der Aufsichtspflicht, in: JuS 63, 427 ff.

Trechsel: Der Strafgrund der Teilnahme, Bern 1967.

Warda: Grundfragen der strafrechtlichen Konkurrenzlehre, in: JuS 64, 81.

v. Weber, U.: Urteilsanmerkung, in: JZ 65, 418 ff.

Welp, Vorangegangenes Tun als Grundlage einer Handlungsäquivalenz, Berlin 1967.

Welzel: Vom Bleibenden und Vergänglichen in der Strafrechtswissenschaft, Grünhut-Erinnerungsgabe, Marburg 1966, 173 ff.

— Das deutsche Strafrecht, 11. Aufl., Berlin 1969.

Wessels: Strafrecht, AT, Karlsruhe 1970.

Winkler: Vollendung und Beendigung des vorsätzlichen Verbrechens, Diss. München 1965.

Wolf, Erik: Der Sachbegriff im Strafrecht, RG-Fg., Berlin, Leipzig 1929, Bd. V, 44 ff.

— Die Typen der Tatbestandsmäßigkeit, Pappenheim-Fs., Breslau 1931, 379 ff., zitiert als Typen.

Wolff, E. A.: Der Handlungsbegriff in der Lehre vom Verbrechen, Heidelberg 1964, zitiert als Handlungsbegriff.

— Die Kausalität von Tun und Unterlassen, Heidelberg 1965, zitiert als Kausalität.

Würtenberger: Urteilsanmerkung, in: ZAKDR 41, 401 ff.

Zimmerl: Die Lehre vom Tatbestand, Str. Abh. Heft 237, 1928.

Zeuner: Bemerkungen zum Problem der Rechtswidrigkeit aus zivilrechtlicher Sicht, in: JZ 61, 41 ff.

Kolibri 360 GmbH
Ferdinand-Jühlke-Straße 7
99095 Erfurt, Deutschland
produktsicherheit@kolibri360.de

Druck:
CPI Druckdienstleistungen GmbH
im Auftrag der
Kolibri 360 GmbH
Ferdinand-Jühlke-Str. 7
99095 Erfurt